国内外经典教材辅导系列·社会学类

《社会工作概论》
笔记和课后习题(含考研真题)详解

主编：圣才考研网

www.100xuexi.com

中国石化出版社

·北京·

内 容 提 要

本书是面向21世纪课程教材《社会工作概论》(第4版，王思斌主编)的学习辅导书。本书遵循该教材第4版的章目编排，共分为25章，每章由三部分组成：第一部分为复习笔记(含知识框架)，剖析本章的重难点内容；第二部分为课后习题详解，对该教材的习题进行了详细的分析和解答；第三部分为考研真题与典型题详解，精选考研真题，补充典型题，并提供了详细的参考答案，部分给出了提示。

圣才考研网(www.100xuexi.com)提供全国所有院校各个专业的考研考博辅导方案【网络课程、电子书、题库等】。购书即可享受大礼包增值服务【本书电子书+考研专业课咨询服务】。手机扫码(本书封底)领取本书大礼包。

图书在版编目(CIP)数据

《社会工作概论》笔记和课后习题(含考研真题)详解/圣才考研网主编. —北京:中国石化出版社，2024.2
(国内外经典教材辅导系列·社会学类)
ISBN 978-7-5114-7398-1

Ⅰ.①社… Ⅱ.①圣… Ⅲ.①社会工作-研究生-入学考试-自学参考资料 Ⅳ.①C916

中国国家版本馆CIP数据核字(2024)第050478号

中国石化出版社出版发行
地址:北京市东城区安定门外大街58号
邮编:100011 电话:(010)57512500
发行部电话:(010)57512575
http://www.sinopec-press.com
E-mail:press@sinopec.com
武汉市盛宏源印务有限公司印刷
全国各地新华书店经销
*
787×1092毫米 16开本 17.5印张 321千字
2024年4月第1版 2024年4月第1次印刷
定价:68.00元

序　　言

我国各大院校一般都把国内外通用的权威教科书作为本科生和研究生学习专业课程的参考教材，这些教材甚至被很多考试(特别是硕士和博士研究生入学考试)和培训项目作为指定参考书。为了帮助读者更好地学习专业课，我们有针对性地编写了一套与国内外教材配套的复习资料，并提供配套的名师讲堂和题库。

面向21世纪课程教材《社会工作概论》(王思斌主编)是我国高校广泛采用的社会工作权威教材之一。作为该教材的学习辅导书，本书具有以下几个方面的特点:

1. 框架图表体系，通俗易懂易记

本书每章的知识梳理框图，在全方位把握重要考点的同时，提纲挈领地以知识框架思维导图形式，呈现重要的考点、难点，脉络清晰，一目了然，更容易记忆。

2. 解析课后习题，提供详尽答案

本书参考大量社会工作相关资料对该教材的课(章)后习题进行了详细的分析和解答，部分给出了提示。

3. 精选考研真题，补充典型习题

本书精选了部分名校近年的社会工作考研真题，并补充了典型习题。所选习题基本涵盖了每章的考点和难点，特别注重理论联系实际。

要深深牢记：考研不同一般考试，概念题(名词解释)要当作简答题来回答，简答题要当作论述题来解答，而论述题的答案要像是论文，多答不扣分。有的论述题的答案简直就是一份优秀的论文(其实很多考研真题就是选自一篇专题论文，完全需要当作论文来回答)!

购书即可享受大礼包增值服务！手机扫码(本书封面的二维码)领取本书大礼包。具体包括：①本书电子书；②考研专业课咨询服务。

圣才考研网(www.100xuexi.com)是圣才学习网旗下的考研考博专业网站，提供考研公共课和全国各高校社会学类专业考研考博辅导班【一对一辅导(面授/网授)、网授精讲班等】、电子书、题库、全套资料(历年真题及答案、笔记讲义等)、国内外经典教材名师讲堂、考研教辅图书等。

考研辅导：kaoyan.100xuexi.com(圣才考研网)

资格考试：www.100xuexi.com(圣才学习网)

圣才考研网编辑部

目　录

第一章　社会工作的内涵与实践领域

1.1　复习笔记

【知识框架（庖丁解牛）】

- 社会工作的内涵与实践领域
  - 社会工作的产生与发展
    - 西方社会工作产生的社会历史背景
    - 西方社会工作的产生
    - 社会工作的发展
    - 中国社会工作的发展
  - 社会工作的内涵与构成
    - 社会工作的内涵
    - 社会工作的构成要件
    - 社会工作的不同形态
  - 社会工作的实践领域
    - 社会工作实践领域的含义
    - 社会工作实践的基本领域及其扩大
    - 社会工作实践的重要领域
  - 社会工作与其他社会科学的关系
    - 社会工作的学科性质
    - 社会工作与社会学、社会心理学的关系
    - 社会工作与其他社会科学的关系

【考点难点归纳（厚积薄发）】

考点一：社会工作的发展（见表1-1）　★★

表1-1　社会工作的发展

要点	具体内容
社会工作专业方法的发展	①1917年，美国社会工作学者玛丽·E. 里士满出版《社会诊断》一书，紧接着又出版《什么是社会个案工作》，此后，个案工作作为一种专业方法被社会工作者普遍接受。 ②自20世纪20年代开始，小组工作被纳入社会工作训练课程，并于40年代成为社会工作的专业方法。

续表

要点	具体内容	
社会工作专业方法的发展	③20 世纪 60 年代，社区工作被正式承认为社会工作专业的一个基本方法。 ④20 世纪 70 年代，社会行政作为一种间接的社会工作方法被广泛接受。 ⑤20 世纪 70—80 年代，社会工作者和研究人员进一步探索综合运用几种社会工作方法的可能性，出现了综合(综融或整合)社会工作(背景补充：个案工作、小组工作、社区工作三个基本方法被分别确立之后，社会工作界曾经出现三者分立的局面)	
社会工作模式的变化	发现问题—救助或治疗—问题缓解	在这种模式下，社会工作者扮演的主要是救助者的角色，遇见问题的受助者是不幸者，社会工作者的责任是帮助其解决具体困难
	发现问题—救助或协助—问题解决和能力发展	在这种模式下，社会工作者帮助受助者改变不利处境的外部力量，增强其应对困境的能力，发现造成其生活困窘的内外部原因，并予以改变。其中，包括改变贫弱群体外部生存环境的增权，也包括促进其能力发展的增能。同时，社会工作者还注重从预防的角度开展工作
社会工作在世界范围内的发展	①第二次世界大战之后，在促进地区发展、解决贫困问题的进程中，社会工作扮演着越来越重要的角色。 ②20 世纪中后期以来，社会工作作为一种对现代化进程和社会问题的回应机制在世界范围内得到新的发展，特别是形成了发展性社会工作。 ③两个国际性社会工作专业组织：a. 国际社会工作者协会(IFSW)；b. 国际社会工作学校联会(IASSW)	

考点二：我国社会工作的类型(见表 1-2) ★★★★

表 1-2　我国社会工作的类型

类型	具体内容
行政性、非专业的社会工作(简称行政性社会工作)	政府运用行政系统和群众工作方法解决民生方面的问题，这些服务实际上是社会工作，是行政性、非专业或半专业的社会工作。这些工作的特点是： ①工作人员是政府干部、公务员或工会、共青团、妇联的干部。 ②工作人员利用正式的组织架构，按照政策及本部门的工作方法开展工作。 ③工作人员的工作以服务工作为主，同时也是管理工作
专业社会工作	20 世纪 90 年代以来，在东中部地区的一些大城市，随着政府购买社会工作服务的展开和民间基金会对社会工作的支持，一些社会工作专业人士开始兴办社会工作服务机构，其工作人员主要是社会工作专业毕业生或受过一定社会工作专业训练的其他人士。他们秉持社会工作价值观，运用社会工作专业方法，为有需要的人士特别是困难群体提供专业化的社会服务

1.2　课后习题详解

1. 试述西方社会工作产生的背景。

答：西方社会工作产生的社会历史背景可以总结为以下几个方面：

(1)资产阶级革命、人道主义的张扬。以文艺复兴为先导的资产阶级解放运动，主张恢复古代世俗的思想文化，主张以人为中心。法国大革命进一步张扬了人道主义，把天赋人权、自由、平等、博爱写到自己的旗帜上。

(2)资产阶级工业革命及其引发的社会问题。18世纪60年代，英国首先完成了工业革命。到19世纪30年代，法国、德国也相继完成了产业革命。工业革命不但使这些国家的经济结构发生了变化，而且也对社会关系、社会结构产生了深刻的影响，这表现在以下几个方面：

①整个社会日益被划分为两大阶级，即资产阶级、无产阶级。财富与贫困、特权与无权的两极分化，使两个阶级日益尖锐地对立起来。

②资本主义经济的高速发展，打破了以往封闭的农村经济，也迫使农业劳动力转化为工业劳动力。大规模的社会流动，破坏了农村的社会结构、家庭结构。

③资本主义的经济发展、价值蔓延，冲击着以往的社会关系，使人与人之间的关系变为赤裸裸的利害关系，利己主义得到充分扩张。

④社会问题大量出现。在资本主义的发展过程中，自由竞争使得竞争中的失败者沦为一群贫困、无助的人，贫穷、饥饿、失业、堕落充斥着社会。

2. 试述中国改革开放以来社会工作的发展。

答：改革开放以来，中国社会工作的发展主要体现为：

(1)1979年恢复社会学学科建设，作为应用社会学的社会工作课程在一些大学恢复起来。

(2)1987年，民政部为了推动社会工作的发展，在北京举行了社会工作教育论证会，确认了社会工作的学科地位。

(3)1987年12月，国家教委正式发文，决定在少数大学试办社会工作与管理专业。接着，北京大学等高等学校开始招收社会工作与管理专业的本科生。这样，社会工作专业教育在中国开始恢复重建。

(4)1991年，中国社会工作者协会成立，并加入国际社会工作者协会。

(5)截止到2003年底，中国设有社会工作专业的院校已超过100多所。短短十几年间，中国开设社会工作专业的高校数量就扩大了30多倍。由此形成了“政府积极探索、社会工作教育率先发展、行政性社会工作与专业社会工作并存、专业社会工作不断发展”的中国社会工作的新特点。

(6)2000年到2005年，政府、高校、民间机构以及国外的一些组织多股力量共同推进，国内社会工作发展突飞猛进，尤其是高等院校的教育发展尤为突出，同期上海、广州等地出台地方政策，建立专业社会工作队伍。2004年6月15日“社会工作者”被首次载入中国职业标准目录。

(7)2006 年党的十六届六中全会提出“建设宏大的社会工作人才队伍”，标志着社会工作发展正式被纳入中央政策议事日程，此后中国社会工作政策加速制定，实践经验不断丰富。

(8)2010 年社会工作人才列入重点发展的六类人才之一，2011 年、2012 年中央级“社会工作专业人才队伍建设”意见、规划发布。2011 年，中央组织部、中央政法委、民政部等 18 个部门和组织联合发布了《关于加强社会工作专业人才队伍建设的意见》。这是中央第一个关于社会工作专业人才的专门文件。

(9)李克强总理 2015、2016 年两会上所做的政府报告提到：发展专业社会工作和支持专业社会工作、志愿服务和慈善事业发展，进一步为我国社会工作的发展奠定了政策和制度基础。

3. 试述社会工作的含义。

答：(1)社会工作的定义

社会工作是秉持利他主义价值观，以科学知识为基础，运用科学的专业方法，帮助有需要的困难群体，解决其生活困境问题，协助个人及其社会环境更好地相互适应的职业活动。

(2)社会工作的基本内涵

①社会工作是由英文 Social Work 翻译过来的，在一些国家，这类服务活动又称社会服务或社会福利服务。社会工作或社会服务、社会福利服务是指包含了人文关怀的人性化服务，是以人为本，以帮助受助者走出困境为目的，同时又是非牟利的和专业化的服务。

②尽管社会工作的内容和形式都在变化，但其基本内涵却是不变的，它是秉持助人的价值观，运用科学方法的专业助人活动。

4. 试述社会工作的构成要素，并分析其过程结构。

答：(1)社会工作的构成要素

参见本章考研真题与典型题详解简答题第 1 题答案。

(2)社会工作的过程结构

社会工作的一般过程包括接案、预估、计划、介入、评估、结案和跟踪服务等阶段。

①接案：社会工作者与潜在案主沟通信息，并初步达成工作协议。

②预估：整合已收集的资料，并进一步收集资料，决定问题的性质、原因、程度及涉及的个人及其系统的关联。

③计划：设定工作目标，选择候选方案和决定实施方案。

④介入：运用专业知识、技巧和方法，推进工作计划，并适时调整工作方向，从而达

成工作目标。

⑤评估：对于服务执行情况和最终结果进行评价。

⑥结案：根据工作计划和工作协议逐步结束工作关系。

⑦跟踪服务：在结案后对案主进行后续跟踪和联络。

5. 试述社会工作的实践领域。

答：社会工作的实践领域即社会工作的实施范围。根据不同的划分标准，会产生各种不同的实践领域。较为常见的几种划分方法为：

(1)按服务对象的生理特征来分。可分为儿童社会工作、青少年社会工作、老年社会工作、妇女社会工作、残疾人社会工作和军人社会工作等。

(2)按实施的组织来分。可分为医务社会工作、学校社会工作、企业社会工作、矫治社会工作等。

(3)按社会问题来分。可分为贫穷问题、失业问题、疾病问题、残障问题、婚姻家庭问题、吸毒问题、酗酒问题、犯罪问题、性别歧视问题等。

(4)采取综合分类的方法，可分为九大类：即儿童社会工作、青少年社会工作、老年社会工作、妇女社会工作、残疾人社会工作、家庭社会工作、学校社会工作、医务社会工作和矫治社会工作。

此外，我国目前还有一种分类方式，是把社会工作的服务领域分为社会服务和社会管理两大领域。

以上的分类并未涵盖所有的领域，不同类型的社会工作之间存在着交叉，有着非常密切的联系。

1.3 考研真题与典型题详解

一、概念题

1. 社会工作（天津师大 2023 年研；杭州师大 2018 年研；北师 2016 年研；湖北师大 2016 年研；山东大学 2015 年研；社科院 2015 年研；扬州大学 2015 年研；西南大学 2010 年研；华中农大 2010 年研）

答：参见本章课后习题详解第 3 题答案。

2. 里士满

答：玛丽·里士满，美国学者，是社会个案工作的开山鼻祖。1917 年出版了第一部对专业社会个案工作做出重要贡献的《社会诊断》一书，试图使社会工作方法成为一套独立的知识。《社会诊断》采用医疗模式，认为贫穷是一种社会“疾病”，而友好访问员就是像内科医生一样的社会医师，运用“研究—诊断—治疗”的框架科学助人。《社会诊断》一书标志着个案工作专业化与学科化的开始，开启了社会工作作为“科学的慈善”专业的新时代。此后她又发表《什么是社会个案工作》，使社会个案工作作为一种专业方法被社会工作者普遍接受。

3. 案主(西南大学2010年研)

相关试题：

(1)受助人(社科院2017年研)

(2)受助者(南航2016年研)

答：案主又称受助者，是指遇到困难，自己不能解决并愿意接受社会工作者帮助的人。他们能够表达自己的意愿，并采取行动与社会工作者互动。受助者是服务的接受者，没有受助者，社会工作就失去了必要性。社会工作者要与案主建立专业关系。在这种关系中，案主的利益高于社会工作者的利益，社会工作者应为实现案主的利益、满足案主的需要而开展工作。绝不允许社会工作者因自身的利益或需要而损害案主的利益。这和一般人际关系中强调互惠明显不同。

4. 社会保障(青岛大学2015年研)

答：社会保障(社会保障制度)是以国家或政府为主体，依据法律规定，通过国民收入的再分配，对公民在暂时或永久失去劳动能力以及由于各种原因生活发生困难时给予物质帮助，以保障其基本生活的制度。

5. 社会服务(华科2020年研)

答：社会服务是以劳务为主要形式向有需要、有困难的社会成员，特别是社会困难群体和弱者提供的改善其处境的活动。它是将社会保障、社会福利传递至有需要社会成员的过程。狭义的社会服务是指直接为改善和发展社会成员生活福利而提供的服务，如衣、食、住、行、用等方面的生活福利服务。广义的社会服务包括生活福利性服务、生产性服务和社会性服务。其中，生产性服务是指直接为物质生产提供的服务，如原材料运输、能源供应、信息传递、科技咨询、劳动力培训等。社会性服务是指为整个社会正常运行与协调发展而提供的服务，如公用事业、文教卫生事业、社会保障和社会管理等。此外，社会服务按服务性质可分物质性服务和精神性服务。

6. 社会工作价值观(西安交大2023年研；浙江财大2023年研；广州大学2021年研；华中农大2018、2014年研；北京城市学院2014年研；南京理工2011年研)

答：社会工作价值观(values)是指社会工作者所持有的助人观念。它包括对助人活动的看法、对自己及受助者关系的看法。社会工作的价值观是利他主义，尊重受助者的权利和选择。任何社会工作的开展都是社会工作者在一定价值观的基础上进行的，可以说，社会工作价值观是社会工作实践的基本前提和操作指南。它不仅规范了社会工作的目标和意义，也规范了社会工作的基本技巧和方法，以及社会工作机构、社会工作者的行为和态度。没有一定的价值体系的指导，社会工作也就不会存在，更不可能得到发展。因此，价值对社会工作具有特别重要的意义。

7. 助人活动（南京理工 2011 年研）

答：助人活动是指社会工作者依据其价值观、利用专业方法，向服务对象提供帮助或服务的行动，也是社会工作者与服务对象的互动及合作的过程，它是社会工作的外在表现。助人活动是社会工作的关键，它是助人愿望的传导者，同时也是助人和受助的实现过程。

8. 专业关系（社科院 2020 年研；广东工业大学 2014 年研；中山大学 2011 年研；南京理工 2011 年研；浙江师范大学 2011 年研）

答：专业关系是指社会工作者以一个专业人员的身份与他（她）努力使之发生变化的系统之间所建立的关系，是社会工作者与受助者之间的一种专业协助关系。也可以说专业关系是助人者与服务对象之间在协商的基础上通过签订合约建立起来的结构性的、有期限的角色联系。专业关系有效与否的关键在于服务对象对助人者是否接纳与信任。国外有学者认为专业关系是社会工作者提供的一种媒介物，案主可以通过这种媒介做出某种选择，决定是否及如何接受帮助。

二、简答题

1. 社会工作的涵义与构成要素。（武汉大学 2011 年研）

相关试题：

（1）简述社会工作的要素。（郑州大学 2024 年研；华南师范大学 2020 年研；南航 2015 年研）

（2）简述社会工作的基本要素。（安徽师范大学 2017 年研）

（3）社会工作过程有哪些基本要素？（扬州大学 2015 年研）

（4）社会工作的基本要素。（沈阳师范大学 2014 年研）

（5）助人过程主要涉及哪些因素？它们各起什么样的作用？（华中农大 2014 年研）

答：（1）社会工作的涵义

参见本章课后习题详解第 3 题答案。

（2）社会工作的构成要素

①服务对象，是社会工作者直接服务或帮助的对象。

②社会工作者，是服务和帮助的提供者，是社会工作过程的首要构成部分。

③社会工作价值观，是社会工作者所持有的助人观念。

④专业关系。指社会工作者基于专业服务的需要同受助者建立的关系。为保障专业服务的展开和深入发展，达到预期的助人目标，社会工作者要恪守专业关系。

⑤助人活动，是社会工作者依据其价值观向服务对象提供帮助或服务的行动，也是社会工作者与服务对象的互动及合作的过程。

2. 伊丽莎白《济贫法》对社会工作发展的意义。(浙江师范大学2011年研)

相关试题:

(1)《伊丽莎白济贫法》(概念题，山东大学2018年研)

(2)济贫法(概念题，北师2016年研)

(3)伊丽莎白济贫法对社会工作的发展有什么意义?(扬州大学2015年研)

答: 伊丽莎白《济贫法》对社会工作发展的意义主要体现在以下几个方面:

(1)政府负起了社会救助的责任，并直接参与了社会救助活动的组织工作。这在某种意义上为社会工作的诞生创设了一个合法性前提，使社会工作专业的诞生有了良好的社会基础。

(2)伊丽莎白《济贫法》从立法的角度确立了助人自助的观念，这既是一个救助原则，又是一个救助理念。伊丽莎白《济贫法》承袭以前的济贫立法中关于"有劳动能力的乞丐"的概念，对不同情况的贫民施以不同的救助，使社会资源得以更有效的利用，同时也可以避免刺激一些人的"懒汉"思想。

(3)对于社会工作的发展来说，伊丽莎白《济贫法》最重要的作用还在于它确定由专业人员从事济贫救助活动。从某种意义上来说，可以将救助人员的专业化视作社会工作职业化的开端。

(4)伊丽莎白《济贫法》所实施的院外救济也是社会工作提供服务的一种基本形式。

总而言之，伊丽莎白《济贫法》对现代社会工作专业的形成产生了极其重要的影响。

3. 简述社会工作专业关系的基本特点。(吉大2019年研)

答: 社会工作专业关系的基本特点包括:

(1)目的性。专业关系是为专业的目的而建立的，它的建立是为了协助受助者，即通过工作者与受助者的工作要能解决或防止个人、家庭或社区的问题，或发展受助者的潜能。专业关系具有一定的时间限制，是一种暂时性的工作关系，当受助者的问题得到解决后，双方关系建立的前提消失，关系必须结束。

(2)以受助者为本。从本质上说，建立专业关系不是为了工作者的需求，不以社会工作者自身的利益为前提，而是为了满足受助者的需求，在专业服务的范围内，受助者的利益高于工作者的利益。

(3)非平等性。在专业关系中，工作者与受助者的地位并非完全平等。双方的互动，以受助者为重点，受助者一般要提供必要的个人资料让工作者能够多方面地了解，从而使社会工作者的协助是有效的，而工作者则不必这样做。

(4)受制约性。专业关系不仅要以所要达到的社会工作目标为指导，也受本专业明确而详尽的伦理道德守则的制约。

(5)代表性。在社会工作者和受助者的专业关系中，社会工作者并不是代表自己，而是既代表着自己所工作的社会工作机构，也代表着所从事的社会工作专业。

(6)兼容性。专业关系是兼工具性和情感性的关系。良好的专业关系是双方信任的基础，专业关系是带有目的的，即通过良好关系的建立来实现工作目标，这是其工具性之所在；同时良好的关系本身离不开双方情感的交流和表达，这样专业关系就具有了情感性的色彩。因此，它是一种兼容性的专业关系，兼有工具性和情感性两方面的特征。

三、论述题

论中国社会工作职业化的路径。(河北大学 2016 年研；中山大学 2011 年研)

相关试题：

(1)社会工作职业化与专业化。(青岛大学 2017 年研)

(2)论述我国社会工作专业化、本土化与职业化路径。(安徽师范大学 2017 年研)

答：我国的社会工作发端于 20 世纪初，在二三十年代有较大发展，后又中断。90 年代以来，我国的社会工作专业尤其是社会工作专业教育迅猛发展，社会工作作为一门学科已经成形，而作为一种职业却始终未成形。社会工作职业化问题日益成为制约社会工作专业发挥其应有社会功能的瓶颈。中国社会工作职业化的路径有以下几种：

(1)提高社会对社会工作专业及职业的认同度

现代社会工作是一种专业社会工作，和传统意义的社会工作不同，不是单靠热情、意愿就能够胜任的，也不是任何人都可以从事的。应当通过各种形式的学习、动员，特别是通过普及社会工作专业知识，不断强化党政机关、社会组织及社会大众对社会工作及社会工作职业的认同。

(2)明确社会工作者(人才)的岗位设置

没有相对明确的工作岗位，社会工作职业化是无从谈起的。在我国推进社会工作职业化之初，应当联合政府、学术界、社会福利机构等方面的力量，结合中国实际并借鉴国(境)外经验，对社会工作岗位的特征(要求)加以明确界定，科学测算一定时期内国家对社会工作者(人才)的数量及结构的需求，对现有的社会工作岗位加以规范化建设，同时根据需要加快社会工作岗位的开发。

(3)健全社会工作职业制度体系

为稳步推进社会工作职业化，当前应在各级政府主导下，尽快建立健全社会工作职业制度体系，特别是职业资格认定制度、职务(职称)晋升制度、绩效考核制度、薪酬福利制度、在职(业余)培训制度等的建立与完善。

对入职资格的严格要求需要相应的薪酬福利制度相配合，没有一个富有激励功能的薪酬福利制度，社会工作职业也是缺乏吸引力的。鉴于社会工作奉献、利他的职业特点，国家在统筹制定薪酬福利制度时，应注意向社会工作职业倾斜。社会工作职业薪酬福利制度要与职务(职称)体系密切结合，并与绩效考核制度紧密挂钩，以提升社会工作者的积极性。

(4)加快第三部门发展，拓展专业服务的发展空间

在我国，长期以来，所存在的社会工作主要是一种直接针对社会上的困难群体，由政府相关部门(如民政部)或群团组织开展的带有行政色彩的服务活动，即行政性、非专业化的社会工作。

目前第三部门的发展还处于初期阶段，其规模力量等都还十分薄弱。但是从发展趋势看，政府不可能直接经办所有的社会服务工作，大量的社会服务工作都要过渡到由第三部门来承担。从推进社会工作职业化的需要出发，必须加快第三部门的发展。

(5)实现专业人才培养与职业资格的衔接

①建立规范的专业实习制度

鉴于发达国家和地区社会工作实务人才培养经验，我国应尽快建立比较规范的高校社会工作专业专科生、本科生乃至硕士生的实习教育制度，探索建立专业教师和实习机构有经验成员相结合的实习督导制度，推动学校和政府社会福利机构、非营利机构等密切合作，形成相对稳定的专业实习基地。

②推动建立专业学位证书与职业资格证书相衔接的制度

应借鉴实务导向的社会工作专业教育与职业资格培训融为一体的经验，即学生从大学毕业就意味着获得了社会工作的相关职业资格，可以直接进入职业岗位；同时，也意味着所有的社会工作从业人员都必须持有职业资格证书，即必须经过大学社会工作专业训练才具备从业资格。通过制度规范，在社会工作专业教育与职业资格体系之间建立明确的衔接关系，改变目前存在的学非所用、用非所学的现象。为社会管理、社会福利、社会服务等领域培养大量的专业人才。

(6)探索社会工作职业化的本土路径

社会工作职业化受本土历史文化、社会制度、价值体系、发展阶段、民族心理等各方面因素的影响与制约。中国目前处在快速的社会转型之中，上述因素也在逐渐发生变化，西方社会工作职业化过程中一些带有普世价值的经验或做法值得参考、借鉴，但决不能照搬照抄。事实上照搬照抄也是行不通的。根据中国人一般重视家庭、亲情、邻里街坊关系

的传统，可以探索出更加符合民族特色的社会工作职业化的途径或推进策略。

(7)加大政府部门在推动社会工作职业化方面的力度

对政府部门内部的一些涉及社会管理的岗位，也应对从业人员的专业提出必要的要求。在公务员招考时，可规定社会工作专业毕业生优先的条件。从其他专业进入此类岗位，要进行一定的社会工作专业培训。在职业资格方面，政府主管部门应当明确岗位的入职要求，是否受过社会工作专业教育和训练并获得相应文凭应当成为入职的基本资格要求，否则只能从事辅助性工作。更高层次的要求是受过专业教育的社会工作者通过职业资格考试方能成为注册社工或取得从业执照。

第二章　社会工作的功能

2.1　复习笔记

【知识框架(庖丁解牛)】

- 社会工作的功能
  - 社会工作者及其角色
    - 社会工作者及其特征
    - 社会工作者的角色
  - 社会工作的主要功能
    - 功能的含义与类型
    - 社会工作的助人功能
    - 社会工作对维护社会秩序的意义
    - 社会工作对助人与维护社会秩序关系的理解
  - 社会工作功能的实现
    - 实施社会工作的一般过程
    - 实施社会工作的组织模式
    - 社会制度对实施社会工作的影响
  - 我国体制转变中的社会工作
    - 中国体制改革的进程及其对发展社会工作的要求
    - 当前中国社会工作的发展模式

【考点难点归纳(厚积薄发)】

考点一：社会工作者及其特征(见表 2-1)　★★★

表 2-1　社会工作者及其特征

要点	具体内容
社会工作者的含义	社会工作者是秉持社会工作价值观，运用社会工作专业方法从事职业性社会服务的人员
一般特征	①认同并遵循社会工作的价值准则，具有全心全意为受助者服务的理念，不以助人过程牟取私利。 ②社会工作者是以从事社会福利服务为职业的人员。 ③掌握一定的社会工作专业方法。

续表

要点	具体内容
一般特征	④获得专业认可，经过专业教育和培训，或经过专门考试、注册制度而得到权威机构的承认。 ⑤综合运用社会工作知识、理论和方法，有效地提供社会服务

考点二：社会工作的主要功能（见表2-2）★★★★★

表2-2　社会工作的主要功能

要点	具体内容
正功能与反功能	①正功能是指部分对于整体具有正面的、支持性的、整合性的作用。（帕森斯） ②反功能是指部分对其他部分和整体的作用并非具有建设性，而是相反（默顿）
显功能与潜功能	①显功能是指那些明显的、被参与者所预期和认识到的后果。 ②潜功能是指那些未被预期、未被认识到的后果
终极功能与中间功能	①终极功能是系统在一定时空中最终要达到的运行状态或发挥的作用。 ②中间功能是某一部分或整体在达致最终状态的过程中，在较小的时空中发挥的作用。 ③终极功能是由许多中间功能的积累、相互作用来实现的

2.2　课后习题详解

1. 试述社会工作的基本要素。

答：社会工作的基本要素包括：

(1)社会工作者

社会工作者是指服务和帮助的提供者，是社会工作过程的首要的构成部分，没有社会工作者，社会工作活动就无从谈起。从现代社会工作的角度来看，社会工作者不但持有利他主义的价值，而且应该受过一定的科学训练，掌握科学有效的工作方法。社会工作者可以指某一社会工作者个人，也可以指某一具体的社会工作机构。他们是社会问题的评估者、专业服务的提供者、服务过程的引领者和受助者、改变行为的协助者。他们是社会工作的主体。

(2)受助者

受助者又称服务对象、工作对象或者案主。受助者是遇到困难，自己不能解决并愿意接受社会工作者帮助的人。他们能够表达自己的意愿，并采取行动与社会工作者互动，他们也是社会工作的主体。受助者是服务的接受者，没有受助者，社会工作就失去了必要性。另外，只有受助者生活状态的改善才是社会工作成效的衡量标准。

(3)社会工作价值观

社会工作价值观是社会工作者所持有的助人观念。它包括对助人活动的看法、对自己与受助者关系的看法等。社会工作的价值观是利他主义，尊重受助者的权利和选择。它认为社会工作是一种真正的服务过程，而不是社会工作者在行使手中的权力。社会工作的价值观是社会工作的灵魂，这使它与其他助人活动区别开来。

(4)专业关系

专业关系是指社会工作者基于专业服务的需要同受助者建立的关系。社会工作者在向受助者提供服务的过程中发生着频繁的互动，也会形成多种关系，其中既包括按规范行事的专业关系，也包括因深入交往而产生的、带有某种情感的人际关系。为了保障专业服务的展开和深入发展，达致预期的助人目标，社会工作者要恪守专业关系。当然，在不同文化背景下，专业关系也可能会有各自的特点。

(5)助人活动

助人活动是社会工作的关键，它是助人愿望的传导者，同时也是助人和受助的实现过程。在助人活动中，社会工作者传输的是精心考虑过的、科学的、能够满足受助者需要的信息和服务，而受助者输出的则是需要和对来自社会工作者的帮助行为的理解和反应。助人活动是社会工作者与受助者角色、享用文化、情景、传输手段等多种因素结合而成的行动体系。在某些场合，助人活动表现为干预行动，即社会工作者对某些不合理或负面现象的干预，通过干预使这些现象得以向期望的方向转变。

2. 试述社会工作者在社会服务中的角色。

答：参见考研真题与典型题详解简答题第1题答案。

3. 试述社会工作的助人和维护社会秩序的功能。

答：(1)社会工作的助人功能

助人是社会工作的基本功能。社会工作的任务是助人，帮人摆脱困境是他的基本功能。对受助者，社会工作有救难、解困和促进人的发展等多种功能。

①救难。危难是指因社会或个人原因，个体的身体受到严重损伤、个人的基本生活能力受到严重削弱，致使其自身生存受到严重威胁以致生命遭遇到危机的状态。如战场负伤、意外伤害、经济破产、精神崩溃等。

②解困。每个社会成员都会遇到诸多困难，包括物质方面的、精神方面的和社会关系方面的困难，当这些困难不能靠自己、家人、亲戚朋友、邻居、工作单位解决时，社会工作就要承担起帮助解困的责任。

③促进人的发展。包括自身发展、自我实现、增加知识和技能、增强自己克服不利因素的能力、提高个人与社会协调能力等，帮助个人、社会群体乃至社区更好地发展。

(2)社会工作在维护社会秩序上的功能

①社会秩序对增进社会福利的意义

a. 社会秩序为社会成员提供了正常生活的条件；

b. 社会秩序为获取福利提供了制度化的途径。

②社会工作维持社会秩序的方式

a. 通过解决社会问题维护社会秩序；

b. 通过预防问题维护社会秩序；

c. 通过实施和修订社会政策维护社会秩序。

4. 试分析中国专业社会工作的发展前景。

答：随着社会工作的发展，专业社会工作在中国的地位问题日益引起人们的关注，中国社会工作专业化缺失是一个诱人的方向，然而这一目标的实现绝非仅高昂的热情所能达致的。作为一种制度的社会工作专业化进程受到它的生存环境的影响，特别是社会体制的影响和制约。

(1)体制改革对社会工作专业恢复重建的促进

社会工作专业在中国的恢复重建，来自于社会需要或社会问题的压力和解决这些问题的某些思路的变化。在此过程中，体制改革对社会工作专业的恢复重建发挥了重要作用，这种推动作用既是直接的，也是间接的，既是功能意义上的，也是结构方面的。

经济体制改革对社会工作专业的推动作用明显地表现于"政企不分""企社不分"模式的改革。政治体制改革，或者说行政体制改革对社会工作专业的推动作用是不容忽视的。这不但在于政府对原生于资本主义市场经济体制的社会工作专业的宽容，从而给它以一定的生存空间，而且由于实施变管理职能为服务职能的行政体制改革策略，一些行政、准行政部门在寻求改革方向时注意到了社会工作的地位。

(2)社会工作专业在两种共生和互动关系中的发展前景

①制度间的共生与互动对社会工作专业成长的影响

制度间共生与互动是指作为新制度要素的社会工作同原体制内的某些制度(如单位制、全能政府制)之间的关系。社会工作专业的恢复是在改革开放、政府转换职能和政府在原体制之外寻求解决社会问题的"替代物"的背景下发生的。社会工作专业的发展也将继续受经济和行政体制改革进程的影响，因为在目前情况下，社会工作"制度"与原体制的互动并非对称性的，而是原体制让渡和赋予社会工作以一定的生存空间。在这种情况下，社会工作的发展不但有赖于自己的功能活动以表现自己的存在价值，而且尤其需要原体制提供更广阔的生存和发展空间，这有赖于体制改革的进程和"力度"。

②社会工作内部的共生格局及互动关系对社会工作专业发展的影响

半专业化的社会工作是政府部门和具有一定行政色彩的群众团体及其所属机构推展的服务社会、为群众排忧解难的工作。专业社会工作一般是由受过某种形式的社会工作专业培训的人士开办的。这两类社会工作形成了共生关系，在依靠力量、工作人员构成、工作范围及资源来源等方面都有一定差异，从而形成了不同的生存方式和生活方式。两类社会工作之间也发生着互动。比较明显的是前一种社会工作在开展某些项目之初常常征询某些社会工作教育者的意见，从而在一定程度上参照了社会工作的准则，而后一类社会工作则通过这种咨询活动希望能够发现专业社会工作的生长点。这种互动显然有利于中国社会工作专业成长。

(3)总结

作为新制度要素的社会工作专业的进一步发展面临着两重生存环境，即已有某些改革的原体制和以行政系统为依托的半专业化的社会工作。在这种共生关系中，社会工作专业的发展有赖于自身的工作积累以获得更广泛的认同，同时也在很大程度上依赖于生存环境的改变，特别是国家在处理社会问题时体制模式的转变。政府依靠原体制解决社会问题的能力是制约社会工作专业成长的关键因素。社会主义市场经济体系的建立、“小政府、大社会”格局的形成有利于社会工作专业的发展逻辑，这种逻辑又是社会工作专业在同原体制、同行政性半专业化的社会工作的共生及互动过程中显现出来的。

5. 试分析转型期中国社会工作发展的特点。

答：转型期中国社会工作发展的特点有：

(1)不同模式并存

中国社会工作模式的转型自20世纪80年代专业社会工作引入时始，已历经20多年的发展。然而，众所周知，在我国社会工作模式的转型过程中，计划经济体制下的实际社会工作不可能一下子就退出社会历史舞台。因此在此过程中，必然存在实际社会工作与专业社会工作并存的局面即存在两张皮的现象，这是转型期中国社会工作模式的最显著特点。

(2)过渡性

从现实来看，在中国社会工作领域中，原先的社会工作模式仍占主导地位，但其非专业性特征决定了旧的社会工作模式越来越不能适应社会变迁的要求，也无法满足人们的服务需求。社会工作的新模式仍处于孕育未成形阶段，转型期的中国社会工作模式明显地具有过渡性质。

(3)不平衡性

从专业社会工作自身的发展来看，地域之间、城乡之间在发展程度上存在不平衡情况，差距十分明显。上海、深圳等发达的东部地区和大城市，最早将专业社会工作引进并落实到社会实践层面。可以说，专业社会工作在这些发达地区和大城市中的发展是快速的。然而，我国的中西部地区、中小城市和广大的农村地区，由于经济社会发展水平较低的原因，在社会工作发展方面与发达地区和大城市相比就显得比较落后。

(4)民间组织发育不良

在西方社会工作发展过程中，民间组织是为民众提供服务的主力军，政府只在政策和规则方面起主导性的指引作用，政府不能对民间组织施以过多干预。然而，由于我国计划经济体制下的社会工作“行政化”色彩太过浓厚、政府包揽社会服务的政策惯性还在起作用，因而民间服务组织的发展道路非常曲折。

2.3　考研真题与典型题详解

一、概念题

1. 社会工作者(西南大学2020年研；山东大学2018年研；华中农大2017年研)

答：社会工作者是指在社会福利、社会救助、社会慈善、残障康复、优抚安置、医疗卫生、青少年服务、司法矫治等社会服务机构中从事专门性社会服务工作的专业技术人员。应具备的条件有：①除具备社会工作专业知识外，还应具备心理学、社会学、政治学、管理学、教育学、法学等多学科综合知识，应熟悉与社会工作业务相关的法律、法规、政策知识。②应能熟练运用个案社会工作、小组社会工作、社区社会工作、社会工作行政等社会工作方法，协助服务对象解决问题、克服困难、挖掘潜能、恢复和发展社会功能。

2. 助人自助(广州大学2021年研；中山大学2012年研；西南大学2010年研)

答：助人自助是指社会工作者有意识、有目的地在帮助他人的活动过程中贯穿的一种核心价值理念。在这个助人活动中，社会工作者作为行动者，依据自己的助人价值观去设计和实施助人活动，并积极吸引受助者主动参与这一行动过程，通过相互配合与协调，从而达到助人目的。在这个过程中，社会工作者是行动的主体，他设计并引导助人过程的进行。但是由于社会工作者要考虑到受助者的需要和接受服务的能力来开展服务，所以不能把受助者视为纯粹被动的、只是行为的对象或客体。受助者也是行动的主体，他也将自己的意识、目的、对社会工作者行动的理解带入接受服务的过程，并直接影响这一过程。

3. 社会秩序(华中农大2012年研)

答：社会秩序是社会存在诸条件之间的持久的和谐。它至少包括两层涵义：①社会结构的稳定性，指社会各组成部分之间关系的相对稳定，是对这种关系格局的静态描述。②社会运行的有序性，指各部分在变动过程中关系的协调状态。社会有序状态或动态平衡主要表现为3个方面：①一定社会结构的相对稳定；②各种社会规范得以正常施行；③把无序和冲突控制在一定的范围之内。

4. 社会制度(石河子大学2024年研；复旦大学2019年研)

答：社会制度又译作社会设置，是指制约和影响人们社会行动选择的规范系统，是提供社会互动的相互影响框架和构成社会秩序的复杂规则体系。社会制度主要由价值观与价值判断、行为规则与奖惩体系、组织设置、权力体系四个基本要素构成。普遍性、特殊性、相对稳定性是社会制度的基本特征。

二、简答题

1. 简述社会工作者担当的角色。(中央民族大学2020年研；华南理工大学2018年研)

相关试题：

(1)社会工作者在提供社会工作实务过程中扮演的主要角色及功能。(南开大学2015年研)

(2)简述社会工作者的角色。(南航2015年研)

(3)社会工作者担当的角色有哪些？(华中农大2013年研)

答：社会工作者担当的角色主要有：

(1)直接服务角色

直接服务角色指的是社会工作者直接面对服务对象的服务活动，社会工作者的直接服务角色包括：

①服务提供者。社会工作者作为服务提供者，提供的不是简单的体力劳动，而常常是复合型的服务，即它会赋予服务以更多内容，通过这种服务尽量使受助者获得更大帮助。

②支持者。社会工作者面对服务对象(受助者)不但要提供直接服务或帮助，也要鼓励其在可能的情况下自强自立，克服困难，自我决策，即“助人自助”，并且应该成为服务对象积极反应的支持者、鼓励者，并应尽量创造条件使服务对象自立。

③行为倡导者。在服务对象必须采取新的行动才能有助于其走出困境但服务对象对新的行动又不了解时，社会工作者应该成为服务对象采取某种行为的倡导者，即向服务对象倡导某种合理行为，并指导他们以使其成功。

(2)间接服务角色

①管理者。在社会工作过程中，社会工作者需要对该过程进行有效控制，对助人过程有科学的设计，并力图使实际过程能合理、有效的展开。

②资源链接者。社会工作者要解决服务对象的困难和问题，为了服务的顺利开展，常常需要联络政府部门、福利服务机构的负责人及同事、自愿组织甚至广大社会，向他们争取支持资源。

③政策影响者。当社会工作者在服务过程中发现某些问题具有普遍性时，他就可能向有关政府部门提出建议，制定、修订和完善政策。这样，可以避免社会问题的再次发生和减缓社会问题。在这种情况下，社会工作者就扮演着政策影响者的角色。

④研究者。社会工作者科学地评估问题，为社会政策的制定提供依据。

2. 简述社会制度对实施社会工作的影响。

答：社会制度对实施社会工作的影响如下：

（1）经济制度对实施社会工作的影响

①经济是社会福利服务和社会工作的支柱。社会福利资源充足与否与社会的经济发展水平和收入分配制度关系密切。

②在强调自由竞争的经济体制下，政府会采取刺激经济增长和削减福利的政策；在政府对市场经济有较多干预的情况下，政府会通过利益再分配来缩小贫富差距，缓解因分配不均而产生的社会问题。这样，不同的经济制度会对社会服务和社会工作的发展产生不同的影响。

（2）政治制度对实施社会工作的影响

①政治制度对社会工作的影响既表现在宏观上，也反映在微观上。

②民主制度下，政府的责任意识、民众的权利意识都比较强，在小政府大社会的框架下，政府支持社会力量开展社会工作服务。

③集权体制下，命令由上而下传达，缺乏多样化的服务。

（3）社会福利制度对社会工作的影响

社会工作是社会救助体系的组成部分，专业社会工作的功能的发挥与民间互动制度和政府的福利服务体系的功能范围和强度有关。

3. 简述社会工作者助人过程的特征。（安徽师范大学 2018 年研）

相关试题：

（1）社会工作助人过程有哪些特点？（华中农大 2013 年研）

（2）社会工作助人过程的特征。（华中农大 2012 年研）

答：社会工作助人过程的特征主要包括：

（1）助人过程是帮助受助者获利的过程

社会工作是以帮助有困难、有需要的人为出发点的，是利他的而非出于利己动机的，是帮助困难人士和群体满足其基本需要的过程。虽然通过提供服务社会工作者也会得到社会所认可的报酬。

（2）助人过程是社会工作者同受助者的合作过程

受助者的需要表达和有力配合与社会工作者的助人行为相结合，形成有效的助人过程。社会工作特别强调“与服务对象一同工作”。助人活动是双方围绕解决困难和问题而展开的持续互动。在这种互动过程中，双方互相理解对方的行动，相互合作，共同去实现克服困难、解决问题的目标。

（3）助人过程是不对称互动

不对称是指互动双方在输入、输出方面的不对等，是双方在质和量上的差距。助人过程的不对称表现为：①双方在信息占有方面的差异。社会工作者具有较多知识，了解获取受助者所需对象的方式和手段，而受助者则缺乏信息。②互动效果上的不对称。社会工作者的助人过程是为了受助者获利，他不求回报，而只有使命感或实现感。③合作促成力量的不对称。虽然社会工作过程强调受助者的主动参与，但由于诸多原因，受助者常显得被动，而社会工作者则处于主动地位，他要积极地去推动合作过程。

4. 社会工作的目标及功能。(武汉大学2011年研)

相关试题：

(1)社会工作对工作对象的功能有哪些？(东北林大2023年研；扬州大学2018年研)

(2)社会工作的目标。(华南农大2016年研)

(3)社会工作的主要功能。(青岛大学2015年研)

(4)社会工作的主要功能有哪些？(论述题，华中农大2011年研)

答：(1)社会工作的目标

社会工作是现代社会应对纷繁复杂的社会问题而形成的职业活动。虽然各国政府与民间组织推动、发展社会工作的出发点会有一些差异，但是社会工作还是有其共同的目标。以下从服务对象和社会两个层面来说明社会工作的目标。

①服务对象层面的目标

a. 解救危难

社会工作的基本目标就是寻找资源，支持受助者，帮助他们走出危难。社会工作者在解救危难中的角色是多方面的：在受助者生命处于危机时社会工作者要施以援手，为其提供物质支持，包括衣、食、住条件；社会工作者还要发挥自己的专业特长，对处于危难的人给予心理支持。

b. 缓解困难

社会工作的基本目标之一就是帮助有困难、有需要的人缓解压力、克服困难，恢复正常生活。当前在我国，社会的快速转型引发了许多社会问题，社会工作的一项重要任务就是为困难群体解决困难，帮助他们恢复正常生活。

c. 促进发展

社会工作坚持“助人自助”的理念，而这一理念的一个重要方面就是通过向服务对象提供服务和帮助，促进其潜能的发挥和能力的增长，逐渐达到自己能应对困难、面对生活以至预防新问题出现的状态。

②社会层面的目标

a. 解决社会问题

社会工作者秉持专业价值观，用自己的专业方法介入社会生活，就是要解决个人、家庭、社区方面的问题，帮助服务对象增强自身功能，修复社会机制，解决和预防社会问题。

b. 促进社会公正

为了促进社会公正，社会工作者从多个方面介入社会生活，对不公正现象进行干预。这包括：为困难群体提供帮助，增强他们参与社会生活的能力；促进不公正制度的改变，为困难群体、弱势群体参与社会生活提供更多的机会和制度保障。

(2)社会工作的功能

①社会工作的助人功能

a. 救难。危难是指因社会或个人原因，个体的身体受到严重损伤、个人的基本生活能力受到严重削弱，致使其自身生存受到严重威胁以致生命遭遇到危机的状态。危难涉及的是人的正常生活乃至基本生存问题，社会工作者首先应该把这项任务放在自己的肩上。

b. 解困。当受助者遇到困难但尚未达到危及生存的程度时，社会工作者对其提供的帮助，可视为解困。解困是社会工作最重要的功能之一。

c. 助人。助人是社会工作的基本功能。人们的需要是多种多样的，主要包括生存、参与社会和发展几个方面。当他们不能依靠自己的力量去满足这些需要时，社会工作应该把他们纳入自己的工作领域。

d. 发展。帮助服务对象实现自身发展是社会工作的基本功能。发展不但发生于人们尚未遇到困难而进行预防性增能之时，也发生于遇到困难但靠自身能力的增强还难以克服之时。帮助个人、社会群体乃至社区更好地发展是社会工作的广阔活动空间。

②社会工作的治疗功能

治疗是针对社会病态采取措施，使之恢复和重建其良好的社会功能。治疗在微观层面上是指对个人、团体的直接服务，帮助它们恢复受创的社会功能。社会工作的治疗功能就是消除那些导致问题产生和使社会功能丧失的个人或环境因素，对失去的社会功能予以恢复和重建，获得原有的社会调适模式，或产生新的替代模式，从而恢复常态的社会功能。

③社会工作的预防功能

预防就是指先期对有害于个人或系统、组织的任何因素的发现与消除，前提是要有准确的预测。要预测个人或团体社会生活所可能发生的障碍，预测对整体社会制度可能产生伤害或阻碍社会进步的任何潜在因素，以便对症下药，不使其成为现实或继续生长而对社会构成危害。预防可以从两方面进行：

a. 采取措施，使问题不致发生。这是初级预防，是预防的最高境界；

b. 在问题刚出现时就采取措施，不使其生长，这是二级预防，是亡羊补牢，犹为未晚。

④社会工作维持社会秩序功能

社会工作对维持社会秩序有重大的意义，其主要方式有：

a. 通过解决社会问题维持社会秩序；

b. 通过预防问题保持社会秩序；

c. 通过实施和修订社会政策维持社会稳定。

三、论述题

1. 论述在我国发展社会工作的必要性。(华中农大2010年研)

相关试题：

(1)试述社会工作对社会的功能。(河北大学2012年研)

(2)论述社会工作存在与发展意义。(广西师范大学2010年研)

答：在我国发展社会工作的必要性主要体现在以下方面：

(1)我国社会工作的发展还不成熟

①我国缺乏专业社会工作。现代社会工作是工业化、城市化、现代化的产物，我国传统社会缺乏产生社会工作的条件。传统的中国仍然是典型的、成熟的农业社会。虽然这种农业社会也不乏贫困和社会问题，但是人们主要是靠家庭、家族、亲朋来解决问题。社会的低度分化和低流动性不可能育化出现代社会工作。这样，虽然我国历史上有丰富的社会福利思想，但是却没有专业意义上的社会工作。

②我国社会工作的探索起步较晚。1979年，国家决定恢复社会学学科建设，社会工作课程作为应用社会学也逐步在一些大学恢复。1988年，国家教委决定在部分高等学校试办社会工作与管理专业，在制度上开启了社会工作专业教育的进程。1991年，中国社会工作者协会成立，1994年中国社会工作教育协会成立，推进了我国社会工作发展的进程。民政部门对干部进行在职培训，讲授社会工作内容，高等学校则参考国际社会工作的框架开办专业教育，从而形成了行政性社会工作与专业社会工作相结合的发展格局。在此后的进程中，民政部门在社会工作职业化方面做了不懈努力，高等学校则在社会工作专业教育方面矢志不渝，并探索社会工作本土化的道路。

③虽然我国的社会工作发展已经取得了很大的成就，但是不得不承认的是我国社会工作的发展水平与西方发达国家相比还有很大的差距，不论是社会工作的整体服务水平还是在社会工作的人才队伍建设方面。所以，如何建设一支高素质高理论水平的社会工作人才队伍是当前我国社会工作建设的重大议题，也是我国和谐社会建设的必经阶段。

(2)社会工作在维护社会稳定方面所起到的重大功能

①维护社会秩序

社会工作在最一般的意义上来说是具体解决社会问题的专业活动，对有困难的人群问题的解决不但可以给受助者以实际的帮助，而且会有助于社会稳定。社会工作通过提供服务而间接地起到社会管理的功能。因此，许多国家都特别重视发展社会工作。当前我国在社会转型中产生了许多新问题、新矛盾。由于社会结构、社会组织方式的变化，以往传统的工作方法已不能完全解决问题，社会工作可以在解决社会问题、稳定社会秩序、维护社会稳定方面发挥重要功能。

②促进社会和谐

社会工作擅长面对面的、深入人心的、人性化的服务，这在化解矛盾和冲突时所产生的促进社会和谐的作用，是一般行政方法所不能替代和比拟的。社会工作作为专门助人的职业，能够通过具体服务为和谐社会建设作出重要贡献。不但如此，社会工作通过自己的服务，也可以在社会上弘扬服务和慈善精神，促使互相关爱的良好社会风气的形成，促进社会和谐。这样，社会工作就直接和间接地发挥着促进社会和谐的功能。

③促进社会公平正义

社会工作是社会和谐与发展的润滑剂，在帮助弱势群体方面发挥着重大的调节作用，可以减少由于市场经济的发展带来的资本分配不均而造成的公民的不公平感和被掠夺感，减少官民之间的误解和矛盾，促进社会的公平正义。

(3)社会工作对和谐社会的建设有着重大的推动作用

社会工作的发展与国家的发展息息相关，建设一支高水平高素质的社会工作人才队伍已经成为不可逆转的历史潮流。按照中共中央的精神，结合国内外经验，有关部门指出，社会工作是社会建设的重要组成部分，它是一种体现社会主义核心价值理念，遵循专业伦理规范，坚持“助人自助”宗旨，在社会服务、社会管理领域，综合运用专业知识、技能和方法，帮助有需要的个人、家庭、群体、组织和社区，整合社会资源，协调社会关系，预防和解决社会问题，恢复和发展社会功能，促进社会和谐的职业活动。

2. 社会转型、社会发展与社会工作的专业化有什么关系？

答：(1)社会转型、社会发展，为社会工作在我国的发展提出了客观的要求，主要有以下问题：

①贫穷问题仍然是人们面临的一个重要问题；

②失业和半失业现象将不断涌现；

③老龄化问题迫在眉睫；

④青少年犯罪问题呈上升趋势。

(2)社会转型、社会发展体现了发展社会工作的重要性

①从政府的角度看，政府不想再包揽一切；

②从企事业单位的角度看，企事业单位也不想把职工的各种问题全包揽下来；

③从家庭的角度看，家庭无力承担原有的全部职能；

④从邻里角度看，邻里的互助呈衰微趋势。

随着我国的社会转型和社会发展，不可避免地会带来这样那样的社会问题，而原来的解决这些社会问题的机构，其功能又纷纷外移。因此，在客观上也就提出了这些社会问题将由谁来解决的问题，这也就为社会工作在我国的发展及专业化提出了迫切的要求。

(3)社会工作的专业化对社会发展提出了新的要求

①加快发展经济，增加社会福利方面的投入。社会工作是需要以经济发展作后盾的，没有一定的资金作保证，社会工作很难发展，更谈不上专业化。

②大力发展社会工作教育，培养更多的社会工作专业人才。社会工作教育是社会工作专业化的前提；只有社会工作教育有了比较充分的发展，社会工作才可能实现其专业化。

③正确对待社会工作本土化的问题。

④实干加宣传。社会工作不能只停于书斋之中，而要走向社会，切实为人民群众排忧解难，让人民群众在亲身感受中知道社会工作是什么，引起政府的高度重视，加大投入。

3. 请结合当前的社会工作实践，谈谈你对中国社会工作专业化的理解。(首都经贸大学2010年研)

相关试题：

(1)社会工作职业化与专业化。(简答题，青岛大学2017年研)

(2)结合你从事社会工作专业实习实践的经历，谈谈你对社会工作专业化、职业化和本土化的认识。(华中农大2017年研)

答：(1)社会工作专业化的理解

社会工作专业化包含两个方面的意义：

①在社会工作发展的初期，社会工作由完全处于经验指导下的助人活动向处于理论指导下的专业发展。

②专业经历着一个将经验上升为理论的过程。社会工作作为一个助人的专业，其所依据的理论基础、知识体系都要在实践中不断更新与发展。面对新的实践要求，社会工作专业要不断地充实新知识和技能，这也是专业化的任务。

(2)发展专业社会工作的必要性

改革开放以来，随着计划经济体制逐步转变为社会主义市场经济体制，原先的解决社会福利问题的机制发生了这样那样的变化，不能继续圆满地解决问题，因此，在对原先的福利制度不断进行改革与完善的同时，有必要加快发展专业社会工作。发展专业社会工作的必要性主要体现在以下几个方面：

①政府职能的转变要求发展专业社会工作。随着改革的深入，政府已不能再像以往那样包揽一切，“小政府，大社会”“社会福利社会办”成为趋势，政府将只限于管理一些具有普遍性、全局性的事务。

②企业职能的转变要求发展专业社会工作。过去的情况是“企业办社会”，即企事业单位把职工的生活福利全包下来，这种模式在市场经济时代，对企业的生存、发展十分不利。企业迫切要求将原先承担的社会福利与服务项目向社会转移。

③家庭职能的转变要求发展专业社会工作。目前在中国，核心家庭已占普遍地位。这种家庭结构使得家庭难以担负起赡老扶幼的责任，因而需要发展社会化的福利事业与服务项目。

④邻里关系的衰微需要发展专业社会工作。在传统或流动较小的社会，邻里之间关系密切，“出入相友，守望相助”。改革开放以来，随着社会转型的加快，邻里关系迅速衰退，使得人们对专业社会服务变得更加需要。

(3)发展专业社会工作的迫切性

就当前我国弱势群体问题的现实而言，发展专业社会工作变得更加迫切。当前我国社会弱势人群主要包括以下四类人：①失业人员；②老人、儿童及残疾人；③城乡贫困人口；④进城农民工。随着中国的入世，金融危机的冲击，失业人数大量增加。农村剩余劳动力问题更突出，加入城市流动人口的农民工人数将进一步上升。但由于城市就业竞争加剧，更多的农民工将面临失业。农村老人、贫困家庭、贫困儿童等弱势群体对社会支持的要求会更迫切。

我国弱势群体问题的现实使得社会工作的任务变得异常繁重。贫穷救助问题、对下岗失业人员的社会服务工作、老年福利服务工作、进城农民的福利服务工作、城乡社区服务与社区发展工作等，所有这些，仅仅依靠传统的以行政手段推进的社会工作方法是远远不够的，需要通过发展专业社会工作来解决。

(4)社会需要促进了专业社会工作在中国的恢复和发展

1979年，社会学在中国得以恢复、重建后，有关社会工作的课程开始成为社会学系的必修或选修课程。国内很多高校也在本科、专科、中专等不同层次上开展社会工作的专业教育或专业培训。党的十六届六中全会通过的《决定》从构建和谐社会的实际需要出发，做出了“建设宏大的社会工作人才队伍”的重大战略部署，为社会工作的进一步发展指明了方向。在党和政府的大力推动下，社会工作专业化、职业化快速推进，社会工作相关制度的建设迅速展开。各地特别是发达地区(北京、上海、深圳等)结合实际情况在发展社会工作方面也进行了一些有益的探索，出现了一些值得推广的经验与模式，如“深圳模式”“上海模式”等。

(5)社会工作专业化由于适应了市场经济及构建和谐社会的需要，在中国必将获得迅猛发展。但也应看到，目前该专业的专业化和职业化水平还有待提高，社会各界甚至至今还对该专业缺乏基本的了解，对专业社会工作与通俗社会工作、社会工作与社会学的关系区分不清，相关制度建设严重滞后等。这些无疑又制约着社会工作教育的发展和专业化、职业化进程。应当通过广泛的宣传，使社会对该专业的特点、作用有一个基本的了解。在专业数量不断上升的同时，应当加强专业基本素质的建设，全国应当有一个既与国际接轨、又有中国特色的专业规范。而更重要的是，要通过专业毕业生为社会提供高质量的专业服务，以引起社会的广泛关注和重视。

第三章　社会工作的价值体系

3.1　复习笔记

【知识框架(庖丁解牛)】

社会工作价值体系与理论
- 价值在社会工作中的地位与作用
  - 价值和社会工作的历史演化
  - 价值和社会工作的总体界定
  - 价值和反价值
- 西方社会工作的价值体系
  - 西方社会工作价值的基础
  - 西方社会工作传统的价值体系
  - 西方社会工作价值体系的矛盾与争论
- 中国社会工作价值体系的建构
  - 建构中国社会工作价值体系的方法论
  - 中国社会工作价值体系的内容与构建
  - 中国社会工作价值教育问题

【考点难点归纳(厚积薄发)】

考点一：社会工作的反价值的表现(见表 3-1)　★

表 3-1　社会工作的反价值的表现

要点	具体内容	
操纵	定义	操纵是同社会工作的自由和自我决定价值相反的。操纵环境一直是社会工作的一个目标，但是对案主的操纵是被禁止的
	判断标准(布雷格和施培特)	包括：①谁受益；②活动的目的；③问题的实质；④行动的性质
	四个条件(华里)	①如果 A 不干预 B 的生活方式，他的选择或他对这种选择的坚持力量将会完全不一样。 ②A 限制 B，可以使 B 做出特定的有利于自己的选择的可能性增加。 ③B 没有感觉到或不理解 A 的影响。 ④A 是 B 的道德代理人，他对 B 的结构性取舍结果负有道德性的责任。在这个意义上，社会工作者和案主之间的咨询关系是被排除在“操纵”之外的

续表

要点	具体内容
家长作风	①在社会工作历史的特定时期，家长作风是受到倡导的，后来，由于社会期待家长角色应由社会机构来扮演，因此，个别社会工作者的这种家长式的行为就受到了挑战。 ②家长作风涉及对另一个人自由的某种干预限制。 ③韦利提出评价家长作风的三个标准： a. 对一个人自由选择生活计划的干预不应该严厉； b. 干预包含着对那个计划中某些成分的偏爱与支持； c. 计划中明显存在着由于案主没能力决定其自己的目标因而必然会导致某种失败的理由。 ④即使在缺乏预见性、不成熟等条件下，家长作风也不应该在社会工作中存在

考点二：建构中国社会工作价值体系的方法论(见表3-2)　★★★

表3-2　建构中国社会工作价值体系的方法论

要点	具体内容	
中国社会工作价值体系建构所需原材料的来源	①西方发达国家社会工作的价值体系。(借鉴与创新) ②中国古代社会工作实践的价值理念。(批判与继承、综合与发展) ③当代中国占主导地位的文化价值观念(综合与发展)	
具体方法	借鉴与创新	承认社会工作中某些核心价值的普遍性，是借鉴和吸收发达国家社会工作价值体系的前提。吸收和借鉴并不是照抄照搬，而是要根据中国的国情，进行改造、创新，赋予它们以新的形式和内容
	批判与继承	中国古代社会工作实践的价值理念是建立中国社会工作价值体系的丰富源泉(“爱人”和“助人”是文化的精髓)。对于中国传统文化中好的东西，要批判其封建性的形式，继承其爱人助人的内容
	综合与发展	马克思主义、毛泽东思想、邓小平理论、“三个代表”重要思想、科学发展观、习近平新时代中国特色社会主义思想以及中华优秀传统文化，这三大构件组成了中国当代占统治地位的文化价值观念。在这三部分中国文化中都包含着与社会工作的价值观念相一致的内容，要把它们的共性提炼出来，进行综合，使之成为统一的社会工作价值体系的组成部分。我国的社会主义核心价值观也是社会工作价值体系的核心内容

3.2　课后习题详解

1. 试述价值观对社会工作的意义。

答：价值观对社会工作的意义具体表现如下：

(1)在理论作用上，社会工作价值观是构成专业社会工作的必要条件之一，是确定社会工作专业使命或目标的根据，同时，也是专业教育的核心内容。

(2)价值观是社会工作实践的灵魂。在实践作用上，社会工作价值观是社会工作者的实践动力；通过社会工作专业伦理标准这种形式，社会工作价值观可以指导社会工作者的实践；社会工作价值观是促进社会工作者个人成长的有效力量。

(3)保护服务对象的权益。在社会工作介入和服务过程中，社会工作者在价值观和职业伦理的指引下，承担关心人、服务人和促进人的全面发展的责任，进而在各方面保护服务对象的权益。

(4)帮助社会工作者解决伦理难题。社会工作者对社会工作价值观的理解，有关特定专业责任和义务何者给予优先考虑会影响社会工作者如何去处理这些问题。

(5)促进专业的健康发展。作为一门助人自助的专业，社会工作始终要围绕人的需要和权利来通过专业服务实践，不断履行专业伦理，以专业干预和服务活动来改善人的社会功能，促进人与环境的良性互动，进而提升社会工作专业的影响力。

(6)促进社会服务机构的能力建设。在社会工作服务机构内，机构和普通的社会工作者在价值观与专业伦理的指导下，不断改善服务对象与服务机构的关系，通过专业的与利他的服务活动，为有需要的人群解决各种问题及困难。

(7)维护社会正义。在宏观层面上，社会工作的核心使命是为了促进社会公平与正义。社会工作价值观以人道主义为基础，充分体现了热爱人类、服务人类、促进公平、维护正义和改善人类与社会环境关系的理想追求，激励和指导着社会工作者的具体工作。

2. 试述西方社会工作的价值体系。

答：在西方社会工作发展中，关于价值体系影响最大的有三个范畴：

(1)操作定义的价值体系

①个人是社会首先要关心的对象。

②在这个社会的个人之间存在着相互依存关系。

③他们具有相互的社会责任。

④尽管每个人的需要是共同的，但其本质是唯一的，不同于其他人。

⑤通过积极参与社会可以实现每个人的全部潜能和社会责任，是民主社会的基本属性之一。

⑥社会有责任提供各种方式以克服或阻止个人和环境之间的自我实现的障碍。

操作定义中所体现的价值观念与新教伦理中的价值观念的本质不同，在于它完成了从个人责任向社会责任的过渡，而这正是现代社会福利制度得以建立的哲学基础。

(2)比斯台克的价值体系

比斯台克关于社会工作的价值体系的观点是西方影响最大的一种理论范畴之一。其基本内容是：

①人的尊严和价值是至高无上的。

②人在生理、情感、智力、社会、审美和精神方面具有天赋的潜能和权利。

③人具有实现其潜能的天生的驱动力和义务。

④人具有选择的能力，并因其有自我实现义务而具有自我决定的权力。

⑤每一个人都是一个个体，并且他有这样被考虑的权利和需要。

⑥为了其潜能的实现，人有要求合适的手段的权利。

⑦每个人需要在社会提供的权利和机会下和谐发展，以满足他在身体上、经济上、心理上、美学上和精神上的基本需要。

⑧人的社会活动在其自我实现的斗争中是重要的。

⑨社会有义务促进个人的自我实现。

⑩社会通过其个体成员的贡献有权利变富。

(3)泰彻的价值体系

①每一个人都有作为个人的尊严和价值。

②每一个人都应该受到尊敬和得到周到的对待。

③每一个人都应该参与影响他的决策。

④每一个人都应该自由发展他自己的能力和天赋。

⑤每一个人都应该公平地分享对物品和服务的控制。

⑥每一个人都应该具有完全和自由获得的权利，以获得必要信息实现理性行为。

(4)三种价值体系的比较

①操作定义价值体系与泰彻的价值体系的比较

操作定义的价值体系与泰彻的价值体系是比较接近的，但还是存在差异：

a. 前者更多的是从社会的立场上来说话的，例如，“个人是这个社会首先要关心的对象”，“在这个社会的个人之间存在着相互依存关系”；后者则主要是站在个人立场上来说话的，例如，“每一个人都有作为个人的尊严和价值”等。

b. 前者更加肯定化，多用“有”“是”和“存在”等字眼；后者则多采用虚拟语气。

c. 前者更加一般化，更加接近知识范畴，后者则较为具体化，更加接近价值范畴。

②比斯台克的价值体系与其他两种价值体系的比较

a. 比斯台克的价值体系居于二者中间，它兼有上述两个体系的特征。

b. 它从个人的立场直接论述人的尊严和价值，认为它们是“至高无上”的，并且比其他两个体系对人的价值的叙述更加详细和具体，所用语言完全是肯定的。

c. 它认为人在生理、智力、社会、情感、审美和精神方面具有天赋的潜能和权利，其表达形式更符合社会工作的价值理念，在现代社会工作中依然发挥着重要的作用。

d. 它的知识和理论基础比其他两个体系更加广阔和深厚。

3. 社会工作价值体系内部可能存在哪些矛盾？应该怎样看待这些矛盾？

答：社会工作价值体系内部存在的矛盾及对其认识如下：

（1）社会意识形态和社会工作价值观的对立

西方社会工作的发展长期受到资本主义意识形态的钳制和束缚，以实施社会福利为目的的社会工作很容易被扣上“社会主义”的帽子而受到排斥，这反映了社会工作的价值观和作为意识形态的社会价值观的矛盾对立。

（2）不同学派之间的价值观争论

社会工作内部的不同学派在价值观的内容、取向和重点上存在争论，如功能学派和治疗学派的矛盾和对立。

①功能学派认为，社会个案工作的技巧基于帮助而非治疗，因此并不是精神病学的附属物，而是一项完全独立的技术。

②治疗学派的主要方法论基础为：精神分析的理论化，扩展的人格类型，心理—社会和心理—性欲发展阶段，具有特色的防御机制和个人成熟水平等。哥伦比亚大学的劳瑞概括出治疗的三种类型：

a. 操纵，目标在于环境的丰富或修正；

b. 环境治疗，集中改变环境以便影响个人关系；

c. 强化治疗，目标在于态度和关系的修正。

③治疗学派把其服务看成是可以精确度量的；功能学派则反对这种对“治疗”一词的使用，他们不愿意把治疗范畴化，并采用广义的“治疗”概念，认为当工作者和服务对象达成一种互惠的契约关系时，这就是一种“治疗”了。

（3）社会、机构和社会工作者三者在价值观上的矛盾

社会价值、机构价值和社会工作者的价值在实践过程中并不总是处于和谐一致的状态，有时会出现尖锐的对立和斗争。

（4）价值从理论向实践转化过程中的矛盾

专业的价值从理论向实践转化过程中，无法界定“应该做的事情”和“不应该做的事情”之间的界限，要根据具体的时间、地点、条件和对象而定。

4. 你认为中国的社会工作价值体系应包括哪些内容？

答：中国社会工作价值体系应包括的内容主要包括：

（1）社会价值

社会价值是整个社会所崇尚的、由占主导地位的文化价值观念所决定的基本价值，是社会工作价值体系的基础层次。社会价值影响到人们对事物和现象的判断和选择。

（2）（社会工作）专业价值

主要包括：敬业、接纳、自决、个别化、尊重人等。

(3)专业伦理

专业伦理是指社会工作者的职业道德操守，由社会价值和专业价值所决定，同时也是社会价值和专业价值的具体表现。

(4)操作守则

操作守则表现为社会工作的各种原则和技术，是更微观层面上的社会工作价值，关注具体应用。价值是指导，知识是基础，技术是手段，三者融合统一。

3.3 考研真题与典型题详解

一、概念题

1. 慈善组织会社(西南大学2020年研)

答：慈善组织会社始于1869年的英国，为避免重复服务对资源的浪费，各地友好服务协会成立了服务协调和统筹性组织，后来演变成慈善组织会社，简称COS。COS的工作内容包括：①联络协调；②调查访问；③直接服务；④员工训练。COS的主要贡献是：①对案主生活状况进行调查，记录并跟踪；②认为对整个家庭的福利和再生产的调查是诊断问题、进行治疗的基础；③对工作人员进行训练；④建立了社会工作图书馆；⑤发展出了学徒式的督导方法。

2. 社会工作价值(华中农大2012年研)

答：社会工作价值是指社会工作者在自己的实践工作中所表现出来的价值意义和价值规定。在一定程度上，平等、信誉、独立、礼貌、孝顺、抱负、勤奋和竞争反映了当前中国社会占统治地位的文化价值观。这八个方面可以成为中国社会工作价值体系的组成部分。巴特利特认为，社会工作价值包括如下内容：①个人应受到社会的关怀；②个人与社会是相互依赖的；③个人对他人负有社会责任；④人们有共同的人类需求，但是，每个人则是独特而异于他人的个体；⑤民主社会的实质表现为使每一个人的潜能得以充分发挥，以及通过社会参与来尽到社会职责；⑥一个理想的社会应有其职责与能力，向社会中的每一个人提供充分的机会来解决困难、预防问题，以及促进自我能力的发挥。

3. 接纳(华科2020年研；华东理工2020年研；河北大学2018年研；华中师范大学2016年研；山东大学2015年研；广东工业大学2014年研；北京城市学院2013年研)

答：接纳是社会工作的专业价值之一，是指社会工作者对案主的接受、相信和尊重。但接纳并不意味着社会工作者要完全放弃自己的价值，也并非是要无条件地同意或支持案主的价值。接纳不仅拒绝判断，而且积极地追求理解。对于社会工作者来说，接纳在实践中有时是困难的。当案主的行为违反一般道德，或当案主的价值观与社会工作者的价值相左时，接纳方面的问题便会产生。社会工作者拒绝接待，或是服务过程中对案主进行明确的价值判断或道德判断，这些行为都是违反接纳原则的。

4. 自决（社科院 2020 年研；南航 2016 年研）、**案主自决**（云南大学 2023 年研）、**当事人自决**（山东大学 2024 年研）

相关试题：自决权（山东大学 2016 年研）

答：自决即自我决定。自决就是提醒社会工作者要尊重案主的自我选择和自我决定的权利。案主的自决必须有两个前提：①案主绝对清醒，有自决的意志和能力；②自决的方向和后果对案主绝对无害。

二、简答题

1. 社会工作的价值观包括哪些内容？（中山大学 2012 年研）

相关试题：

（1）价值观对社会工作的意义。（华中师范大学 2016 年研）

（2）如何理解价值对社会工作的意义？（浙江师范大学 2013 年研）

（3）社会工作的基础价值观。（人大 2012 年研）

答：社会工作的价值观是指一整套用来指导和支撑社会工作者开展专业实践的理念和判断，也是社会工作实践的基本前提和操作指南。社会工作者的价值观的内容主要包括：

（1）社会工作者对服务对象的看法

对服务对象，要尊重其隐私，要充分相信服务对象自身所具有的优势，并在工作过程中注意倾听服务对象的声音，要接纳、自决、个别化和尊重他们。将他们视为合作伙伴，确立与服务对象的民主工作关系。

（2）社会工作者对专业实践的看法

社会工作者要敬业并坚持专业的立场，在实践中努力提高专业服务的质量，不断学习和充实专业理论、技巧和知识。作为专业共同体的一分子，社会工作者要积极促进专业的发展，并坚信社会工作专业实践在社会发展中的作用。

（3）社会工作者对服务机构的看法

社会工作者应维护服务机构的政策、立场和管理规则，在社会服务过程中尽力做到公正合理地处理个人与机构的关系，尽量避免在外部对服务机构进行批评。在机构管理实践中，社会工作者有权对服务机构的运作、服务模式、人员管理等提出自己的意见或建议。同时，社会工作者也有义务帮助服务机构的管理者不断提高机构的管理与服务水平。

（4）社会工作者对公共福利发展的看法

在实践中，社会工作者应不断改进专业实践，提高专业服务水平，增进总的社会福利水平。在社会福利资源分配过程中，社会工作者要注重公平正义原则，对最不利的弱势人群的需要给予优先满足。社会工作者在推行社会政策和提供社会服务过程时，要坚持效率与平等兼顾，减少资源浪费，提高服务的质量，最大程度地满足服务对象的需要。

(5)社会工作者对社会发展与社会进步的看法

在实践中，社会工作者对社会前途和远景始终持积极乐观的态度，他们相信社会发展的美好未来，愿意付出持续不断的努力，通过专业实践和服务推动社会进步的进程。社会工作者积极投身于为满足社会认可的需求改变中，同时，也在实现其对社会的价值。

2. 简述比斯台克关于社会工作价值体系的基本内容。(西南大学2010年研)

答：参见本章课后习题详解第2题答案。

3. 简述社会工作的专业价值。(安徽师范大学2018年研；南航2012年研；武汉大学2010年研)

相关试题：

(1)社会工作的专业价值包括哪些方面?(河北大学2012年研；华中农大2010年研)

(2)社会工作的专业价值主要有哪些?(华中农大2011年研)

(3)我国社会工作专业实践的价值观?(论述题，河北大学2011年研)

答：社会工作的专业价值主要包括：

(1)敬业

敬业是一种人生态度，是安身立命的根本。它是社会工作者对社会工作专业和实践的根本态度。有了敬业精神，社会工作的其他专业价值就会由此衍生出来。

(2)接纳

接纳是社会工作的专业价值之一，是指社会工作者对案主的接受、相信和尊重。但接纳并不意味着社会工作者要完全放弃自己的价值，也并非是要无条件地同意或支持案主的价值。接纳不仅拒绝判断，而且积极地追求理解。作为一个积极的动词，接纳意味着接受、相信和尊重。

(3)自决

自决即自我决定。在社会工作中，自决更多的是针对社会工作者而言的。由于其地位关系，社会工作者很容易发生替案主决定的错误。自决就是提醒社会工作者要尊重案主的自我选择和自我决定的权力。

(4)个别化

个别化原则体现了传统的社会工作价值，即每个人都是唯一的、不同的实体，因此应该受到不同的对待，这体现了对个人的尊重。

(5)尊重人

接纳、自决和个别化是从尊重人这一基本价值推导而来的。

4. 怎样理解社会工作专业价值中的“自决”原则?(华中农大2012年研)

答: 自决就是提醒社会工作者要尊重案主的自我选择和自我决定的权利。“指导助人过程，而不是指导案主”是对这一原则的经常性诠释。它要求社会工作者帮助案主探索可能的决定及意义，而不是描述其最终的选择。

(1)案主自决原则

①案主有自由作出他自己的决定和选择的权利与需要。

②这种自由的权利受到案主的能力、法律和权威、成文的社区条例及机构功能等的限制。

③个案工作者有责任在理论和实务上尊重这种权利，防止任何直接与间接地与其冲突，并积极地帮助案主实现这种权利。

(2)案主自决的前提条件

①案主绝对清醒，有自决的意志和能力;

②自决的方向和后果对案主绝对无害。

在这两个前提下，尊重当事人的自决权，就是尊重当事人的自由人权。若不具备上述两个前提条件，社会工作者就需要为当事人负起一定的责任，即在表面上违背自决原则。

(3)社会工作者的做法

社会工作者应当秉持案主自决的原则，即每个人都有自我决定的能力，即便社会脆弱群体的人员也不例外。即使案主有逃避、放弃或推卸“自我决定”的趋向(这种情况往往会发生)，社会工作者亦应以容忍的态度鼓励他产生自决的能力，引导案主参与对问题的剖析以致改善的整个过程，工作者只是从旁提示、劝导与协助。坚持这一原则，可以培养案主的独立性，不致养成案主的依赖心理。

社会工作者应帮助案主学习自我指引、自我决定的技巧。案主受专业助人者的帮助而实现的社会功能的改变也会消退，除非他为一直保持这种改变作好了准备。从可能性上来讲，案主可以做好准备，成功地处理将来不可避免的问题与困难，投身到自我指引的解决问题的过程中去，而无需回到社会工作者或机构那里寻求其他的帮助。

从理想的状态来说，案主在同社会工作者互动期间学到的东西可以应用到日常生活中及将来的其他情境中去。也就是说，案主同社会工作者的互动可以为其将来作好准备。而这种准备的一个重要方面就是教会案主去辨认和利用其周围环境中存在的非正式资源和自然的助人者。这些包括家庭成员、亲戚、朋友、同事、单位、联谊组织等。

5. 社会工作的专业伦理包括哪些层面?(河北大学2011年研)

相关试题:

(1)简述社会工作专业伦理的功能。(广东工业大学2022年研)

(2)简述社会工作者的伦理责任主要包括几个方面?(山东大学2017年研)

(3)简述社会工作的伦理。(社科院2017年研)

(4)社会工作的专业伦理是什么?美国社会工作者协会规定的社会工作的伦理法典包含哪六个层面?(南航2016年研)

(5)简述社会工作者的专业伦理。(华南理工大学2015年研)

(6)什么是社会工作的专业伦理?它对社会工作的功能何在?(华中农大2014年研)

(7)社会工作者的行为举止应该是怎样的?(华中农大2013年研)

答:专业伦理是指社会工作者的职业道德操守。它们是由社会价值和专业价值决定的。美国社会工作者协会规定的社会工作的伦理法典包括六个层面的内容，对于这些具体的专业伦理法典，中国社会工作者可以参考使用。

(1)社会工作者的行为举止

①适当性。社会工作者应该维持作为一个专业工作者在专业能力和职业身份上的高标准。

②能力和专业发展。社会工作者努力争取和保持在专业实践和专业表现中的精通地位。

③服务。社会工作者应该把服务看作是社会工作专业的首要义务。

④诚实。社会工作者应该按照专业诚实的最高标准行动。

⑤学问和研究。从事学习和研究的社会工作者应该由学者质询的惯例来指导。

(2)社会工作者对当事人的伦理责任

①当事人利益的首要性。社会工作者的首要责任是对当事人负责。

②当事人的权利和特权。社会工作者应该尽己所能最大限度地培育代表当事人的自我选择和自我决定的权利。

③秘密和隐私。社会工作者应该尊重当事人的隐私，在专业服务过程中所获得的一切信息和秘密也应保密。

④费用。社会工作者的服务费用与当事人的支付能力相比较是公平的、合理的、考虑周到的和相称的。

(3)社会工作者对同事的伦理责任

①尊重、公平和礼貌。

②处理同事的当事人。社会工作者有责任用全部的专业知识来处理同事的当事人。

(4)社会工作者对雇主和雇用组织的伦理责任

社会工作者应该遵守对雇主和雇用组织做出的承诺。

(5)社会工作者对社会工作专业的伦理责任

①维持专业正直。

②社区服务。社会工作者应该提升社会工作专业在民众中的知晓度和认同度，使一般大众接受社区服务时更加方便和可行。

③发展知识。社会工作者应该在专业实践中应用、鉴定、发展社会工作相关知识。

(6)社会工作者对社会的伦理责任

促进普遍福利。社会工作者应该促进社会的普遍福利的增长。

三、论述题

1. 试论述西方社会工作的价值体系的基础。

相关试题：人道主义(概念题，福州大学2021年研)

答：西方社会工作的价值体系的基础主要包括：

(1)新教伦理

新教伦理的核心概念是上帝面前人人平等。信徒可以不必经过牧师和教会组织来建立与上帝的关系，他们可以直接与上帝对话，直接接受上帝的指示。新教的这一信仰破除了宗教的等级制度，在神学领域里树立起个人的权威。

基斯－鲁卡斯提出，新教伦理包含以下基本假设：

①人要为他们自己的成功或失败负责。

②人性基本上是罪恶的，但是它可以通过一种意志行动来克服。

③人的主要目的是通过艰苦工作实现物质繁荣。

④社会的主要目的是维持使物质繁荣成为可能的法律和秩序。

⑤不应给予不成功或越轨的人帮助，但仍应做出有限努力，以恢复或激发这些失意者为了他们自己更加努力工作。

⑥对变迁的主要激励是在经济或物质方面发现奖赏和惩罚。

这些新教的价值观念，许多至今仍是社会工作价值的组成部分。

(2)人道主义

①人道主义的起源

人道主义起源于欧洲15世纪的文艺复兴运动，它的最初形态是“人文主义”，其实质是反对神学，提倡人学；反对神权，提倡人权；反对神性，提倡人性；反对愚昧，提倡理性；反对迷信，提倡科学；反对神道，提倡人道。

②人道主义的概念

人道主义是以人为中心或为本位的哲学价值理念，概括起来有如下组成部分：

a. 哲学上的人本主义，它是以人为本位的，而不是以神或别的什么为本位。

b. 经济上的自由主义，人道主义是自由经济发展的思想基础。

c. 政治上的民主主义，是民主政治发展的理论基础。

d. 伦理上的人道主义，承认人与生俱来的一切权利，包括在经济、政治、社会、文化等方面的全部权利。

③HPU 的基本假设

基斯－鲁卡斯认为人道主义是和实证主义、乌托邦结合在一起的，它们共同构成所谓“人道主义—实证主义—乌托邦”信仰体系，简称 HPU 观点，HPU 是美国人的第二大信仰体系，这种关于个人和社会相互关系的论述亦构成了社会工作价值观念的基础。它包括以下基本假设：

a. 社会的主要目的是实现人的物质和情感需要。

b. 人的需要被满足时，会达到善良、成熟、正义或生产的状态，从而解决人和其社会的大部分问题。

c. 一般来说，个人无法控制的外部环境会阻碍其达到上述状态。

d. 拥有科学和技术知识的人能够运用“科学方法”操纵外部环境。

e. 人和社会最终会达到完美的境界。

(3)社会福利观念

社会福利观念是社会工作价值的灵魂。社会福利是国家或社会为改善和提高成员的生活而实施的各种措施、政策及制度。

2. 英、美慈善组织会社和睦邻组织运动对社会工作的发展有哪些贡献?

答: (1)英、美慈善组织会社对社会工作的贡献

①他们派“友善访问员”访问申请救济者，以了解其社会背景和确定应采取的措施。它强调调查后，按其个别情况的不同，对每一个别案件，分别予以处理。这种强调“个别化”的做法，影响了社会个案工作的产生和发展。

②他们促进了各救济机构、慈善组织为解决社区问题，采取协调合作的步骤，也为社区组织工作的产生和发展奠定了基础。

(2)睦邻组织运动对于社会工作的贡献

①它说明社会工作的目的在于寻求个人与社会生活的改善，工作方式应从个人与社会双方同时入手。

②社会工作应随时依据社区实际需要来安排工作，并应发动、组织或配合社会力量共同工作。

③社会工作应以整个社区为工作对象，并以促进全面的社会福利为目的。

④社会工作进行的方法，不仅可用社会个案工作方法，并发展了社会团体工作与社区组织两种工作方法。

3. 社会工作价值体系及意义。（浙江师范大学2011年研）

相关试题：

(1)中国社会工作价值体系有哪些层次？（湘潭大学2016年研）

(2)社会工作的价值体系。（中山大学2011年研）

答：(1)社会工作价值体系的内容

参见本章课后习题详解第4题答案。

(2)社会工作价值体系的意义

具体来说，社会工作价值体系的意义表现在以下几方面：

①社会工作价值体系确定了专业的使命和核心价值关怀所在，从而确立了社会工作专业本身的专业特质，使得它同其他社会科学表现出明显的区别。

②社会工作价值体系对专业人员的职责和行为规范给出了指引。

③社会工作价值体系通过对专业共同体的社会责任和道德义务进行明确规定，从而确保社会工作专业为维护社会正义和公平发挥应有的作用。

社会工作价值体系不是一套空洞的伦理规定，而是对专业人员行为的道德警示，它对维护专业形象、改善专业活动效果和保护受助者利益等都具有重要作用，对维护和推动专业的发展，以及改善总体的社会福利都具有重要的意义。

第四章　社会工作理论

4.1　复习笔记

【知识框架(庖丁解牛)】

- 社会工作理论
  - 理论在社会工作中的地位
    - 社会工作需要理论
    - 理论在社会工作过程中的功能
  - 西方社会工作理论的发展和逻辑结构
    - 西方社会工作理论的发展
    - 西方社会工作理论的逻辑结构
  - 西方社会工作理论流派与归类
    - 西方社会工作理论流派
    - 西方社会工作理论的整理归类
  - 总结和发展中国的社会工作理论
    - 中国研究社会工作理论的任务
    - 中国学者在社会工作理论研究方面的努力

【考点难点归纳(厚积薄发)】

考点：理论在社会工作中的地位(见表4-1)　★★★

表4-1　理论在社会工作中的地位

要点	具体内容	
社会工作需要理论	理论和社会工作理论	①理论是由一系列逻辑上相互联系的概念和判断组成的知识体系，它从一个一般性水平较高的层次上来描述和解释某类现象的存在与变化，是对经验知识的抽象概括。 ②“社会工作理论”是对社会工作者在社会工作过程中所运用的各种理论知识的总称
	个人经验与理论知识在社会工作过程中的相互关系	①社会工作的成效与其承担的个人经验之间存在着密切的相关性，然而，这并不意味着社会工作实践就不需要理论的指导。 ②个人经验与理论知识在社会工作过程中并不是相互排斥，而是相互补充、相互加强的。 ③对于社会工作者来说，个人经验与理论知识都是有用的知识，缺乏其中的任何一个方面都会使他成为一个行动不便、工作不力的“跛足善人”

续表

要点	具体内容
理论在社会工作过程中的功能(作用)	①解释人的行为与社会过程，确定社会工作者将要协助解决的问题的性质与原因。 ②根据其对行为与社会问题的性质与成因所做的解释，设定社会工作过程的工作目标。 ③提出一套达到目标的实务工作方法、技巧及模式

4.2 课后习题详解

1. 如何看待个人经验与理论知识在社会工作过程中的相互关系？

答：个人经验与理论知识在社会工作过程中互为补充、相辅相成，而非相互排斥。其关系主要表现为：

(1)理论知识是对许许多多个人经验的理性总结。它揭示了个人经验中所包含的共性、普遍性、恒常性，通过系统和合乎逻辑的研究，指出研究对象的内在趋势。

(2)个人经验与理论知识互为补充。个人经验能提供个性特点的信息以弥补理论知识的不足，理论知识可以提供理论逻辑以补充个人经验的不足。

(3)个人经验与理论知识缺一不可，社会工作者均应加以重视。

2. 试述理论在社会工作过程中的具体作用。

答：参见本章考研真题与典型题详解论述题第1题答案。

3. 试述大卫·豪的社会工作理论结构模型。

答：大卫·豪的社会工作理论结构模型分为两种类型，一是“为社会工作的理论”，二是“社会工作的理论”。

(1)为社会工作的理论

理论中用来对人与社会的本质、人的行为与社会运行的规则和机制进行解释的那部分内容。侧重于讨论“如何解释人与社会”，主要是为社会工作实践提供一套抽象的背景式假设，在整个理论架构中处于前提的地位，且并非仅有社会工作才能使用的理论，可以为其他学科和专业领域所使用。这一类多是对服务对象问题探讨的一般性、综合性的论述，如社会学、心理学等理论都属于这一类。

(2)社会工作的理论

理论中用来对社会工作实践本身的性质、目的、过程、方法进行说明的那部分内容，即用来指导社会工作具体事件过程的理论。侧重于讨论“如何改变人与社会”，为社会工作实践提供一套具体的行动指南，在整个理论架构中处于“结论”地位。是社会工作专业独有的理论领域，只有社会工作才需要以及才能够加以使用的理论。这些理论多来自于社会工作实务的经验总结，对社会工作实践的程序、方法等实际操作的原则进行论述。

(3)评价

①区别：内容互不相同、功能互不相同、地位互不相同、与社会工作在联系上的紧密程度互不相同。

②联系：它们之间相互依存，在逻辑上相互蕴含。

③大卫·豪试图通过“为社会工作的理论”与“社会工作的理论”揭示社会工作理论内在的逻辑关系，但是这种划分却不能抹杀任何一个理论可能同时涵盖这两个方面。

4. 试述皮拉利思等人的社会工作理论模型。

答：皮拉利思等人提出的社会工作理论模型，也被称为“三分模型”，是一种结构化的框架，它将各种社会工作理论从内容上划分为三个既相互区别又相互联系的组成部分，即宏观理论、中观理论和实践理论。

(1)宏观理论。在皮拉利思的框架中，宏观理论处于最抽象的层面，它探讨的是社会结构、文化、制度、政策以及这些因素如何影响个人和社会整体福祉。宏观理论包括对人与社会本质、人的行为与社会运行机制的综合性解释，例如马克思主义的社会福利理论、结构功能主义、福利经济学等，这些理论为社会工作领域的社会变革、政策制定和社区发展提供理论支撑。

(2)中观理论。中观理论位于宏观与微观之间，既关注较大的社会系统和组织，又考虑更具体的环境与服务对象关系。它可能包含解释性理论，即用于理解特定群体或社区问题产生的原因，以及介入模式理论，比如各种适用于机构或社区的社会工作方法论和策略，如家庭系统理论、社区发展模式、社会网络理论等。

(3)实践理论。也被称为微观理论或操作性理论，指在实践中具体运用的技巧和操作方法。这一层次的理论直接指导社会工作者在个案、小组和家庭层面的工作实践。实践理论涉及具体的干预技巧、治疗模型、沟通方法和技术，以及如何针对个体需求和问题进行量身定制的服务设计与实施。

总体而言，皮拉利思等人的三分模型强调了在社会工作中综合运用不同层次理论的重要性，以确保从宏观的社会政策到微观的个体服务都能得到全面且有效的理论指导。

5. 试述皮拉利思等人的社会工作理论模型，并将其与大卫·豪的模型相比较。

答：(1)皮拉利思等人的社会工作理论模型

皮拉利思等人提出了一种三分法模型，它将各种社会工作理论从内容上划分为三个既相互区别又相互联系的组成部分，如表4-2所示。

表 4-2

结构部分	理论抽象程度	内容		实例
宏观理论	高	对人与社会的本质、人的行为与社会运行机制进行综合性的说明		包括：①弗洛伊德主义；②马克思主义；③结构功能主义等
中观理论	中	解释性理论	对人的行为与社会过程某一方面进行专门解释	包括：①标签理论；②儿童发展理论等
		介入模式理论	对社会工作实践本身的性质、目的、过程等进行一般说明	包括：①危机介入理论；②任务中心理论等
实践理论	低	社会工作的具体技巧、操作方法		包括：①自由联想法；②批判式提问法等

这个模型根据理论抽象程度将各种社会工作理论从内容上划分为宏观理论、中观理论和实践理论三部分或三个层次。因为它把中观理论又进一步区分为解释性理论和介入模式理论两个层次，所以应视为一个四层次的结构模型。

(2)皮拉利思等人的模型与大卫·豪模型的比较

①皮拉利思三分法模型实际上是大卫·豪两分法模型的一个深化。大卫·豪模型中的"为社会工作的理论"，在该模型中被进一步细分为宏观理论和中观解释性理论两部分；大卫·豪模型中的"社会工作的理论"，在该模型中则被进一步细分为中观介入模式理论和实践理论两部分。

②作为大卫·豪两分法模型的进一步深化，皮拉利思三分法模型内部四个组成部分之间的关系与大卫·豪模型中两个组成部分之间的关系基本上是相似的。宏观理论、中观解释性理论、中观介入模式理论、实践理论四个理论之间，一方面在内容上、功能上、地位上和与社会工作联系的紧密程度上互不相同，各个相异；另一方面，它们之间按照理论抽象程度的次序依次在逻辑上也是相互依存、相互蕴含的。四个部分之间既相互区别又相互联系，构成一个严密的逻辑整体。

6. 简述本章第三节介绍的各种西方社会工作理论。

答：本章第三节介绍的西方社会工作理论的主要内容具体如下：

(1)心理分析学理论

心理分析学理论是以弗洛伊德及其追随者们的著作、学说为基础形成和发展起来的，它认为人的行为是由本能所驱使，由人格结构中的"自我"与"超我"所控制。不良行为的产生源于由各种本能集合而成的"本我"同"自我""超我"之间关系的失衡。根据该理论，社会工作的主要任务是治疗服务对象的变态人格，帮助其恢复本我、自我与超我之间的平衡。

(2)认知理论

这是以认知心理学为基础形成和发展起来的一种社会工作理论。它认为人的行为主要是受制于理性思考，而不是潜意识中的本能。产生不良行为的原因是认知上的错误或理性思维能力的缺乏，社会工作的主要任务是帮助服务对象获得对世界的正确认知或完善理性思考的能力，从而使服务对象的行为能得到正确的、理性的指引。

(3)行为主义理论

行为主义理论以实验行为心理学为基础而形成和发展起来，它认为社会工作的主要任务是应用行为心理学的理论(如条件反射、条件运算、学习理论等)与方法(如实验等)来治疗或矫正服务对象的不适当行为。它认为不适当的行为是个体对当前环境所作的不恰当的反应，社会工作要帮助服务对象学习和掌握恰当的反应模式。

(4)社会系统理论

社会系统理论以一般系统论及其社会学版本——结构功能主义等为基础形成和发展起来。它认为人与其所生活的环境是由功能上相互依赖的各种元素所组成的系统整体，其运行与维持的基本条件是协调或均衡，这也是个体生存与发展所必需的基本条件。社会工作的基本任务是帮助服务对象恢复各个子系统或元素之间的均衡关系，使其重新有效配合、相互协调。

(5)标签理论

标签理论认为，周围环境中的社会成员对个体及其行为的定义或标定过程，是导致个体成为“有问题的人”的关键因素。社会工作的重要任务是，通过重新定义或标定的过程来使那些原来被认为是有问题的人恢复成为“正常人”。

(6)沟通理论

沟通理论以社会心理学、人类学和社会语言学中有关人际沟通的理论为基础，强调人际沟通在人际关系中的重要性。它认为许多的行为问题都是出在人际沟通方面，而社会工作的一个基本任务，就是帮助人们消除这些沟通过程中的障碍，使人们的相互沟通得以顺利完成。

(7)人文主义理论

这是以马斯洛的人本主义心理学、胡塞尔与舒茨的现象学与布鲁默的符号互动主义等为基础而形成的，它认为每个人都是生活在“意义世界”中，而每个人的“意义世界”都是通过自己对这个世界的“理解”或“解释”建立起来的。当人们的“理解”或“解释”过程发生困难时，问题便出现了。因此社会工作者需要努力“理解”服务对象的“意义世界”及其内在矛盾，并帮助他们顺利重构自己的“意义世界”。

(8)激进的人文主义理论

这是以早期马克思与现代批判理论家的某些理论为基础而形成的一种社会工作理论。作为一种人本主义，它认为人们生活的世界是一个“意义世界”，只有依据现代资本主义社会的反人道特征才能理解人们在“意义世界”里经历的许多人格的、心理的问题。社会工作者需要协同服务对象，通过改造现存的社会秩序以解决人们在“意义世界”所遇到的问题。

(9)马克思主义理论

这是以马克思主义的基本理论为指导而形成的一套社会工作理论。它认为社会问题产生的根源在于社会存在、经济基础和阶级压迫，主张社会工作关注社会结构本身的改变，与服务对象一道，通过阶级斗争或其他集体行动改变现有的社会现实来解决这些社会问题。

(10)“增权”或“倡导”理论

“增权”或“倡导”理论主张社会工作者在宏观的社会变革发生前，协助服务对象为他们的利益向现存的社会结构争取权利，促使现存的社会结构做出一些有利于服务对象的制度或政策安排。

(11)女权主义理论

女权主义理论主要关注女性由于性别不平等所受到的压抑及所遭遇到的许多生活问题，社会工作的目标是探索并消除社会中性别主义造成的女性痛苦，促使她们有更多的自由、更大的能力去追求个人的成长与发展。

(12)叙事治疗理论

这是一种从后现代主义思潮中引申出来的社会工作理论。它认为服务对象所遭遇的各种心理或行为问题都是由人们以特定叙事(通常是那些在现实生活中占据主流地位的叙事)建构起来的，而非一种内在于服务对象的人格或生活情境中的“固化实在”。社会工作者的主要任务是帮助服务对象突破现有主流叙事的束缚，通过新生活叙事的建构来重新理解或建构自己的生活，从而消除原有“问题”对服务对象所造成的困惑。

以上这些理论对当前西方社会工作领域都具有广泛的影响。此外，还有一些其他的理论，如危机介入理论、任务中心理论等。

7．根据教材表4-3，简述大卫·豪等人划分的四种社会工作理论范式之间的区别。

答：(1)大卫·豪等人划分的四种社会工作理论范式

惠丁顿和霍兰德、大卫·豪提出了一个类似的四范式社会工作理论分类模型，具体如图4-1所示。

图4-1中括号外为惠丁顿和霍兰德的用语，括号内为大卫·豪的用语。

(2)大卫·豪等人划分的四种社会工作理论范式之间的区别

大卫·豪认为四种社会工作理论范式之间，无论是在人与社会的本质、人的行为与社会运行机制的问题上，还是在社会工作实践本身的性质、目的、过程与方法等问题上都有着显著差异。大卫·豪的四范式模式的解释如下：

①从理论上来看：

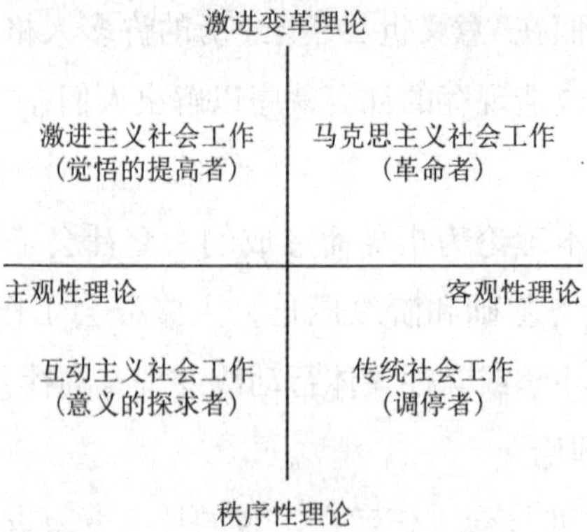

图 4-1

a. 功能主义者（调停者）包括的主要理论有：弗洛伊德主义、行为主义、认知理论、结构功能主义或系统论等。

b. 解释者（意义的探求者）包括的主要理论有标签理论、沟通理论和人文主义等。

c. 激进人文主义者（觉悟的提高者）包括的主要理论：激进人文主义，女权主义等。

d. 激进结构主义者（革命者）包括的主要理论：马克思主义、增权或提倡理论等。

②从人与社会的看法来看：

a. 功能主义者（调停者）认为，社会是由个体组成的，功能上相互依存、相互协调的客观有机体。

b. 解释者（意义的探求者）认为，社会是个主观的意义世界，是个人通过符号互动过程建构起来的。

c. 激进人文主义者（觉悟的提高者）认为，社会是个主观的意义世界，但却是一个充满了不平等和不公平的世界。

d. 激进结构主义者（革命者）认为，社会是由个体组成的，内部存在着不平等、压迫、冲突与斗争的强制结合体。

③从社会工作过程理论来看：

a. 功能主义者（调停者）的过程理论包括：

第一，问题定义：个体对社会来说是一个问题，他在应付社会方面存在着问题。

第二，问题评估：引起问题行为的原因。

第三，目标：对个人及问题进行治疗、纠正、维护、控制和监督。

第四，方法：改变行为、提供支持和维护性服务，控制和保护个体。

b. 解释者（意义的探求者）的过程理论包括：

第一，问题定义：个体的经验，他或他所处的情境存在着问题；

第二，问题评估：理解个体经验的个人意义；

第三，目标：促进个体的自我理解，实现个人的潜力；

第四，方法：个人劝告，帮助理解经验的意义。

c. 激进人文主义者(觉悟的提高者)社会工作过程理论包括：

第一，问题定义：社会对个体来说存在着问题；

第二，问题评估：个人是政治性的；

第三，目标：给人们自由，提高人们的觉悟、使他们觉醒，对个人自己的经历加以控制；

第四，方法：提高觉悟，恢复对个人自己的情境与经历的控制。

d. 激进结构主义者(革命者)社会工作过程理论包括：

第一，问题定义：社会对经济上的非生产性是一个问题；

第二，问题评估：经济体系的不公平、不正义；

第三，目标：改变经济秩序，对财富和权力实行再分配；

第四，方法：批判经济体系，为弱者的权力与资源而斗争。

8. 对当代中国社会工作者而言，了解和研究社会工作理论，包括哪两方面的具体任务？谈谈你自己在这两方面的看法与见解。

答：当代中国社会工作者在了解和研究社会工作理论方面的具体任务包括：

(1)虚心学习、了解和研究西方国家已有的各种社会工作理论。

当代西方国家的社会工作专业化发展程度要高于我国，因此对这种已高度专业化的实践过程进行概括和总结的西方社会工作理论，我们一定能从中学习和了解到许多有益的东西。尽管我国的社会工作与西方存在历史、文化、制度和发展水平等方面的差别而导致的不同，但任何差别之中总是蕴含着共性，因此这并不妨碍我们学习、借鉴他们的理论和经验，也不妨碍双方之间的交流和沟通。

(2)在研究和总结我国社会工作者历史和经验的基础上，参照西方学者的理论成果，概括和发展出我国自己的社会工作理论。

社会工作是一种既具有一定的共同性、普遍性，又具有较强的特殊性、本土性的实践活动。西方已有的社会工作理论至今仍主要是西方国家社会工作经验的概括，对于许多非西方国家尤其是社会主义中国的社会工作实践，未能有所反映。这意味着我们既要学习、了解和研究西方已有的社会工作理论，又不能简单地照搬照抄，而是要在西方社会工作理论的启迪下，认真研究、分析和总结本土的实践经验及教训，并以此为基础，概括和发展出一套或一些既包含各国社会工作的一般特性又能反映我国社会工作本土特色的中国化社会工作理论，以此作为我国社会工作实践的指导理论，同时也能为世界社会工作理论的发展有所贡献。

4.3 考研真题与典型题详解

一、概念题

1. 社会工作理论(北京城市学院2013年研)

答：大卫·豪将社会工作理论划分为“为社会工作理论”与“社会工作理论”两个层次，前者是指社会工作理论中用来对人与社会的本质、人的行为与社会运行的规则和机制进行解释的那部分内容。后者是指社会工作理论中用来对社会工作实践本身的性质、目的、过程、方法进行说明的那部分内容。二者之间既存在着明显的区别，又存在着不可分割的联系。和提姆斯的划分相比较，两种划分是基本一致的，只是提法不同而已。

2. 标签理论(广州大学2023年研；河北大学2017年研；中山大学2015年研；武汉科技大学2013年研；华中农大2010年研；广西师范大学2010年研)

答：标签理论是指以社会学家勒麦特和贝克的理论为基础而形成的社会工作理论。标签理论的基本观点是：没有一种行为是天生偏差的，偏差是要定义的。不同的社会把不同的行为标记为偏差。标签理论者相当注重少年犯罪者被逮捕及受审判后的烙印影响，并认为少年犯错在所难免，而他们的犯罪行为之所以会加重是来自于警察、法官或司法系统所给他们的负面影响。他们认为偏差有两种，初级偏差和次级偏差。初级偏差是指未被人指认或惩罚的行为，这种行为是相当普遍的。而次级偏差是由于司法人员及一般社会人士对于偏差少年初级偏差行为的反应而形成的。标签理论讨论的重点是次级偏差行为。认为标签的过程犹如一种烙印，是一种强烈的负面看法，会使个体改变自我意识，并陷入“偏差生涯”。标签影响人的自我认同，进而导致更严重的偏差行为。

二、简答题

1. 社会工作理论具有哪些特点?

答：社会工作理论(知识)具有专业性、改良性、操作性、客观性等特点。

(1)社会工作理论的专业性

社会工作理论(知识)的专业性，是指这些理论、知识体系对社会工作专业而言具有独占性和专门性。这是社会工作取得社会认可与专业权威的主要来源，是社会工作者取得专家权的主要依据。

(2)社会工作理论的改良性

社会工作理论，特别是社会工作的实务知识，对人与社会资源、环境有充分的了解，并将其目标设定为帮助他人、改善环境、促进人类生活质量的不断提高。因此，社会工作的知识是助人的知识，是改良性知识，这是社会工作理论(知识)最突出的特性之一。

(3)社会工作理论的操作性

社会工作理论(知识)不是抽象的理论思辨，它能够转变为具体的运用。因此，社会工作理论(知识)是可操作的。社会工作理论(知识)也是有层次的，但即便是最抽象意义上的社会工作理论(知识)，也是来自实践经验的总结，并反过来指导新的实践。社会工作领域所存在的更多的理论(知识)是实务性理论，可操作性是实务理论最显著的特点。

(4)社会工作理论的客观性

社会工作理论是经过无数次实践验证而被证明为真实、正确、有效的一些观念和认识，这些理论(知识)是可以由别人基于充分、健全和合乎逻辑的证据而加以证实的。

2. 精神分析学的主要观点是什么?

相关试题:

(1)精神分析(概念题，西南大学 2020 年研)

(2)精神分析理论的观点与实务原则。(兰州大学 2017 年研)

(3)简述弗洛伊德精神分析理论的主要内容。(山东大学 2015 年研)

答: 精神分析学是弗洛伊德在治疗神经症病人的基础上发展起来的有关人格发展、人格结构及心理治疗方法的理论。其中最为读者熟悉的是人格结构理论，即，人格由本我、自我和超我构成:

(1)本我是与生俱来的，代表欲望，遵守快乐原则;

(2)自我，代表理性或者共识，遵守现实原则;

(3)超我，所谓超我，指的是泛道德、伦理角度的“我”，遵守道德原则。

要发展出人格结构的弹性和合作精神，个体要在本能欲望和社会期望之间经历冲突和成长，具体经历五个阶段：口唇期—肛门期—性征期—潜伏期—生殖器期。弗洛伊德认为性征期是关键。每个时期的满足要适当，太多或者太少的满足会使个体的人格发展停滞不前，可能埋下被长期压抑的童年创伤经历，成为成年期人格变异或困扰的潜在因素。

三、论述题

1. 理论在社会工作过程中的功能。(哈尔滨工业大学 2021 年研；河北大学 2017 年研；华中农大 2012 年研)

答: 在社会工作过程中，理论至少具有以下几种功能或作用:

(1)解释人的行为与社会过程，协助社会工作者确定将要解决的问题的性质与原因。

社会工作的基本职能是帮助人们解决其生存与发展过程中遇到的各种问题，而这一过程的首要环节就是确定社会工作者将要协助解决的问题到底属于何种性质、为何会产生等等。社会工作理论在这方面具有重要的指导作用，它帮助社会工作者了解人的行为与社会过程，了解各种行为问题和社会问题的性质与原因，从而使社会工作者对其面临的问题有一个清楚的认识。

(2)根据其对个体行为与社会问题的性质与成因的解释，设定社会工作过程的工作目标。

大多数社会工作理论以其对人的行为、社会过程以及社会问题的看法为基础，明确或含蓄地告诉人们社会工作过程的工作目标应该是什么。例如，心理分析学认为人格结构失衡导致了人的行为问题，因此社会工作的基本目标就是协助服务对象重新达到人格结构上的平衡状态。

(3)提出一套达到上述目标的实务工作方法、技巧及模式。

社会工作理论对社会工作最重要的功能之一，在于为解决社会工作者与服务对象所面临的各类问题提供一套行之有效的程序、方法与技巧模式，如行为主义学派的“系统减敏感法”，心理分析学派的“疏导法”等。有些社会工作理论的主要内容是为社会工作者提供一套实务工作程序、方法与技巧模式，如危机干预模式理论和任务中心模式理论等。尽管这些程序、方法与技巧模式并不是“万应处方”，但却可以为社会工作者提供宝贵的引导和启示。

对于社会工作者来说，选择不同的理论，就可能意味着对同一类对象和问题做出不同的界定，设立不同的工作目标，采用不同的工作方式，因而也意味着将产生不同的工作效果。因此，对各种社会工作理论进行研究、验证和选择具有十分重要的意义。优秀的社会工作者应将理论与实务有机地结合起来，选用适当的理论指导实务，并通过实务不断检验、修正和选择理论，在理论与实务相互结合、相互推动的过程中，提高自己的工作能力。

2. 论述“标签理论”，并举例说明其在社会工作实务中的应用。

答：(1)标签理论的内容

标签理论是以社会学家勒麦特和贝克的理论为基础而形成的一种社会工作理论。标签理论是解释某些偏差行为何以产生的理论，也是反对那些不正确地制造偏差行为的理论。某些人的行为被认为是偏差行为，是社会上有权势的人给弱势者加标签的结果。本来，站在自己的立场上看这些弱势群体的行为是无可指责的，但是在那些有权势的人来说这些行为则不合规范，从而给这些行为加上“偏差”“不正常”的标签。又由于这些人具有权势，经过宣传或某些社会程序，这些加在弱势群体头上的“偏差”“不正常”的标签逐渐被广大社会所接受。

对于提出标签理论的社会学家来说，有些弱势者的“偏差”或“不正常”，与其说是真正的偏差，倒不如说是有权势者给弱势群体妄加标签的结果。有权势者的妄加标签使那些可能并不属于偏差的行为成为“偏差行为”，而且这种妄加标签可能真的会产生促成弱势者偏差行为的后果。

(2)标签理论在实务中的运用

在残疾人社会工作中，按照标签理论，可以在介入过程中提出以下问题：哪些人被认为是残疾人？他们为什么会被认定是残疾人？当他们被认为是残疾人之后受到了哪些不公正的待遇？这种不公正的待遇对残疾人的行为与生活又有何种影响等等，进而帮助案主摆脱以前的标签，给予案主公平的评价待遇，改善其所处的人际关系环境，肯定其价值，增强他的信心。

总之，用于残疾现象的标签理论反对轻率、不负责任地给某些人加上“残疾人”的标签，以避免这种妄加给这些人带来不利影响。

3. 试述中国本土化社会工作理论的建构之路。

答：中国本土化社会工作理论的建构需要从以下几个方面进行：

(1)本土特色的社会工作理论基础或基础理论的建构。中国特色社会工作理论的建构，既要注重吸收其他学科的相关理论成果，又要注重整合化的基础理论的建设。就前者而言，我国近期以社会学为基础同时吸收多学科成果、紧密结合当前社会现实、在科学发展观指导下逐步形成的社会建设理论，对社会工作的本质、地位、作用、领域、方式方法等都有比较明确的论述，无疑应当成为本土特色的社会工作理论基础的重要内容。

(2)借鉴西方形成的社会工作基础理论框架来看，应注意吸收马克思主义及其本土化思想成果中关于社会福利问题的论述，批判继承中国传统社会福利思想，紧密结合社会转型时期的社会工作实际，在此基础上经过不断的理论概括，是可以最终形成本土特色的社会工作基础理论的。在当前，对社会工作内涵和外延作出符合本土实际的界定，对我国社会工作的发展就具有特别重要的意义。

(3)注意本土特色的社会工作实施理论的建构。由于社会文化背景的不同，西方社会工作的实施理论也不能完全照搬照抄，必须加以本土化的改造。同时，本土非专业意义的社会工作也积累了一些有益的经验、方式方法、实践模式，经过总结提炼，也可以成为本土特色的社会工作实施理论的组成部分。

(4)对本土非专业意义的社会工作传统、经验进行科学的总结、提炼，也是建构本土特色的社会工作实施理论的一个重要途径。中国传统中利用家族、亲友关系解决单个家庭、成员面临的困难的办法，就是民间解决弱者生存问题的有效办法，可以进行挖掘、提炼。

(5)快速的社会转型提出了发展社会工作的需要。在起源于西方工业革命和市场经济实践的专业社会工作被证明是解决相关社会问题的有效途径、而本土非专业社会工作难以满足这一需要的情况下，在我国专业社会工作发展初期借鉴西方社会工作相对成熟的理论体系是必然选择。

第五章　社会福利制度

5.1　复习笔记

【知识框架(庖丁解牛)】

- 社会福利制度
  - 社会福利的内涵、分类与功能
    - 社会福利与社会福利制度的内涵
    - 社会福利的分类
    - 社会福利的功能
  - 社会工作与社会福利制度的关系
    - 社会福利作为人—资源—行动的综合系统
    - 社会政策是社会福利制度的实现手段
    - 社会工作是社会福利服务的传递体系
    - 社会福利模式对社会工作专业化服务发展的影响
  - 当代社会福利制度的建立与发展
    - 资本主义福利国家的建立与发展
    - 中国社会主义福利制度与社会政策的发展

【考点难点归纳(厚积薄发)】

考点一：社会福利的二分法(见表5-1)　★★★★★

表5-1　社会福利的二分法

分类标准	具体内容
个人需要的满足机制	①剩余性的社会福利，又称残补性的社会福利，是指当家庭和市场等常规机制瘫痪时，国家的介入必不可少，从而满足公民的社会需要，解决社会问题。(带有明显的针对性和排他性) ②制度性的社会福利，是指为所有公民提供的福利津贴或服务，这种福利不需要通过家计调查来完成，它有利于公民之间实现社会平等，并消除社会差异
福利的目标(或功能)、影响与后果	①积极的福利，是指在满足经济利益的基础上促进个人的人格发展，其目标并不是直接的经济利益，而是增进人力资本的一种投资。 ②消极的福利，意味着福利的给予须附带侮辱化条件，通常接受者要付出一定的代价
福利提供者	①公共福利，主要是指由国家提供的、用于满足公民的社会需要的资源和相关社会服务，公共福利又被称为国家福利，在这里国家是生产并分配福利的主要行动者。 ②私人福利，主要是指由市场与家庭提供的用来解决公民个人需要、改进个人物质与精神状况的物质资源与相关的社会服务

考点二：社会福利的三分法(见表5-2)　★★★★

表5-2　社会福利的三分法

要点	具体内容
蒂特姆斯在《福利的承诺》的分类	①剩余性社会福利(主要是指社会服务)； ②财政福利(通过税收渠道安排的相关福利津贴和待遇)； ③职业福利(以就业为基础的福利津贴和服务)
蒂特姆斯在《社会政策导论》的分类	①剩余性社会福利。 ②工业成就—表现模式，体现了社会福利作为经济发展产物的意义，不仅总体社会福利同经济发展联系在一起，而且个人福利也同其在就业市场中的业绩表现紧密联系在一起。 ③制度再分配模式，是指以公民需要为原则，在市场外通过国家再分配的方式为所有公民提供的福利津贴和社会服务

5.2　课后习题详解

1. 试述社会福利的内涵与功能。

答：(1)社会福利的内涵

社会福利是指国家或社会为改善和提高成员的生活而实施的各种措施、政策及制度。分广狭两义：广义指国家和社会举办的文化、教育、医疗事业，城市和农村社区或企事业单位的各类公益事业；狭义指国家和社会为身心有缺陷而丧失劳动能力和生活上有困难者提供各种物质帮助和特殊服务。

(2)社会福利的功能

①显功能和潜功能

从社会学的角度来看，社会福利具有两方面的功能：

a. 潜功能：提升公民的社会地位、改善社会关系从而增强社会团结。

b. 显功能：解决失业、贫困和社会不平等等社会问题，从而改善公民的生活水平和促进社会经济发展。

②社会福利的具体功能

具体来说，社会福利的功能主要有以下几方面：

a. 社会福利通过资源分配与再分配来改善公民的收入分布，从而减轻公民之间的不平等，促进社会平等目标的实现。

b. 社会福利作为一种社会控制与社会发展的手段，可以通过资金与社会服务，促进解决社会问题并改善社会关系，提升人的社会功能。

c. 作为社会福利制度的一个重要组成部分，社会工作专业发挥着解决个人、家庭、社区以及社会问题的作用，为有需要的公民提供专业化的社会服务，有利于建立和谐的社会关系。

d. 社会福利服务本身是一种有益的社会投资，有利于促进公民的人力资本的增加，同时对改善公民与政府的关系也有积极作用。

e. 从长远的角度来看，社会福利不仅会改善弱势人群的生活素质，提升社会总体的文明程度，而且社会福利服务本身也可以通过相互帮助的过程增强人与人之间的和谐，从而促进社会中利他主义精神的发展。

2. 试述社会政策与社会福利制度的关系。

答：社会政策是指政府或其他社会机构为解决特定的社会问题、满足人民的基本需要、实现社会公正和增进全体成员福祉而制定的一系列行动准则、措施和项目。它包括但不限于教育政策、就业政策、住房政策、社会保障政策等，并通过立法手段予以确立和实施。社会福利制度是有关福利的理念、机制、资源构成以及行动体系的总和，主要构成要素有资源(物质与金钱)、组织(机构)、人力(社会工作者和其他专业服务人员)、服务对象与外在的制度和环境系统。从二者的关系来看，社会政策是社会福利制度的实现手段。

(1)制度设计与框架构建

社会政策首先通过制定和修订法律法规，为社会福利制度提供明确的法律依据和顶层设计。它界定了社会福利的目标、内容、覆盖范围和服务对象，从而构建了完整的社会福利制度框架。例如，政府可以通过社会政策设立不同层次的社会保障项目，如养老保险、医疗保险、失业保险等，这些构成了社会福利制度的具体组成部分。

(2)资源动员与配置

社会政策是国家或地方政府筹集、管理和分配福利资源的主要工具。政策制定者通过财政预算、税收政策以及其他公共资源调动手段，确保有充足的经济支持用于实施社会福利计划。比如，通过税收优惠鼓励企业参与员工福利计划，或者设定专项基金来保障特定群体(如老年人、残疾人、低收入家庭)的社会福利待遇。

(3)执行与监督机制

社会政策还包含了对社会福利制度实施过程中的具体操作规定、执行标准以及监管机制。政策中明确了福利服务的提供方式、申请流程、资格审核程序等细节，并建立了相应的绩效评估和监督体系，以确保福利资源有效传递给需要的人群，同时避免浪费和滥用。

(4)动态调整与持续改进

随着社会经济条件的变化和社会需求的发展，社会政策可以及时地进行修订和完善，以此适应新的挑战和机遇，促进社会福利制度与时俱进。政策调整有助于解决新出现的社会问题，优化资源配置，提高福利效率，从而更好地实现社会保障目标。

因此，社会政策在指导、推动、保障和优化社会福利制度的各个环节中发挥着至关重要的作用，是其实现不可或缺的手段和途径。

3. 试述西方工业化进程对社会福利模式变化的影响。

答：西方工业化进程对社会福利模式变化的影响主要表现为：

(1)19 世纪末至 20 世纪初，随着工业社会的发展，西方国家尤其英国的贫困、失业、健康、老龄化等社会问题类型复杂、程度严重，超过以往任何一个历史时期，贫困的原因也更加多样化、社会化，在这种情况下，仅以救济为主的济贫法制度显然无法满足社会发展和变化的需要。但是工业化带来的这些社会问题仍然不是政府关注的主要问题，政府的注意力继续放在英国经济的发展上。

(2)20 世纪 30 年代，经济危机的重创让人们清醒地意识到市场经济的不完善，继而在凯恩斯主义和贝弗里奇报告的影响下，国家干预理念在社会福利领域得到了确立，由国家来保护国民免于社会风险成为国家观念中不可分割的组成部分，成为政权合法性和政府权威的依据之一。国家的对内社会保护职能与对外职能具有同等重要的地位，这一点逐渐成为现代西方工业国家的共识。于是，二战后西方国家纷纷加快了建设福利国家的实践步伐。

(3)理论家们运用历史制度主义、新马克思主义等理论，以民族国家、社会政策等作为分析工具，建构了福利国家的相关理论，以凸显出经济与社会分配公平正义的价值关怀，从而形成了政治经济的理论分析路径及相应的福利国家制度范式。这种范式基于这样的理论逻辑：只有国家才有资格和能力确保公民集体的生活质量，确保社会的进步和繁荣。因此，国家应致力于社会的政治工程设计，通过加强政府性规制和社会权利意识来实施社会保护。

(4)福利国家在福利实践中形成了诸多不同的模式，形成了融合派和分离派两种观点。融合派认为，以全国性、综合性的社会计划和公共服务体系为特征的福利国家难以为继，因为它们面临着越来越多的外部约束。分离派则认为，经济发展目标与政策选择之间存在很强的关联性。分离派则期待政府采用多样化的政策工具。

(5)20 世纪 70 年代爆发了两次石油危机，石油危机使西方国家经济增长速度放缓，政府出现了严重的财政危机。在这样的背景下，各国政府开始对原来的福利国家制度进行改革。福利国家改革的主要措施有：削减福利支出、调整福利结构、扩充福利资金来源和引入市场机制。20 世纪 80 年代后，英美等资本主义国家在发展市场经济与选择社会福利制度安排上做出了重大改革。

(6)面对福利国家的危机，各国政府意识到社会福利不应仅仅由政府独自承担责任，社会福利应该走向多元化。在此背景下，“福利多元主义”应运而生，即主要是指福利的规则、筹资和提供主要由不同部门共同承担，反对福利国家，提倡建立福利社会、建立组合主义的福利国家等等。

4. 试述新时期中国社会政策与福利制度的变革对社会工作专业发展的意义。

答:新时期中国社会政策与福利制度的变革对社会工作专业发展的意义体现在:

(1)改革开放后的40多年里,我国由计划经济体制转为市场经济体制,政府行政管理体制也发生了变化。中国未来试图建构的城乡一体化的基本福利制度将会推动社会工作专业更上一个新台阶。

(2)在经济发展方式转变和社会加速转型的当代中国,社会福利体制和社会工作专业的发展方向不可忽视地受到了新出现的社会问题和风险的影响。

(3)近年来,我国政府致力于推动经济与社会协调发展,强调经济发展中的社会公平与社会保护,这为推动社会福利制度改革、发展社会政策和专业社会工作提供了重要契机。这将推动我国的社会工作专业教育、专业实践和职业化体系建设不断完善。

(4)中共中央十八届三中全会决定提出,要在深化改革过程中,紧紧围绕更好保障和改善民生,深化社会体制改革,推进社会领域制度创新,推进基本公共服务均等化,加快形成科学有效的社会治理体制,从而建立一个充满活力与和谐有序的社会。该决定为我国推进社会领域的改革,完善社会福利(保障)体制,发展公共服务和社会服务确定了基本方向,也必将推动我国社会制度和专业社会工作的发展。

5.3 考研真题与典型题详解

一、概念题

1. 社会福利(中华女子学院2024年研;广州大学2021年研;社科院2020年研;安徽师范大学2018年研;河北大学2016年研;南航2012年研;浙江师范大学2012年研;武汉大学2010年研;华中农大2011、2010年研)

答:参见本章课后习题详解第1题答案。

2. 社会福利制度(青岛大学2015年研;浙江师范大学2011年研)

答:社会福利制度是指在特定的社会里一套与人类需要和福祉相关的理念、资源、机构和专业人员等制度设置,它同经济制度、政治制度和教育制度等一起成为维系社会正常运转的机制。社会福利制度不仅可以从广义上来理解,也可以从狭义的角度去分析。广义的社会福利制度包含人类社会中所有有利于改善人的福祉的制度设置。而狭义的社会福利制度只是将直接同社会服务和福利资源配置相关的制度设置包括在内。

3. 福利国家(西南大学2020年研;华东理工2011年研)

答:福利国家是指一种人为的行动选择与政治建构的产物,是现代西方资本主义国家的一个重要社会现象，它既是资本主义政治经济发展的后果，也是公民权与社会进步的突出表现。福利国家是为应对市场经济缺陷而做出的一种制度安排，因此与市场经济制度有着密切的联系。它不仅隐含深刻的政治企图，也包含着对经济活动调整的意蕴。福利国家不仅为因偶然变故和市场剥夺而导致的个人贫困与不足提供补偿，同时也对社会关系进行重组。因此，福利国家既有均等化的效果，也形成新的社会分层。在资本主义内部，福利国家的发展路径与背景有着相似的特点，但也表现出明显的差异。

4. 剩余性社会福利（湘潭大学2017年研；中山大学2015年研；武汉科技大学2014年研；社科院2012年研；河北大学2012年研）

答：参见本章考研真题与典型题详解简答题第1题答案。

二、简答题

1. 社会福利的二分法对社会福利是怎样分类的？（华中农大2011年研）

答：社会福利的二分法对社会福利的分类如下：

(1)剩余性社会福利与制度性社会福利

①剩余性的社会福利（或残补性的社会福利）

剩余性的社会福利又称残补性的社会福利，是指国家在家庭和市场等常规机制失效时才进行干预，为遇到困难的人提供帮助，满足公民的社会需要，解决社会问题。这种福利主要面向弱势群体，强调统计调查的监督与评估，带有明显的针对性和排他性。就剩余性社会福利而言，政府在福利方面扮演的角色是边缘性的。

②制度性的社会福利

制度性的社会福利是指为所有公民提供的福利津贴或服务，以安全、平等和人道主义为基础。这种福利是一种基本的普惠型的社会制度，不需要通过家计调查来完成，它将促进社会福利和针对整个人口提供的服务制度化，有利于实现社会平等，并消除社会差异。

(2)积极的（社会）福利与消极的（社会）福利

社会福利根据福利的目标（或功能）、影响与后果，可以分为积极的福利与消极的福利。

①积极的福利是指福利本身不是单纯为了经济的目标，而是在满足经济利益的基础上促进个人的人格发展，例如心理辅导服务，其目标是增进人力资本的一种投资，并非直接的经济利益。

②消极的福利意味着福利的给予附带着辱化条件，通常接受者要付出一定的代价，例如标签，将对福利接受者产生不同程度的负面影响。

(3)公共福利与私人福利

社会福利根据福利提供者的区别，可以分为公共福利与私人福利。

①公共福利主要是指由国家提供的、用于满足公民的社会需要的资源和相关社会服务，其目的是解决社会问题，促进社会进步与社会整合。

②私人福利主要是指由市场与家庭提供的、用以满足公民个人需要、改进其物质与精神状况的物质资源与相关的社会服务。

2. 简述几种主要的社会福利模式。（首都经贸大学2011年研）

相关试题：

（1）普惠型社会福利模式（概念题，青岛大学2017年研）

（2）根据当前社会福利的三种模式，阐述我国当前社会福利制度的建构以及与社会工作发展的关系。（论述题，华南理工大学2015年研）

（3）简述社会福利模式。（南京大学2014年研）

（4）社会福利主要有哪三种模式？（华中农大2013年研）

答：社会福利模式是指一个国家和地区社会福利的理念、政策与实践所表现出来的总体特性。当今社会福利模式基本上可以分为如下三种：

（1）普惠主义模式

普惠主义模式的福利分配涵盖所有公民，采取普惠主义原则，其主要目的是消除差别，建立公民间的完全平等，从而促进社会整合和社会正义。在普惠主义模式下，国家干预社会福利的角色是主导的和控制性的，具有明显的家长制色彩。在这种模式下，社会服务惠及所有公民，社会福利服务涵盖所有社会生活领域，国家为公民尤其是有需要的困难人群提供完备的社会保护。

（2）剩余主义福利模式

在剩余主义福利模式下，市场、非政府组织和就业者个人等承担主要的社会福利责任，国家只为公民提供最低限度的社会福利和相关社会服务，公民与政府之间基本实现了一种以就业为基础的福利和以基本社会救助体系为基本内容的社会契约关系。

（3）混合型的社会福利模式

混合型的社会福利模式是普惠主义模式和剩余主义福利模式的综合，强调政府和市场在实施社会政策中的双重作用：①保证社会公平；②保证经济本身的效率，并试图在经济发展与社会治理间寻求平衡。

3. 简述社会福利的功能。（山东大学2023年研；中央财经大学2021年研）

答：参见本章课后习题详解第1题答案。

三、论述题

试述社会福利模式对社会工作专业化服务发展的影响。（华中农大2012年研）

答：(1)社会福利模式基本决定社会工作专业化服务发展的水平

社会工作深受社会福利制度理念、政策和组织框架等因素的影响和制约，是在特定的社会福利模式下运作的一门助人专业。从世界各国社会福利的发展状况来看，国家或地区的经济社会发展水平越高，其社会福利制度也越发达，社会服务专业水平也就越高。一个国家或地区社会服务的专业化水准基本由经济发展程度、社会福利理念、意识形态与社会工作专业化水平等因素决定。

(2)从社会福利的三种基本模式来分析其对社会工作专业化服务发展的影响

根据各国社会福利发展状况，按照福利分配的基本原则与理念，当今社会福利模式基本上可以分为三种：普惠主义福利模式、剩余主义福利模式和混合型的社会福利模式。

①在普惠主义福利模式下，政府承担着重要的社会服务责任，通过社会政策为风险社会中的公民提供基本的社会救助与社会保障，减少个人因风险和偶然事件造成的贫困与被排斥，实现社会平等与正义，而社会工作专业服务并不发达。

②在剩余主义福利模式下，国家只为公民承担最低限度的社会福利和相关社会服务，市场、非政府组织和就业者个人等则承担了主要的社会福利责任。因此社会工作专业服务比较发达，在为弱势人群服务的过程中发挥着重要的作用。

③混合型的社会福利模式下，在福利服务领域中公共部门与私营部门属于合作伙伴关系，既强调政府对公民的社会保障责任，又积极主张私营企业、非政府部门、社区和家庭在社会福利(服务)体系中发挥作用。

第六章　人类行为与社会环境

6.1　复习笔记

【知识框架(庖丁解牛)】

- 人类行为与社会环境
  - 人类行为
    - 人的属性
    - 人类行为的特点与类型
    - 人的需要
    - 人的行为的改变
  - 社会环境
    - 社会环境的含义与特点
    - 社会环境的构成
  - 人类行为与社会环境的关系
    - 人与社会环境的基本关系
    - 人在与社会环境的互动中发展
    - 社会工作处理人与社会环境关系问题的基本取向

【考点难点归纳(厚积薄发)】

考点一：人类行为的基本类型(见表6－1)　★★★★

表6－1　人类行为的基本类型

类型	具体内容
正常的日常行为	在日常生活中适当地扮演社会角色的行为，它呈现着人的基本生活，描绘着人生。其中包括大量重复性的、人们普遍采取的行为，也包括某些有差异的行为，它们基本上是按照社会的角色期望进行的
异常行为或反常行为	相对于正常行为或合期望的角色扮演行为而言的，一般指比较明显地违背角色规范的行为，是在一定场合下不应出现的和比较过分的行为。比如，侵犯他人、自虐、自闭、喜怒无常等，都属于异常行为
亲社会行为	与群体和社会比较亲和的行为，这种行为能促进群体团结、社会和谐与发展。亲社会行为包括对于群体和社会的奉献、志愿服务、帮助有困难者的活动、促使社会积极向上的行为，等等
反社会行为	故意危害社会和谐及以虐待、伤害他人为乐的行为。它与亲社会行为是相反的。反社会行为在行为动机上就具有反社会性，在效果上则是伤害他人与社会。反社会行为是应该被抑制、被矫正的行为
习得行为	通过后天学习而产生的行为，它与遗传行为相对应。通过人的社会化，专门的教导、示范以及模仿等方式形成的行为属于习得行为

考点二：马斯洛的需要层次理论(见表6－2)　★★★

表6－2　马斯洛的需要层次理论

要点	具体内容
生理的需要	由人的生物机体而产生的需要，包括衣、食、住及性的需要等，这基本上是以人的生物体为基础的需要，是生物体维持自身生存的需要
安全的需要	个人追求身体安全、免遭威胁的需要，包括避免身体受损伤和希望有安全的生活环境等，安全的需要被认为是生理的需要得到满足之后产生的需要
归属的需要	人们希望有归属感，希望得到友情和支持，这是人的社会性的重要体现
尊重的需要	人们希望自己能得到别人的尊重，尊重既包括自尊也包括被尊重，这是人的社会地位方面的需要
自我实现的需要	人们希望自己的潜力得以发挥，并实现自己的抱负，这是人衣食无忧、具有一定的社会地位之后的新的更高的需要

考点三：社会环境的特点(见表6－3)　★★★

表6－3　社会环境的特点

要点	具体内容
客观性	人是在社会环境中生活的，社会环境对人来说是一种客观存在
外在性	环境是指对人发生影响的外部事物，它外在于人的身体和意识，即不可以随人的愿望而任意改变
人为性	人们生活于其中的社会关系、社会制度、生活方式等，都是为了人们某种生活而建构出来的，并对建构者和非建构的相关者产生影响
不可脱离性	人总要生活于某种社会环境之中，虽然有时可以选择某种环境，但不能脱离所有环境，人总会受到社会环境的影响
复杂性	人类生活的社会环境是复杂的，它们在时空上交织和嵌套，对人的影响也是多方面的
影响性	环境对人有直接或间接的影响，环境可能是有利环境也可以是不利环境，它们对人的行为和生活的影响不同。环境影响的差异性与人自身的能力同环境作用的比较有关
可变性	人类生活的社会环境是可以改变的，人类可以在一定程度上改变环境，这反映出人与社会环境的相互影响

6.2　课后习题详解

1．试述人类行为及其影响因素。

答：(1)人类行为概述

人类行为是反映于作为人类组成部分的个体或群体的、表现了人类生活基本特征的行为。它是指个体在特定情境中所表现出的有目标、有意识或无意识的活动，它涵盖了人类思想、情感、认知以及与外界互动的所有具体行动。

(2)人类行为的影响因素

人类行为的形成和发展受到生物、心理及环境等多重因素的综合影响。

①生物因素

人的某些基本生存行为，如眨眼、吸吮、呼吸、睡眠等，是由内在生理机制决定的，它们构成了人类作为生物体的基本行为反应，与生俱来且必不可少。随着个体的成长与发展，生物因素继续发挥重要作用，尤其是在幼儿、童年和青少年阶段，身体发育和遗传特征的变化会直接影响个体的行为表现，如学习能力、运动技能和社会适应性等方面的发展。

②心理因素

心理因素同样在行为决策中占据核心地位，个体对环境的认知知觉、情感反应以及心理状态(包括健康或障碍)都会直接影响其对外部世界的行为回应。例如，个体的认知方式会决定其对信息的理解和处理方式，进而影响决策和行动，也就是说认知评估决定了人们如何理解情境并据此行动，而情绪状态则可能激发或抑制某种行为的发生。

③社会因素

社会因素构成复杂网络，深刻地塑造了人类行为。人际关系、角色扮演的社会期望、群体动力学、组织结构中的权力分配以及社会资源的不均衡分布等，均是引导个体采取特定行为的强大推动力。

④文化因素

文化因素作为深层的价值观念和行为准则，族群的文化传统、习俗和生活方式极大地塑造了个体行为模式，形成了各具特色的行为习惯和社会互动方式。

2. 试述马斯洛的需要层次理论。

答：马斯洛的需要层次理论是一个描述人类需求和动机结构的心理学模型。马斯洛认为，人的需求从基本的生理生存需求到高级的精神自我实现需求，形成一个金字塔式的层次结构。这些需求按照优先级排列，较低层次的需求必须在一定程度上得到满足后，个体才会关注更高层次的需求。以下是马斯洛需要层次理论的五个主要层次:

(1)生理的需要

这是最基本的需求层次，包括维持生命所必需的物质条件，如食物、水、睡眠、呼吸、性欲等。如果这些需求未得到满足，个体将专注于这些基本需求的满足而忽视其他一切。

(2)安全的需要

在生理需求满足之后，个体追求安全与稳定，包括身体安全、职业稳定、财务保障、健康保障以及生活秩序等。安全感缺失时，人们会努力去创造一个保护自己的环境。

(3)归属的需要

当个人的安全感得到满足后，他们开始寻求归属感和爱的需求，包括友谊、家庭、爱情关系以及其他形式的社会互动和接纳。这一层还包括对亲密关系和社会认同的需求。

(4)尊重的需要

高于社交需求的是自尊和尊重他人的需求。这包括内部自尊(如自信、成就感、自主权)和外部尊重(如社会地位、认可、名誉)。当个体感到被他人尊重,并且能够自我肯定时,他们会更加自信和满足。

(5)自我实现的需要

位于金字塔顶端的是自我实现需求，这是最高层次的需求。它涉及到个人成长、潜力开发和自我完善，包括对知识的追求、创造力的发挥、道德理想和解决问题的能力等。只有当较低层次的需求都得到了充分满足，个体才能致力于追求自我潜能的最大化。

马斯洛强调，这种需求层次并非绝对固定或严格的顺序，而是相对而言的，在不同情境下，某一层次的需求可能会暂时变得更迫切。同时，他也指出，并非所有人都能达到自我实现这一最高层次，而且某些人可能终身都在较低层次的需求上挣扎。

3. 试述社会环境的含义与特点。

答: (1)社会环境的含义

社会环境作为影响人类行为与生活方式的关键背景，是指那些独立于个体之外、却能对个体的行为和生活产生直接或间接作用的多元社会元素集合。这一集合涵盖了广泛的内容：从紧密联系个体的社会关系结构及其所遵循的规范，到塑造公共秩序和社会公正性的社会制度与政策；从积淀深厚、深入人心的社会文化价值观以及群体共同持有的心理倾向，到人们构建的城市空间与人造物理环境等。这些不同的社会构成要素以多维度、多向度且不同程度的力量，共同交织并深刻地塑造着每个人的行为模式和生活质量。

(2)社会环境的特点

①客观性。社会环境是指那些存在于个体之外，不依赖于个人主观意识而存在的社会条件和结构。比如法律、文化规范、社会组织等都是实实在在的社会实体，它们独立于个体意志之外，对所有身处其中的人都具有约束力和指导作用。

②外在性。社会环境相对于个体而言是外部的世界，它既包括物理空间如城市设施、居住条件等，也包括非物理的空间，如社会关系网络、社会地位等。这些都构成了个体生存与发展的外部框架和条件。

③人为性。虽然社会环境是客观存在且外在于个体的，但它是由人类活动创造、发展和维护的，具有明显的人为痕迹。例如，制度、政策、文化传统以及人造物理环境(如建筑、基础设施)等，都是人们根据需要和社会发展进程所构建的。

④不可脱离性。人类作为社会动物，其行为、心理状态和生活过程无法脱离社会环境的影响。无论个体选择如何，其成长、教育、工作和生活方式都在很大程度上受制于其所

处的社会环境，不能孤立存在或发展。

⑤复杂性。社会环境由众多相互联系、相互影响的子系统构成，这些子系统包括但不限于经济系统、政治系统、文化系统、教育系统等。各系统之间错综复杂的互动使得社会环境成为一个多层次、多维度的复杂体系。

⑥影响性。社会环境对个体的行为模式、价值观念、人格形成和发展有着直接或间接的重大影响。通过社会化的机制，个体不断学习、适应并内化所在社会的规则和价值观，进而指导自己的行为选择。

⑦可变性。社会环境并非一成不变，而是随着历史进程、科技发展、人口变迁、文化交融等因素不断演变。这意味着个体在不同的时空背景下所面临的社会环境可能会有显著差异，同时也提示个体需要不断地调整以适应变化中的社会现实。

4. 简述布朗芬布伦纳的发展心理学生态系统理论。

答：布朗芬布伦纳的发展心理学生态系统理论是一种全面探讨个体发展与其环境交互作用的框架。该理论强调了人在多个层次的社会环境中成长与发展的重要性，这些环境系统彼此关联且相互影响。

(1)微观系统

这是最接近个体的环境层，包括家庭、学校班级和同伴群体等直接接触并直接影响儿童日常生活的微观环境。在这个层面上，儿童与父母、教师、朋友等重要他人之间形成了紧密而具体的关系，并从这些关系中获得情感支持、教育和社会化经验。

(2)中间系统

这一层次关注不同微观系统之间的相互联系和互动，例如家庭与学校之间的关系如何影响孩子的发展。在中间系统层面，家长参与学校活动或者家校沟通模式等因素会影响儿童在学校的表现和社会化过程。

(3)外围系统

虽然不直接与儿童发生互动，但这个层次的环境因素依然对儿童产生间接影响，比如父母的工作环境、社区资源或政策法规等。这些外部条件通过改变家庭或学校的条件间接地塑造着儿童的成长经历。

(4)宏观系统

最外面的环境系统是宏观系统，这是最大的、最抽象的环境层面，包含文化价值观、社会经济制度、国家政策及全球趋势等大环境因素。宏观系统的观念、信仰、政治经济结构以及历史传统，为所有其他层次的环境提供了背景和框架。

此外，布朗芬布伦纳还提出了时间维度的概念，即发展进程随着时间的变化而变化，每个阶段的生态系统都会有所调整和转变。他认为个体的发展是多因素、多层次、动态互动的结果，而非孤立的内生过程。

5. 试述人类行为与社会环境的基本关系。

答：人类是在环境之中生活的，同时又具有能动性。人类行为和社会环境相互影响，二者的关系是复杂的，主要表现在以下几个方面：

(1)人的行为要适应社会环境

社会环境为人的生存和发展提供了具体的空间。社会环境对人的行为来说既是资源获取空间，也是行为约束空间。人从社会环境中获取资源和受到约束这种关系决定了他在相当大的程度上要依赖环境。社会环境中资源的丰饶程度及分配规则引导和规范了人的行为。在这种意义上环境塑造了人，环境也决定了人的行为，人类行为要适应社会环境。要了解人的行为就必须认识他所处的环境及环境的性质，要改变人的行为也要从改变他所处的环境入手。

(2)社会环境影响人的行为

社会环境为人的行为提供了参照标准。参照群体不是社会成员生活于其中的群体，而是社会环境的一部分。在社会生活中，参照群体是人们进行比较和评价的标准，从而影响着人们的行为。人们通过参照和比较，会产生成就感、满足感或自卑感，也会产生社会公平感或相对剥夺感，形成心理忧郁，影响其心理健康。

(3)社会环境和生物遗传共同对人类行为产生影响

社会环境对人类行为的影响不能脱离生物遗传因素的制约。同样，良好的遗传特性也需要依托适当的社会环境才能发挥作用。人的发展是遗传和环境相互影响的产物，其路径取决于遗传因素和外部环境影响之间复杂的相互作用。

(4)人类能够改变社会环境

由于人类具有很强的能动性，所以人类可以改变生活于其中的自然环境，也可以改变社会环境。

(5)人类行为与社会环境关系的非平衡性

人类行为与社会环境相互影响的力度并不是平衡的，社会环境对人类行为的影响要大一些。社会工作者要正确理解和把握人类行为和社会环境的关系，不仅要评估服务对象行为方面的情况，还要评估服务对象所处的社会环境。更重要的是评估服务对象与社会环境之间的互动状况，以帮助服务对象改变个人及其社会环境之间的互动状况，使服务对象适应社会环境，恢复和发展个人的社会功能。

6. 试述"人在环境中"的内涵。

答："人在环境中"具有广泛的包容性，它不仅深入探究个体之间的直接互动过程，而且还关注更为宏大的、复杂的环境层面因素，并且涵盖了那些虽间接关联但同样影响深远的元素，强调个体与所处环境之间密不可分的关系及其相互作用。它包括的内容有：

(1)在进行社会工作实践的过程中，问题评估与服务提供是一个系统而全面的过程。必须认识到服务对象并非孤立的存在，他们是在特定环境中的社会生物体，这一环境可以包括微观层面的家庭、社区，中观层面的组织机构和宏观层面的社会政策与文化背景等多元因素。

(2)服务对象与其所处环境之间的关系是互动且相互影响的。个体的行为、心理状态、需求以及困境，往往在很大程度上受到其所处环境的影响；同时，他们的行为选择和适应方式也会反过来改变或塑造着环境。

(3)内在的心理特质、能力、价值观等个体因素在解决问题时固然至关重要，但同样不可忽视的是环境因素的作用。环境中可能蕴含了导致服务对象面临问题的根源，比如资源分配不均、社会支持网络缺失、不利的社会政策等；与此同时，环境中也可能潜藏着解决这些问题的关键资源，如社区支持体系、政策扶持措施以及可利用的教育资源等。

(4)在开展工作时，需保持对服务对象及其环境这两个紧密相连焦点的关注，并深入理解二者之间动态变化的关系。这意味着社会工作者不仅需要关注服务对象自身的成长与发展，还要积极推动其与环境之间建立健康、和谐的互动模式。

(5)社会工作的核心任务之一就是在这种人与环境的互动框架下，通过调适服务对象与环境之间的关系，寻找并激发环境中有利于服务对象发展的积极力量，同时帮助服务对象克服因环境不利因素带来的挑战，以期引导二者走向相对协调的发展过程，从而实现服务对象的自我增能和社会融入。

7．试述社会工作处理人与环境关系问题的基本取向。

答：社会工作在处理人与社会环境关系问题时，遵循的基本取向可以归纳为以下几个方面：

(1)社会工作关注人与环境及其相互作用

社会工作的核心任务是协助弱势群体克服困难、改善生活状况，并促进其与所处环境的和谐互动。在着手解决个体生活难题和人际交往问题时，首要步骤是深入理解服务对象的基本情况、遭遇的具体挑战及其本质特征。同时，全面考量服务对象所生活的背景环境，这包括他们过去的经历特别是那些与当前待解决的问题直接相关的情境，如人际关系网络、环境中可能存在的障碍以及可利用的资源。通过分析个人因素和社会结构层面的原因，揭示问题的根本成因。当问题明显受到外部环境影响时，社会工作者需要将服务对象与其所在的社会情境紧密结合，深度剖析问题产生的原因及解决策略。因此，有效解决问题的核心在于妥善处理好个体或社群与周围社会环境之间的联系。换言之，在实际的社会工作中，社会工作者必须兼顾关注服务对象本身的成长历程和发展需求，同时也需密切关注他们曾经和目前的生活环境及其动态变化关系，从这一视角出发去发现造成问题的根源并探寻解决之道。总结来说，社会工作的基本工作思路就是综合考察服务对象、社会环境两者间的关系，并且以一种动态、系统的方式进行观察和解读，以便精准定位问题的本质，并制定相应的干预措施。

(2)社会工作的基本干预模式

基于问题造成的原因，社会工作的服务或干预模式大致可分为三种。

①以调适个人行为为主。在社会工作实践过程中，关注的焦点常在于那些因生理、心理或家庭背景导致处于困境中的弱势个体。针对这一群体，社会工作者的核心任务之一是调整他们的行为适应性问题。实践中，社会工作者会频繁遇到各种与环境不协调的行为表现，包括但不限于对当前环境的不适反应、角色扮演的困扰、异常行为乃至潜在的反社会行为。在此情况下，社会工作者的主要工作手段通常聚焦于通过某种“治疗—矫正”方法来改善这些不良行为。在调适个人行为的过程中，不仅要注重个体内部的心理和行为转变，也要充分考虑并适当调整其生活环境，确保二者之间的相互适应性和支持性，从而实现全面有效的干预效果。

②以改变社会环境为主。当某一群体表现出普遍性的适应性行为问题时，其根源可能在于所处的社会结构、制度设计和政策安排的不合理之处。面对这种情况，社会工作的核心工作内容将转向推动社会环境的改进，通过向决策者建言献策以及实际行动来促进相关政策和规则的改革，旨在减轻乃至消除弱势群体的生活困境。当然，在致力于改变外部环境的同时，社会工作者也不能忽视该环境中个体的行为调整需求。因为现实生活中，不同人群对既有环境的适应程度各异，有的能较好地融入，而有的则遭遇困难，其中有部分原因可能归结于个人因素。因此，在以改善环境为主导的行动中，处于不利条件下的群体作为环境系统的重要组成部分，同样需要在一定程度上进行行为转变。

③促进人与环境共变。在社会工作实践中，人与环境的互动调整实质上是对人与环境关系进行动态协调的过程。其基本理念在于：社会工作的服务对象是那些面临困境且在某种程度上未能适应外部环境的人。所遇到的问题既可能源于个体自身因素，也可能源自环境因素，因此需要从个人和环境两个维度同步开展调整工作，在逐步调适的过程中寻找到适宜的平衡状态。具体到实践层面，推动服务对象观念更新及能力提升相当于“内生动力”，优化政策环境和改善文化氛围则扮演了“外部条件”的角色。只有将这两方面因素兼顾并实现两者之间的协调改变，才能真正有效地解决社会问题。

(3)共变与调适：社会工作的基本视角

调适是社会工作者运用专业服务手段，调整和优化个人的行为模式及其所处的生活环境，以实现二者之间的相互适应与协调，并帮助个体走出困境的过程和结果。在社会工作中，核心任务是帮助那些在社会环境中处于弱势地位的人群，他们既是工作对象，也是改变自身境遇的主体力量。因此，首要的是聚焦于服务对象本身，通过科学的方法评估其面临的挑战，并客观地评价及提升其应对困难的能力。另外，当环境因素尤其是政策层面的问题成为主要矛盾时，社会工作者必须直面问题，灵活且巧妙地运用社会工作的各种方法论，旨在减少不利因素的影响，降低结构和政策变革所带来的社会成本。如此一来，不仅能够更有效地解决当前问题，还能够促进人与环境之间达成和谐互动，从而实现人的全面发展与所处环境的共同进步。

6.3 考研真题与典型题详解

一、概念题

1. 人类行为

答：人类行为又称人的行为，是指个体一切外表行为、思想、感受、期望、自我观念等，是一个广义概念，包括人的内在和外在的变化。看得见的外部行动或看不见的内心运作都是其探讨的对象，而且最令我们感兴趣的是内在的思想、情绪、自我观念、期望等如何影响外在的行为。

2. 社会环境(南京师范大学 2020 年研；华东师大 2019 年研)

答：参见本章课后习题详解第 3 题答案。

3. 无障碍环境

答：无障碍环境是残疾人参与社会生活的基本条件，无障碍环境包括物质环境无障碍、信息和交流的无障碍。物质环境无障碍主要是要求城市道路、公共建筑物和居住区的规划、设计、建设应方便残疾人使用和通行，如铺设盲道、坡道，设置交通音响信号装置等；信息和交流的无障碍主要是要求公共传播媒介应使听力、语言和视力残疾人无障碍地获得信息，进行交流，包括影视字幕、盲文、手语等。

二、简答题

1. 人类行为与社会环境的关系。(华中农业大学 2015 年研)

相关试题：个人行为与社会环境有哪些基本关系？(扬州大学 2015 年研；浙江师范大学 2012 年研)

答：参见本章课后习题详解第 5 题答案。

2. 简述人类行为的特点。(武大 2010 年研)

答：人类行为的特点主要有以下几方面：

(1)适应性。人类行为的根本目的是适应环境，维持个体及种族的繁衍，并在适应环境的同时不断地改变自身的生存、生活环境。

(2)多样性。人类行为是一个复杂系统，存在着各个不同的侧面。它有外显的和内隐的，有来自遗传的或后天习得的，有生理范畴的和社会范畴的，多种多样，十分复杂。

(3)可控性。人类行为是人发出的行为，人类能有意识地控制和调节自身的行为，使其向着目标前进。

(4)发展性。人类行为是连续不断的发展过程，现在行为是过去行为的继续，而现在的行为又将成为未来行为的基础。

(5)整合性。人类行为是有机统一的，不是各自独立、互不相关的。人类的个体行为是与自身的生理状况、心理发展和社会环境紧密联系的，是各种特征协调一致互动的结果。

3. 人的行为与社会环境的理论和观点对社会工作有什么启示?

答: 人的行为与社会环境的理论和观点对社会工作的启示主要有:

(1)人在情境中。与其他任何生物一样，为了自身的生存和发展，人类必须适应环境的变化。尽管人类对环境的适应已经从主要依靠有机体去适应转变为主要依靠文化去适应，但无论如何，对环境的适应都是人的行为的基本导向，也就是说，人的行为与社会环境是相互依存、相互影响的，其中任何一方只有从与另一方的关系中才能得到正确的理解。因此，社会工作必须把人的行为与社会环境作为一个统一的系统来分析。

(2)人的行为与社会环境之间不是单向的因果关系，而是双向的交流和互惠关系。也就是说，任何一方的改变都会同时对对方造成影响。社会工作所处理的问题既不单纯是个人问题，也不单纯是环境问题，而是个人与环境之间的契合问题；社会工作的核心是调整个人与环境之间的关系，提高两者之间的契合优度。

(3)人的行为的变化可以分为生长和发展两个方面。这两个方面常常是联系在一起的，发展过程要以一定的生长过程为基础，而发展过程反过来也会促进或损害生长过程。人在一生中会不断地生长和发展，这是一个不争的事实。从发展的角度衡量人与环境之间关系的好坏，关键是看它在多大程度上培养了个体的自我规划能力。因此，社会工作应该在尊重他人的权利和需要的基础上，帮助他们做出最有利于自己的明智的决定，并培养他们能够采取有效行动付诸实施的能力。

三、论述题

1. 如何结合各社会环境系统来帮助下岗职工及其家庭?

答: 社会环境是与人的生存和发展有关的所有的外部社会因素的总和。在帮助下岗职工及其家庭时，可以分析其所在的社会环境，从社会环境的各个层次、系统中寻求社会支持。人类的社会环境主要包括如下几个方面:

(1)社会小生境

社会小生境是某一个体、群体生活于其中的直接的生存小环境，它与人们的生活直接相关、关系密切。主要包括家庭、邻里、社会组织、人际关系环境等。

①家庭：对于一个个体来说，家庭是其最直接、最密切的生存环境，家庭的结构、内部关系和变化对其成员有直接影响。

②邻里：邻里是人们的直接生存环境的重要组成部分。特别是在传统社会中，邻里之间守望相助，它对儿童的社会化及成长、对老人的宽慰和帮助都是十分重要的。现代邻里关系的形态也会影响人们对社会生活的态度。

③社会组织：在现代社会中，学校和工作单位这些社会组织也成为社会成员生活小环境的一部分。学校是青少年最重要的社会环境。对于儿童和青少年来说，他们的社会环境包括学校的老师和同辈群体。对于一个劳动者来说，工作是其生活的重要组成部分。

④人际关系环境：人际关系环境是指与人们的生活、工作有较密切关系的人际关系的总和。由于人们参与多种社会活动，在这些社会活动中同他人进行广泛交往，从而形成一定的人际关系。这些人际关系综合起来形成他们生活环境的一部分。人际关系网络实际上是一个人的社会支持体系的一部分，人际关系网络的优劣及其强度对人的成长，特别是对其走出困境具有重要作用。

(2)社会生态环境

人们所处的生态系统实际上是一个社会关系体系，是社会结构在社区中的具体表现。社会结构是社会各组成部分之间比较持久、稳定的联系方式。个体、社会群体之间相互联系也形成一种结构，在这种结构中的个体、群体既相互依存，又存在竞争，从而形成一种生存结构。某一个体、群体在社会结构中的层次较高，他们的经济地位、政治地位及社会地位较高，也就是其生态位较高，在具体的社会生活中其位势较强，在资源竞争中的力量也较强。

(3)社会系统

社会是人们在社会生活中形成的社会关系的体系。一般来说，社会包含家庭、经济、教育、医疗、社会福利、政治、法律等子系统。每一子系统在不同层面上各司其职，系统地满足着人们的不同需要，使社会成员得以在有规范和秩序的系统中互动。人们的行为也是在社会系统，即一定的社会关系体系中展开的，社会系统是人们活动的重要的、不可隔离的外部环境。

(4)社会文化环境

人们都生活在某种文化之中，这种文化也就成为人们的生活环境。文化是由知识、价值观念、行为规范、法律、风俗等形成的体系。社会的风俗习惯、价值观念和制度就成为人们生活的基础和背景，成为人们生存发展的特殊而重要的环境。

2．人的社会化发展依赖于哪方面的社会主体和条件？如果缺乏会出现哪方面的一些问题？（武汉科技大学2013年研）

答：（1）人的社会化发展依赖的社会主体与条件包括：

①家庭

a．家庭教育和家庭环境的影响是一个人社会化的开端，它为个人一生的社会化奠定了基础，家庭环境因素对个人的观念、心理和行为习惯会发生潜移默化的深刻影响，甚至影响个人的终生。

b．家庭环境对个人社会化的意义在于对儿童感情和爱的培养。人的感情方面的社会化很大程度上取决于他所处的家庭环境条件。

c．家庭中父母的权威对儿童社会化具有重大影响。

②学校

学校作为社会化的社会条件之一，其特点包括：

a．学校是专门为社会化目的而设立的学习机构。它给学生提供了有组织、有目的的系统化受教育的各种条件。学校中的社会化强调专门的学习，带有半强制性。学校的社会化具有系统性，它不仅传授各种科学知识和技能，同时也努力培养和树立学生的价值观念，使学生在德、智、体、美等方面全面发展。

b．学校是一个组织机构。学校有一系列的规章制度，学生必须学习和遵守这些行为规范和准则，按照规范的要求去扮演自己的社会角色，并理解和把握这种有组织群体中的人际关系。

③同龄群体

同龄群体是指由那些在年龄、兴趣爱好、家庭背景等方面比较接近的人们所自发结成的社会群体。同龄群体对个人有较强的吸引力和影响力，它的群体规范和价值往往被个人当作社会化过程中的重要参照系。

④工作单位

a．工作单位是个人进行职业社会化的主要场所。个人在工作单位中通过自己的职业活动和职业成就来确立自己的社会地位，实现个人的人生理想和价值，并在这一过程中形成个人的能力、品格、气质、性格等。

b．工作单位给人们提供了一个检验和发展家庭及学校社会化成果的场所。人们会在工作单位中发现许多书本上没有或与书本上不相符合的文化因素，这些新的因素甚至会冲击和威胁他们在家庭和学校中所形成的价值观念。

⑤社区

社区是指以一定地域为基础的社会生活共同体。一个社区有其基本的功能，主要包括经济功能、社会化功能、社会参与功能、社会控制功能和成员之间相互支持功能。

社区对人类行为的影响主要有以下四个方面：

a. 社区成员具有某些共同特征，如相似的社会经济地位、生活方式、文化和风俗习惯等。

b. 社区成员之间存在着复杂的社会交往关系，在交往中彼此产生影响。

c. 社区本身是一种社会组织，具有自身的社会规范，对社区成员的行为具有约束作用。

d. 社区成员对社区具有强烈的认同感和归属感，这种认同感也会影响社区成员。

⑥文化

a. 文化是社会发展过程中人类创造物的总称，包括物质技术、社会规范和精神体系，是所有物质产品和非物质产品的总和。文化是人类共同生活的基础，也是人类活动的重要社会环境。

b. 作为共享的价值和生活方式，文化对人类的行为的影响主要通过确立行为标准，从而达到规范、控制人的行为的目的。个体的行为深受其认同文化中的行为模式的影响，如社会工作者的行为就受到其认同的助人文化的影响。人类在深受文化影响的同时又创造着文化，人类在接受文化的影响时也进行着选择。

⑦大众传播媒介

大众传播媒介是指社会组织为在广大社会成员之间传递信息、互通情报所采用的各种通信手段，如广播、电视、报纸、书籍、杂志等。大众传播媒介通过新闻报道、舆论宣传、知识教育、生活娱乐等方式，为广大社会成员理解和接受社会所倡导的价值观念、奋斗目标、社会规范和行为方式等，提供了一个广泛的社会环境条件。

在现代社会，随着大众传播的日益发达，它在人们社会化方面的影响显得日益重要，这种影响表现在形式上的多样性、内容上的丰富性和受众的广泛性。

(2)缺乏社会主体和条件会产生的问题有：

①亲子关系紧张；

②心理焦虑；

③暴力行为；

④从众行为；

⑤人际关系紧张；

⑥角色错位等。

第七章　个案工作

7.1　复习笔记

【知识框架(庖丁解牛)】

- 社会个案工作
  - 个案工作的含义与历史发展
    - 个案工作的要素
    - 个案工作的含义
    - 个案工作的发展历史
  - 个案工作的过程与基本技巧
    - 个案工作的过程
    - 个案工作的技巧
  - 个案工作的理论模式与实务方法
    - 危机介入模式及其实务方法
    - 任务中心模式及其实务方法
    - “社会—心理”模式
    - 行为治疗模式
    - 叙事治疗模式
  - 个案工作在中国的实践与理论建构
    - 1949 年之前的个案工作
    - 计划经济体制下的个案工作实践
    - 社会转型与个案工作的探索和发展
    - 个案工作的专业化发展
    - 本土个案工作中拟亲属关系对专业关系的建构
    - 中国社会个案工作的进一步发展

【考点难点归纳(厚积薄发)】

考点：社会个案工作的技巧(见表 7-1)　★★★★★

表 7-1　社会个案工作的技巧

技巧	具体内容
沟通技巧	沟通指的是在人们之间传递信息，它发生在一方向另一方发送信息时，在社会工作过程中，工作者无时不与服务对象沟通，这需要熟练掌握沟通技巧

续表

技巧	具体内容
关系技巧	关系是社会个案工作助人的核心要义，如果工作者不能同服务对象建立起信任关系，就不可能帮助他。关系技巧包括真诚和有同理心地回应技巧，表现温暖和关怀的技巧，及表明尊重服务对象的技巧
过程技巧	社会个案工作者是通过一个过程去帮助服务对象成长和改变的。在这个过程中要求社会工作者有不同的技巧，这些技巧包括： ①接案和约定技巧。它包括同服务对象建立和保持工作关系的技巧，帮助服务对象和工作者对各自角色的现实性理解的技巧，也包括用于培养服务对象对助人过程初步承诺的技巧。 ②预估技巧。它是指收集与服务对象情境相关的资料，以便能实际地理解服务对象的问题和需要的技巧。 ③签订契约技巧。这是指同服务对象订立现实的目标，并有能力清楚说出工作者和服务对象的责任的技巧。 ④介入技巧。介入需要广泛的技巧，它包括执行、介入计划并协助服务对象达成目标的技巧。 ⑤检讨及终结技巧。它包括定期进行回顾和修订介入计划，以便客观地检讨其是否有效的技巧，以及有计划地结束关系以帮助服务对象独立的技巧

7.2　课后习题详解

1. 什么是个案工作?

答：个案工作是社会工作各工作手法中起源最早的一种，是指由专业社会工作者运用有关人与社会的专业知识和技巧为个人和家庭提供物质或情感方面的支持与服务，以帮助个人和家庭减低压力、解决问题，达到个人和社会的良好福利状态的工作方法。

2. 简述个案工作的发展历史。

答：个案工作的发展历史如下：

(1)19 世纪到 20 世纪初——个案工作的起源

①工业革命与贫民问题

工业革命促进了英国生产力的发展，但也带来了许多社会问题，其中包括城市贫民问题。宗教意识对社会工作的产生也有影响。到 19 世纪，很多富有的英国人出于人道主义与慈善思想而帮助穷人。除了宗教思想的影响，法国大革命所宣扬的平等与正义也渐渐对英国人的思想观念产生影响，宗教的慈善与人道主义行为，共同改善了社会中不幸者的境况。

②查默斯的贡献

最早对社会个案工作做出直接贡献的是英国牧师查默斯。查默斯的志愿救助穷人的实验对个案工作的主要贡献为：

a. 一对一的个人化工作。

b. 注重对受助对象的精神品德的塑造。

c. 强调对服务对象给予足够的个别性关怀，注重理解服务对象的个人和家庭环境对个人特质的影响。

d. 要尽量使用服务对象的“自然资源”。

e. 注意挑选和训练工作者。

③慈善组织会社对个案工作的贡献

a. 调查、记录并跟踪服务对象的生活状况。

b. 认为诊断问题、进行治疗的基础是对整个家庭的福利和再生产的调查。

c. 对工作人员进行讲课、讨论还有实务上的训练。

d. 建立了社会工作图书馆，促进了社会工作知识的积累。

e. 发展出了学徒式的督导方法。

(2)20 世纪初到 20 年代——个案工作的专业化与学科化

玛丽·里士满于 1917 年发表了第一部对专业社会个案工作做出重要贡献的、著名的《社会诊断》。《社会诊断》一书是个案工作专业化与学科化开始的标志，它开启了社会工作作为“科学的慈善”专业的新时代，从 20 世纪 20 年代起，个案工作成为一门有薪俸的职业。

(3)20 世纪 30 年代——从精神医学的洪流到功能派个案工作的发展

①20 世纪 20 年代，弗洛伊德的精神分析理论对个案工作的理论与实务产生了巨大的影响。

②30 年代有关“诊断—功能”的个案工作争论还在继续。功能学派个案工作强调工作者提供机构的服务给案主，让案主在使用服务的过程中产生改变，即强调机构的功能及设法让案主参与的过程。

(4)40 年代以后——社会个案工作的多元化发展时期

40 年代以后，个案工作的分析从心理学层面转向了社会学层面，呈现多元化的发展局面。

①1940 年，汉密尔顿出版了《社会个案工作的理论与实务》，书中提出了“人在情境中”的概念，以及调查、诊断和处理解决问题的助人过程，形成了个案工作围绕个人与家庭的“社会—心理”分析和工作的框架。

②20 世纪 50 年代各种不同的理论相继涌现，其中包括沟通理论、家族治疗、系统理论等，使得社会个案工作的知识基础多元化。

③1957 年，贝克提特在《个案工作专业关系》一书中讨论了个案工作的专业关系和基本原则。

④波尔蒙发展了问题解决学派，结束了诊断派和功能派的争论。

(5)80 年代以后——综融取向和后现代主义的个案工作视角

①80 年代以后，社会个案工作提出了生态主义的社会工作视角。伴随整合社会工作的发展，综融的工作方法被提出，即运用全方位的观点看待问题，关注服务对象问题发生的社会系统。

②90 年代以后，社会工作受到社会生态系统理论，以及女性主义、增能、后现代理论的影响，提出了新的社会工作实务思想，包括采用女性主义理论、叙述分析治疗方法为服务对象提供协助。后现代主义社会工作强调从服务对象的角度理解他们看问题的方法，增加文化敏感性。

3. 论述危机介入模式的工作过程与技巧。

答：危机介入模式各个工作过程及其技巧如下：

(1)开始阶段

①通常服务对象在危机面前会表现出迷茫、不安和不知所措，这要求社会工作者需要将自己的注意力集中在服务对象最近的生活状况上，第一步是采用开放式提问帮助服务对象整理自己的想法和感受，通过问“发生了什么事”，可以带领服务对象进入危机事件情境中，理清自己的感受，找出是什么原因引发了问题。这时也要注意考察服务对象“自我”的强度，了解服务对象的认知能力与“自我”强度，并了解服务对象的社会资源网络。

②第二步要找出服务对象最大的问题是什么，从而把问题集中在目标上，找出真正的问题。

③达成口头协议，把问题集中在核心问题上。

危机介入的开始阶段，工作目标主要是建立与服务对象牢固的专业关系基础，取得服务对象的信任。当服务对象的思想开始清晰时，可以通过布置任务让服务对象感觉自己恢复了自主能力。

(2)中间阶段

①社会工作者要进一步搜集资料，增加对服务对象的认识，可以把现在发生的事情与服务对象过去的生活经历相联系，指出存在的前后因果关系，来帮助服务对象改正对问题的认识。

②让服务对象倾诉可以减轻焦虑，然后帮服务对象看看什么样的办法对解决问题有效。这时工作者要做服务对象的榜样，让服务对象学习如何解决问题，还可以给服务对象布置任务，促使他改变思考方式，换个角度看问题，从而改变感觉和行动。

(3)结束阶段

在危机介入的最后阶段，回顾刚开始时双方协议要做的事执行的效果，达到了什么目标。这时可提醒服务对象结束工作关系的时候到了，与服务对象共同回顾已取得的进步，征询服务对象对今后生活的想法。如果服务对象说“我行了，不用再见你了”，就标志着服务对象可以重新自主生活，危机结束了。

4. 论述任务中心模式个案工作的工作过程与技巧。

答：任务中心模式个案工作的工作过程与技巧如下：

(1)问题解决的过程

任务中心的问题解决过程有五个阶段：

①问题探索。运用行为治疗的方法探讨服务对象关心的问题、确定问题、清楚地定义问题并给这些问题排出优先次序。

②协议。确定问题属于哪一种后与服务对象协商出一个改变的目标。

③制定目标。工作者与服务对象共同制定出具体的目标。

④迈向目标，完成任务。

⑤结束，回顾已取得的成就。

(2)工作阶段中的步骤与方法

①开始接触、探索和协议阶段

如果服务对象是自己主动求助的，首先要鼓励服务对象亲自表达自己的问题，鼓励服务对象宣泄感情。如果服务对象是被转介的，则首先要找出转介者的目标；社会工作者要列出服务对象关心的问题，解释“任务中心”模式；其次要定义问题，与服务对象共同决定“目标问题”；可以选择三个需要优先考虑的问题，由服务对象排序，共同确定问题的种类，与服务对象协商制定口头的或书面的合同。

②阐述目标和要完成的任务

若“目标问题”是经过慎重选出的，就缩短任务选择阶段。要让服务对象自己思考任务及可能的效果，社会工作者则要提供问题解决的手段并支持服务对象履行任务。

③结束阶段

在工作快要结束时，工作者应该与服务对象讨论结束工作接触的可能效果。这时要与服务对象一起回顾取得的成就并给予鼓励，并帮助服务对象确定进一步工作的领域；若服务对象觉得需要更多时间并表现出完成任务的意愿，可以延长时限。在决定终结这项工作时，需要评估每个人的“投入与产出”，并小心地说“再见”。

5. 试述叙事治疗方法的基本理念。

答：叙事治疗方法的基本理念主要表现为：

(1)后现代主义思想

后现代主义是指反对强调主体与反对把主观与客观对立的社会思潮。其代表人物大多持存在主义、后结构主义、哲学解释学和实用主义观点。后现代主义反对现代主义以个人主体为中心，提倡主客体二元论。强调不能追求一种固定的认识结构，而要专注于知识的局限、断裂和非稳定性。在后现代主义思潮影响下，在社会学理论上，出现了强调社会变化与发展的后现代社会学观点。20世纪下半叶以来，后现代主义思潮表现出更关心于人们日常生活的思想特点。

(2)社会建构主义

①叙事治疗是以社会建构主义作为其哲学基础的。社会建构主义强调“客观现实”并不是存在于意识之外的世界，而是观察者的精神产品，是一种社会建构。这种“建构”的现实也不完全是个人的产品，而是深受所处的语言系统影响。所以，人绝不是完全自主的，而是高度可塑的。

②建构主义认为并不存在所谓的客观现实，现实是人们借助语言建构出来的精神产物。

6. 简述个案工作专业关系中的拟亲属关系对专业关系的建构和运用原则。

答：拟亲属关系是一种用来描述社会工作者与服务对象之间建立起来的亲近、关怀和支持性的非正式关系模式，这种关系旨在创造一个安全、接纳和信任的环境，使服务对象能够在其中开放自我，进而促进其个人成长和社会功能恢复。个案工作专业关系中的拟亲属关系即服务对象视工作者为自己生活中的类似自己家人的人，是自己生活中的“重要他人”。

(1)对专业关系的建构

①建立专业关系基础。在个案工作专业关系建构过程中，拟亲属关系扮演了重要的桥梁角色。服务对象可能因对社会工作者的信任度较低或对外来干预有所防备，而难以敞开心扉接受帮助。通过构建拟亲属关系，社会工作者能够模拟家庭成员般的关怀和支持，从而降低服务对象的心理防线，为建立稳固的专业关系提供情感基础。

②促进信任与沟通的深化。拟亲属关系强调了社会工作者与服务对象之间的情感连接和互动，使双方能在更为亲切和接纳的氛围中进行深入交流。这种亲近性有助于服务对象更愿意分享个人问题、需求和期望，进而加速了专业关系的确立和信任感的积累。

③遵循伦理边界并强化服务效果。虽然在实践中采用拟亲属化方式建立联系，但社会工作者需严格遵守专业伦理，保持必要的心理距离和职业界限，以确保专业关系服务于治疗和改变的目的。在实际工作中，拟亲属关系是作为一种策略手段来增进理解和服务对象的合作意愿，而非替代或混淆真实的家庭关系。

④本土文化适应与实践创新。对于中国情境下的个案工作而言，拟亲属关系的建构还体现了对本土文化特点的尊重与应用。中国人习惯将五伦之外的社会关系进行拟亲属化处理，这一特性使得社会工作者能够利用此现象，在符合中国文化语境下，巧妙地融入服务对象的生活网络，加强专业关系的构建，并提高工作的有效性。

(2)运用原则

在运用拟亲属关系加强与服务对象的专业关系时，要坚持专业关系的基本原则。

①明确专业关系的界限。在运用拟亲属关系建立与服务对象亲近、信任的专业联系时，社会工作者首先要确保遵循专业伦理和原则，明确并维护专业关系的界限。社会工作者需保持中立、客观的态度，不介入过度的私人生活，避免对服务对象产生不当的情感依赖或混淆个人与职业的关系。

②激发服务对象主体意识。在构建拟亲属关系的过程中，社会工作者应注重培养服务对象的自我认知和自主性，鼓励他们积极参与决策过程，充分表达自己的需求和愿望。通过模拟亲人间的支持和鼓励，引导服务对象认识到自身的价值和能力，提升其解决问题的信心和动力，从而增强其主体意识和独立处理问题的能力。

③促进服务对象成长与发展。社会工作者借助拟亲属关系提供安全、接纳的环境，帮助服务对象面对困难、挑战，并逐步实现心理、社会功能的成长。这一过程中，工作者不仅仅是提供直接的帮助和支持，更注重通过教育、指导和赋能手段，协助服务对象发现自身潜能、学习新的技能、调整不良行为模式，最终达到自我成长和社会适应的目标。

④帮助服务对象学会承担责任。在个案工作中，社会工作者以拟亲属般的关系推进服务对象逐渐学会承担个人生活的责任。这意味着要教导他们在接受帮助的同时，也要了解自己在解决问题和改变现状中的作用，鼓励他们对自己的行为负责。这样既能在当前的问题解决上取得成效，也有利于服务对象长期的社会融入和个人发展。

7.3 考研真题与典型题详解

一、概念题

1. 个案工作的本质(武汉大学 2011 年研)

答：个案工作是专业工作者遵循基本的价值理念、运用科学的专业知识和技巧、以个别化的方式为感受困难的个人或家庭提供物质和心理方面的支持与服务，以帮助个人或家庭减低压力、解决问题、挖掘生命的潜能，不断提高个人和社会的福利水平的一种专业工作方法。个案工作的本质表现在三个方面：①个案工作关系是一种特殊的社会关系，这种特殊性表现在：个案工作关系是角色与个性的互动；个案工作关系具有利益单向性的特点；个案工作关系是专业的动态过程。②个案工作是一种信息沟通活动。③个案工作是一项助人自助的专业。

2. 心理—社会模式(河北大学 2011 年研)

答：“心理—社会”模式是一种认识和理解问题的方法，是一种将案主的心理状态、心理过程同他生活的社会环境结合起来考虑并进行工作的方法，是一种系统认识论，它帮助社会工作者整体地去了解、认识案主，从而既提供增加案主自我认识的服务，又与案主所处的社会环境工作。“心理—社会”模式的理论基础是弗洛伊德的人格结构理论，强调自我适应和解决问题的能力。

3. 社会工作评估(甘肃政法大学 2023 年研；西南大学 2020 年研)、**预估**(武汉大学 2010 年研)

答：社会工作预估是指收集与服务对象有关的详细数据、了解服务对象问题形成的过程，是依据既定情境中的事实与特点推论出有关服务对象问题含义的暂时性结论的逻辑过程。预估就是收集数据和认定问题的过程，是把所有有关服务对象的数据组织起来并使其具有意义的专业实践活动。预估的特点包括：①持续性；②社会工作者和服务对象共同参与；③行动取向；④有可识别的步骤；⑤渗透了专业判断；⑥有局限。

4. 评估(武汉大学 2010 年研)

答：评估是指运用科学的研究方法和技术，系统地评价社会工作的介入结果，总结整个介入过程，考查社会工作的介入是否有效、是否达到了预期目的与目标的过程。社会工作评估是一种认知过程，一种逻辑判断，具有持续性、互动性、逐步深入、知识指引性等特点。评估的目的包括：①考查社会工作介入效果、服务对象进步情况及介入目标的实现程度；②总结工作经验，改善工作技巧，提升服务水平；③验证社会工作方法的有效性；④进行社会工作研究。

5. 个案管理(石河子大学 2024 年研；华南师范大学 2020 年研；深圳大学 2020 年研；北大 2019 年研)

答：个案管理是指由社会工作专业人员为一群或某一案主统整协助活动，不同机构的工作人员相互沟通协调，以团队合作方式为案主提供所需的服务，达到扩大服务成效的主要目的的过程。个案管理工作的几个要点：①个案管理涉及的案主一般具有多重问题。如一个失业者不仅物质生活困难，还有就医、住宅、子女就学等方面的困难；②案主需要多种助人者的协助。案主需要的服务往往分别存在于不同的服务机构，归属于不同的服务项目；③有人能保证将多种服务资源顺利通过服务系统提供给案主。个案管理的运作程序与一般个案工作并无实质区别，只是个案管理更强调服务协调而已。在运作个案管理程序时，社会工作者既是相关服务的协调者，又是服务提供者，较之一般个案工作，社会工作者多了一重服务协调的角色。

6. 叙事疗法(深圳大学 2016 年研)

答：参见本章课后习题详解第 5 题答案。

二、简答题

1. 接案面谈的主要任务有哪些？(武汉大学 2010 年研)

相关试题：简述接案阶段的主要任务。（青岛大学2019年研；华中农大2018年研；湘潭大学2017年研）

答：接案面谈的主要任务有：

(1)界定服务对象的问题。对服务对象问题的界定是通过会谈来进行的。社会工作者要注意，服务对象自己对问题的看法是界定问题时最重要的起点，因此，在使用沟通技巧与服务对象会谈时，服务对象所关心的问题、他们的困惑即是界定问题的入手点。这时的主要工作包括：①了解服务对象寻求帮助的原因。了解他们生活中发生了什么使得服务对象需要求助。②了解服务对象对自己的看法。③了解服务对象期望达到的目标。

(2)澄清角色期望和责任。面谈的一个重要任务是澄清社会工作者与服务对象的期望和应尽的责任，通过协商减少差异，同时要互相澄清并讨论双方对对方的角色期望。包括：①服务对象对自己的角色期望、对社会工作者的角色期望；②社会工作者对服务对象的角色期望、社会工作者对自己的角色期望；③对比并找出双方与各自想法的差异和距离；④协商并达成一致的看法。

(3)激励并促进服务对象进入受助者角色。接案面谈是建立社会工作者与服务对象专业关系的开始，此时，社会工作者要帮助及引导服务对象逐渐接受自己的角色，以便双方能够相互配合工作，包括：①进行角色引导；②训练并帮助服务对象逐渐接受其角色。

(4)促进和引导服务对象态度和行为的改变。接案面谈时双方的良好沟通会成为激励服务对象改变的动力。当社会工作者和服务对象为改变态度和行为所进行的努力出现效果时，服务对象解决问题的动机也会得到强化。

(5)达成初步协定。经过以上的初步接触，社会工作者与服务对象对对方已有了一个基本的了解，此时社会工作者与服务对象就可以达成一个初步的协议。内容包括：机构和社会工作者可以提供的服务；对服务对象问题的初步界定；相互的角色期望及暂定的工作时间长度。

(6)决定工作进程。它的主要内容包括：①终结服务；②转介其他服务；③进入下一个助人阶段。

2. 个案工作过程中如何协助案主体现案主的自决原则？（中山大学2010年研）

相关试题：

(1)针对有精神障碍者怎么应用案主自决原则？（人大2015年研）

(2)单亲妇女个案辅导工作过程中如何协助案主体现案主的自决原则？（中山大学2014年研）

答：(1)案主自决原则在个案工作过程中的主要表现

①在社会工作中，案主自决原则即承认案主有自己选择和决定的权利。个案工作者不

是救世主，也不是裁判者，而只是帮助的提供者。个案工作者应处于分担、支持、提示的地位，他(她)可以告诉案主如何获得帮助，但该建议是否被采用则由案主自己决定。

②对于一个社会的正常运转，个案工作者可能是不可缺少的，但对社会中的每个成员，是否愿意接受帮助以及希望接受怎样的帮助，必须由他们自己作出决定，不能强加于人。只有在案主不具备作积极和建设性决定的能力，如年龄太小、精神不健全等，或者案主有违反法律、道德，对他人构成直接威胁的情况下，才考虑限制案主的自决权。

③当案主求助时，并不意味着要放弃自我决定的权力，即使案主有放弃、逃避或推卸“自我决定”的倾向，工作者也应尽力使其恢复自我选择的能力。

(2)案主自决原则在个案工作过程中的体现必须满足两个前提

①当事人绝对清醒，有自决的意志和能力；

②自决的方向和后果对当事人绝对无害。在这两个前提下，尊重当事人的自决权，就是尊重当事人的自由人权。不具备上述两个前提条件，社会工作者则要为当事人负起一定的责任，即在表面上违背自决原则。

3. 简述社会个案工作实务的基本程序。(西南大学 2011 年研)

答：关于个案社会工作的程序，不同的学者所做的设计不尽相同。采用六步骤说来划分个案社会工作的程序，具体包括接案、调查、诊断、计划、治疗及结案，以下分别作简要说明。

(1)接案

当有人前来社会工作机构求助且被接受时，工作者便开始与案主建立起专业关系。对求助者，一方面应了解求助者的问题、需要和具体要求；另一方面应评估求助者的问题是否符合机构服务的范围，以决定是否接案。如果不接案，应向求助者说明不能接案的原因，并让其向其他适当的机构求助，或向其他机构转介。社会工作机构对初次前来求助的人士可设立专门接案人员负责接案，也可由工作者直接接案。一旦决定予以帮助，即应建立个案工作档案。

(2)调查

接案工作完成后，社会工作者即应针对求助者的境况进行全面深入的了解。了解的范围包括案主的经济状况、家庭结构及互动关系、成长的历程、社会适应能力、可用的资源以及当前所面临问题的实际情形等。由于每个案主都有其独特性，案主的问题和需求也各有不同，因此，在搜集资料之前，社会工作者通常必须先对案主的问题加以思考和探讨，以便找出搜集资料的方向和重点。至于搜集资料的具体方式，主要包括：①通过与案主直接会谈来搜集资料；②家庭访问，以印证案主本人的陈述；③对与案主相关的人士进行访问了解。

(3)诊断

仔细推究案主所面临问题的真相、特点、原因及症结，探讨问题与案主人格之间的交互关系，以了解案主的能力、态度和改变的可能性；同时研判社会资源的多寡及可资利用的范围，初步筹划未来治疗的策略。案主诊断的要点包括：①生理功能；②心理功能；③社会功能；④环境等不同方面。总之，对案主问题的诊断需综合与案主相关的所有资料。

(4)计划

工作者在了解、掌握案主的问题的实质及其需要，以及在掌握可调配的资源的基础上，应着手拟定比较周全的治疗方案。社会工作者应注意和案主一起讨论解决问题的具体方法与途径，然后设计可行性方案，这样便于案主的配合与参与。改变案主的计划可具体分为近期计划和远期计划。具体表现为：

①就近期计划而言，主要着眼于较易达到的目标，如改变案主的某种行为，澄清案主一些不切实际的观念，化解一时的危机或压力，克服某个问题等。

②就远期目标而言，应通过计划的设计，提高或充实案主的能力和信心，以彻底摆脱困境。如使案主强化自我认识，建立自信，改善人际关系，增强社会适应能力，发挥潜在能力等。

(5)治疗

治疗又称“介入”“干预”，是正式将上一阶段制定的计划加以实施以协助案主解决问题的过程，是整个个案工作过程的重点。在这一阶段，个案工作者的工作包括协助案主抒发抑郁的情绪，澄清案主不合理的观点或疑虑，修正偏差的行为，改善环境，肯定自我信心和调整社会关系等。

(6)结案

当工作已进行到一个阶段时，由工作者和案主共同检讨过去的工作成效，评估项目包括治疗的目标是否达到，工作方式是否适当，案主方面对改变的进度是否满意等。评估的结果有助于调整服务计划，使服务达到满意的结果而结案。结案后，为了确保案主能够适应良好，社会工作者通常在一定时限内还要进行追踪服务。

4. 简述预估的原则。(沈阳师范大学2014年研)

答：预估的原则主要包括：

(1)个别化原则。来源于服务对象的特点，社会工作相信，每个人都是独特的，都具有长处和弱点。预估要准确反映服务对象的特点及其问题的特殊性，这样才能使介入工作是有的放矢的、有效的、为着特定的服务对象的。

(2)合作原则。预估需要服务对象一同参与，来决定探索问题的领域和探索的方式。同时也是一个社会工作者与服务对象合作的过程。服务对象的参与将使对问题的预估更全面和更准确。

（3）避免片面。为了确保资料的准确性，社会工作者要采用多种方式收集资料，以防止资料的片面性，保证资料的可信性。

（4）避免简单归因。人的社会性使他们的问题与其生活的环境密切相关。预估时要尽量全面，避免对问题做简单归因，如此才能识别出问题与环境、与其他因素之间的关系，识别出问题的产生、演变与发展的过程，使预估为科学的介入提供坚实的事实依据。

（5）兼顾服务对象的弱点与长处。预估要采用"优势和能力"视角，既要找出服务对象的弱点，也要发掘其长处。发现弱点能够帮助社会工作者认识和知道服务对象的问题所在，而发掘优点和长处则可以为社会工作者提供解决问题和满足需要的资源。兼顾弱点和长处的预估才是全面的预估。

5．简述个案工作结案的过程。（北师2019年研）

答：（1）结案的类型

结案主要有以下几种类型：

①目标实现的结案；

②因服务对象不愿继续接受服务而必须终止关系的结案；

③存在不能实现目标的客观和实际原因的结案；

④社会工作者或服务对象身份发生变化时的结案。

（2）结案阶段的主要任务

结案阶段的工作主要集中在对整个助人过程的回顾和总结方面，借着结案，社会工作者要帮助服务对象巩固已有的改变和取得的成果，增强他们独立自主的能力和对解决自己问题的信心，将工作成果转化为服务对象的实际行动。

①总结工作。即通过评估有目的地总结社会工作介入的成效。评估整个工作过程，对计划目标的完成情况、介入效果进行总结和评估，并将结果与服务对象分享，报告给机构（这部分内容即是评估阶段主要完成的工作），审慎处理服务对象因结案带来的与分离有关的感受和情绪，做结案记录并写成结案报告。

②巩固已有改变。社会工作的目标是助人自助，因此，确保服务对象在社会工作助人过程中获得的经验能够巩固下来并应用于日常生活中是社会工作者的责任。社会工作者要尽力帮助服务对象保持在助人过程中取得的进步，巩固和增强他们的自我功能。下面一些方法能够帮助社会工作者达到这样的目的：a. 回顾工作过程；b. 强化服务对象已有的改变。在回顾工作过程中，社会工作者通过指明和强调服务对象自己取得的成绩来增进他们的自信；c. 表达积极支持的态度。

③解除专业工作关系。结案并不是说社会工作者绝对不再与服务对象有任何接触，而

是不再提供服务。如果服务对象还需要其他服务，社会工作者应给予转介，这对时机未成熟就必须结案的服务对象来说尤其重要。转介服务对象时，社会工作者需要与其他机构建立互联网络，了解转介条件，为服务对象作转介准备，妥善结案。

④做好结案记录。结案时要撰写书面结案记录。结案记录的内容包括：服务对象何时求助、求助原因、工作过程中提供了哪些服务、服务对象有什么改变、为什么结案、社会工作者的评估和建议等。

⑤跟进服务。结案并不意味着社会工作服务就结束了。结案后社会工作者要在服务结束后的一段时期内定期对服务对象进行回访和跟踪，了解他们的情况和服务需要，这就是跟进服务。跟进服务是结案阶段工作的有机组成部分。

(3)结案时服务对象的反应及其处理方法

①根据案主的实际情况来看，决定是正面的反应还是负面的反应。

a. 正面反应：鼓励、激励。

b. 负面反应：否认、倒退、依赖、抱怨、愤怒、讨价还价、忧郁。

②结案反应的处理方法：

a. 与服务对象一道讨论结案的准备情况；

b. 提前让服务对象知道结案时间；

c. 在结案阶段逐渐减少与服务对象的接触；

d. 社会工作也要估计一些可能会破坏改变成果的因素；

e. 必要时安排正式的结案活动。

6. 支持性技巧包括什么？（青岛大学 2019 年研）

答：支持性技巧是社会工作者借助口头和身体语言让服务对象感受到被理解、被接纳的一系列技术，主要包括：

(1)专注。即社会工作者借助友好的视线接触、开放的姿势以及专心的态度关注服务对象的表达。

(2)倾听。即社会工作者用心聆听服务对象传达的信息，理解服务对象的感受。

(3)同理心。即社会工作者设身处地体验服务对象的内心感受。

(4)鼓励。即社会工作者运用口头语言和身体语言的方式肯定服务对象的一些积极表现。

三、论述题

1. 个案工作的涵义与主要模式。（武汉大学 2011 年研）

相关试题：

(1)个案工作(概念题，中央财经大学2021年研；山东大学2016年研；华中农大2014年研；浙江师范大学2011年研；西南大学2011年研)

(2)危机介入(概念题，福州大学2022年研；南京师范大学2015年研)

答：(1)个案工作的涵义

参见本章考研真题与典型题详解概念题第1题答案。

(2)常用的个案工作的服务模式

个案工作的服务模式是社会工作者针对某类服务对象设计服务程序、开展专业服务的一套理论和理论指导下相对稳定的服务方式。个案工作的服务模式主要包括：

①“社会—心理”模式

“社会—心理”模式的内容主要包括理论假设和治疗技巧。根据服务提供的方式，可以把“社会—心理”模式的技巧分为直接治疗技巧和间接治疗技巧。其理论主要包括以下四个基本假设：a. 对人的成长发展的假设；b. 对服务对象问题的假设；c. 对人际沟通的假设；d. 对人的价值的假设。

“社会—心理”模式的特点包括：a. 注重从人际交往的场景中了解服务对象；b. 运用综合的诊断方式确定服务对象问题的原因；c. 采用多层面的服务介入方式帮助服务对象。

②行为治疗模式

行为治疗模式的社会个案工作是基于行为主义理论。认为人的行为主要取决于外部环境。行为主义个案工作的理论基础是学习理论，行为治疗模式提出了四种学习形态包括：a. 反应学习；b. 操作学习；c. 观察学习；d. 认知学习。

③理性情绪治疗模式

理性情绪治疗模式以人本主义作为自己理论的基础，强调人的自由选择是相对的，它受到环境和周围他人的影响。理性情绪治疗模式比较注重综合运用各种服务介入技巧，不仅仅局限于理性情绪治疗模式本身，但就它自身的治疗技巧来说，主要包括非理性信念的检查和辩论。

④任务中心模式

任务中心模式把服务介入的焦点集中在为服务对象提供简要有效的服务上，希望帮助服务对象在有限的时间内实现自己所选定的明确目标。任务中心模式在运用任务实现目标过程中非常关注服务对象的自主性。任务中心模式把沟通视为社会工作者与服务对象之间进行交流的工具。问题的界定、服务对象的界定以及任务的界定是任务中心模式实施过程中需要非常关注的问题，也是任务中心模式的重要特点。

⑤危机介入模式

危机介入模式是围绕着服务对象的危机而展开的调适和治疗工作，注重不同服务介入技巧的综合运用，目的是在有限的时间内快速、有效地帮助服务对象摆脱危机的影响。危机介入模式形成了有效调适和治疗危机工作的一些重要原则：a. 及时处理；b. 限定目标；c. 输入希望；d. 提供支持；e. 恢复自尊；f. 培养自主能力。

⑥人本治疗模式

人本治疗模式以人本主义心理学为基础，其理论假设涉及对人性的基本看法以及自我概念、心理适应不良和心理适应失调等重要的基本概念。人本治疗模式认为，有效的辅导方式不是运用具体的辅导技巧消除服务对象的困扰，而是创造一种有利的辅导环境让服务对象接近自己的真实需要，变成一个能够充分发挥自己潜在能力的人。

⑦家庭治疗模式

目前在家庭治疗模式中运用最广、影响最大的要数结构式家庭治疗模式。结构式家庭治疗模式以家庭作为基本的治疗单位，假设家庭的动力和组织方式与个人的问题密切相关，通过家庭动力和组织方式的改变来解决个人和家庭的问题。

2. 试述结案阶段的主要任务。（安徽农大2023年研；南京师范大学2015年研）

答：结案阶段的工作主要集中在对整个助人过程的回顾和总结方面，借着结案，社会工作者要帮助服务对象巩固已经取得的改变成果，增强他们独立面对问题的能力和信心，将工作成果转化为服务对象的实际行动。结案的阶段的主要任务包括：

(1)总结工作

即通过评估有目的地总结社会工作介入的成效。评估整个工作过程，对计划目标的完成情况、介入效果进行总结和评估，并将结果与服务对象分享，报告给机构(这部分内容即是评估阶段主要完成的工作)，审慎处理服务对象因结案带来的与分离有关的感受和情绪，做结案记录并写成结案报告。

(2)巩固已有改变

社会工作的目标是助人自助，因此，确保服务对象在社会工作助人过程中获得的经验能够巩固下来并应用于日常生活中，是社会工作者的责任。社会工作者要尽力帮助服务对象保持在助人过程中取得的进步，巩固和增强他们的自我功能。

以下方法能够帮助社会工作者达到这样的目的：a. 回顾工作过程。b. 强化服务对象已有的改变。在回顾工作过程中，社会工作者通过指明和强调服务对象自己取得的成绩来增进他们的自信。c. 表达积极支持的态度。

(3)解除专业工作关系

结案并不是说社会工作者绝对不再与服务对象有任何接触，而是不再提供服务。如果服务对象还需要其他服务，社会工作者应给予转介，这对时机未成熟就必须结案的服务对象来说尤其重要。转介服务对象时，社会工作者需要与其他机构建立互联网络，了解转介条件，为服务对象作转介准备，妥善结案。

（4）做好结案记录

结案时要撰写书面结案记录。结案记录的内容包括：

①基本资料：服务对象的基本情况；

②背景资料：服务家庭情况、社会支持情况；

③主要问题：服务对象的心理状况、就业问题、家庭、社会交往问题等；

④问题分析：分析问题的成因、强度、影响等；

⑤服务计划：目的、目标、介入行动具体计划；

⑥介入过程：社会工作采取的主要干预措施；

⑦服务评估：主要是说明工作进行，或者成效如何；

⑧个案反思：对这项工作，认为哪些方面做得比较好，还有哪些存在问题。

3. 结合实例说明个案会谈的支持技巧、引领技巧和影响技巧。

相关试题：

（1）简述个案工作的技巧。（简答题，广州大学2021年研）

（2）在个案工作中如何保证沟通效果？（简答题，广东工业大学2014年研）

答：（1）支持性技巧

支持性的技巧是指工作者通过身体及口头语言的表达，令案主感到被尊重、被理解、被接纳，从而建立信心的一系列技术。

①表达专注。专注是指工作者面向案主、愿意和案主在一起的心理态度。生理上的专注行为主要表现在如下几个方面：

a. 面向案主。工作者以一种参与的态度面对案主，这种表现意味着“我愿意帮助你”“我愿意留在这陪你”。面向案主的角度可以视当时情况而适当调整。

b. 开放的姿势。工作者开放轻松的姿势，意味着对案主及案主所说的事采取接纳的态度。开放的姿势表现在双手放开而不是抱住双肩。

c. 良好的视线接触。会谈中工作者应与案主保持稳定、坦诚的视线接触，让案主保持轻松开放的心态与你谈话。

②主动倾听。主动倾听是指工作者主动积极地运用视听觉器官去搜集案主信息的活动。倾听主要是强调搜集关于案主的一切情况，是一种信息的输入行为。完全主动的倾听包括三方面的内容：

a. 倾听案主的话语信息；

b. 观察案主的身体语言信息；

c. 解读案主其人。

③同理心。同理心是指工作者进入并了解案主内心世界，并将这种了解传达给案主的一种技术与能力。同理心包括情绪同理和角色同理两个层面的内容：

a. 情绪同理即同感，是指工作者如同亲身体验地感受案主的感受，是一种受他人状况感动的能力。

b. 角色同理是指工作者了解案主的情境、参考构架及观点的能力，要求工作者尽量放下自己的参考构架和文化背景，站在案主的角度去理解案主的问题及其相关的行为。

④鼓励支持。鼓励是指工作者通过恰当的话语和身体语言，去鼓励案主继续表达他们的感受和看法的技术。

(2)引领性技巧

引领性技巧是指工作者引导案主具体、深入地探索自己的经验、处境、问题、观念等的技巧。

①澄清。澄清是指工作者引领案主对模糊不清的陈述作更详细、清楚的解说，使之成为清楚、具体的信息。澄清也包括工作者解说自己所表达的不甚清楚的信息。

②对焦。对焦是指将游离的话题、过大的谈论范围，或同时出现的多个话题收窄，找出重心，并顺其讨论。对焦可以使会谈减少跑题、多头绪的干扰，使会谈能够集中在相关主题上进行深入、具体的讨论。

③摘要。摘要是指工作者把案主过长的谈话或不同部分所表达的内容进行整理、概括和归纳，并作简要重点的摘述。

(3)影响性技巧

影响性技巧是指工作者通过影响案主，使其从新的角度或层面理解问题或采取其他方法解决问题的技巧。

①提供信息。提供信息是指工作者基于专业特长和经验，向案主提供所需要的知识、观念、技术等方面的信息。提供信息包括提供案主不知晓的新信息和帮助案主改正已有的错误信息。

②自我披露。自我披露是指工作者选择性地向案主披露自己的亲身经验、处事方法和态度等，从而使案主能够借鉴他人的经验作为处理自己问题的参考。

③建议。建议是指工作者对案主的情况、问题有所了解和评估后，提出客观、中肯、具有建设性和有助于解决问题的意见。

④忠告。忠告是指工作者向案主指出案主行为的危害性或案主必须采取的行动。

⑤对质。对质是指工作者发觉案主的行为、经验、情感等有不一致的情况时直接发问或提出疑义的技术。

第八章 小组工作

8.1 复习笔记

【知识框架(庖丁解牛)】

- 社会小组工作
  - 小组工作的基本概念
    - 小组工作的源起与发展过程
    - 小组工作的定义
    - 小组工作的功能
    - 小组的类型
  - 小组工作的理论和理论模式
    - 小组工作的理论基础
    - 小组工作的三个基本模式
    - 小组工作的其他模式
  - 小组工作的发展阶段与过程
    - 小组工作的发展阶段
    - 小组工作的内在过程
    - 小组中的社会控制
  - 小组工作的原则与技巧
    - 小组工作的实践原则
    - 小组工作的技巧

【考点难点归纳(厚积薄发)】

考点一：小组工作的功能(见表 8-1) ★★★★

表 8-1 小组工作的功能

功能	具体内容
影响个人发生转变	①当人出现生存能力方面的各种问题或心理行为有偏差时，通过小组过程，可以恢复人的原有能力，帮助个人实现社会化。 ②小组过程可以影响个人的价值观念、态度及行为发生转变，成为家庭和社会中负责任的积极角色。 ③在小组中通过不同经验的分享，可以丰富和扩大经验和见识，改善人际关系。 ④小组工作可以使其成员发展面对问题与解决问题的能力，学习适应危机情景，促进个人成长

续表

功能	具体内容
用集体的力量解决问题	在小组中，小组成员必须学习共同思考、团结协作、共同面对环境。这个过程既会增进小组成员与他人配合解决问题的能力，也可以用团队的力量来共同解决问题
社会控制	矫治性、教育性、治疗性的小组工作，通过小组过程使其成员学习遵从适应社会需要的行为规范，培养起社会责任心，可以使其在社会生活中担当起积极而有用的社会角色
再社会化	小组工作通过帮助其成员建立适应社会需要的新价值观、新知识、新技巧，来改变小组成员的行为，使他们成为更适应社会生活的积极角色

考点二：小组工作的理论模式（见表8-2）★★★★★

表8-2　小组工作的理论模式

模式	具体内容
过程模式（发展模式）	这种模式的核心是认为小组的发展有可以被清楚划分的阶段，强调时间、过程和发展阶段，小组成员与发展的关系
行为模式	行为模式又称行为修正模式。它以行为理论为基础，以对个人的治疗为工作的焦点，小组成员被鼓励与小组中的其他人员直接接触，工作员借助行为修正的技巧给予直接干预和指导
任务中心模式	任务中心模式是将个案工作中的任务中心模式在小组工作中的运用。它关注个人的问题，但同时更关注工作的目标，为实现工作的目标，在小组的不同阶段需要采用不同的治疗手段
小组中心模式	小组中心模式认为，在朋辈小组、志愿者小组中采用小组中心的模式，使小组成员在积极投入有共同利益与相互认同的小组经历中可以提高他们的社会角色责任，增进自我满足，从而促进其社会功能的发挥

8.2　课后习题详解

1. 试述小组工作的含义。

答：小组工作是社会工作的工作方法之一，它是以群体为服务对象，在小组工作者的带领下，通过有目的的活动，培育小组凝聚力，提升组员的社会功能，解决个人、群体、社区和社会问题，促进个人、小组和社区的成长和发展的社会工作方法。

2. 试述小组工作三个基本模式的主要内容。

答：小组工作三个基本模式的主要内容为：

(1)社会目标模式

参见本章考研真题与典型题详解简答题第3题答案。

(2)治疗模式

治疗模式又称临床模式，旨在治疗和解决个人的社会问题，改变个人的社会行为。作为小组工作的一个传统模式，治疗模式是精神医学、心理学和社会学的结合与运用，具有独特的理论与技术。小组治疗模式吸引的服务对象主要是行为失范的人群或有特定问题的人群，如医院的病人、吸毒人员、社区矫正对象等。

(3)互动模式

互动模式又称交互模式或互惠模式，是基于人与环境和人与人之间的关系而建立的一种小组模式。旨在通过组员之间、组员与小组及社会环境之间、小组与社会环境的互动关系，促使组员在小组这个共同体的相互依存中得到成长，增强组员的社会功能，提升其发展能力。互动模式下的小组工作，焦点在于互动关系及其效果。

3. 试述卡兰德等人的小组工作的发展阶段。

答：卡兰德等人提出的小组发展阶段的主要内容包括：

(1)阶段Ⅰ——前属期阶段

这是小组的开始。小组成员刚刚开始进入小组，成员处于接近又回避的矛盾心理。在这个阶段，社会工作者应鼓励成员表达他们对小组和其他人的期望，尽快相互适应。还可通过组织一些有助于成员们相互了解的项目，帮助他们彼此熟悉。但这阶段成员之间比较戒备，难以使用合作性项目。

(2)阶段Ⅱ——权力和控制期

成员之间彼此熟悉之后，开始在小组中寻找安全感和回报，试着通过权力竞争与控制的过程，认识和确立自己在小组中的角色，在此期间，成员间互相影响增大，小组内，形成不同角色、地位和关系，形成小组组织的初步结构，个别成员如果不能从小组中感受到安全和满足，就会在该阶段退出。同时，对成员而言，无论是在心理上或生理上，有意或无意伤害他人或被他人伤害的机会也都会增大。

(3)阶段Ⅲ——亲密期

这个阶段，小组成员的关系更为亲密。关心小组和其他成员；会公开地比较小组生活与家庭生活，会出现同胞式的竞争，也会发生从家庭成员到小组成员的移情，同时开始意识和承认小组经验的重要性，开始思考小组的目标。

(4)阶段Ⅳ——整合期

这是形成小组良好状态的阶段。成员之间彼此熟悉、聚合、接纳，对小组有较高的认同。家庭式情感减弱，小组规范和标准成为行为的参考。成员之间权力竞争和情感波动趋于缩小，更加联合、客观、合作，能提出更现实的建议、计划及实施大型的方案、项目。

(5)阶段Ⅴ——分离期

这个阶段小组目标已经实现，进入到终结期。成员们面临分离，开始向其他地方寻求新资源，以满足自己社会性、娱乐性和职业性的需要。在转移和打破已经建立的默契关系时有些成员会有许多焦虑，表现为更内聚、反对小组解散、情绪反复、逃避现实等。

4. 为什么要对小组中的互动进行控制？怎样有效地进行控制？

答：(1)对小组中的互动进行控制的原因

①控制能够促使小组成员取得一致性和形成依从，推动小组顺利有序地开展。

②控制在一定程度上为小组成员创造了一个更易于沟通和互动的氛围，有利于小组成员彼此之间建立良好的关系，从而有利于成员认清自己的问题，发挥个人的潜能，更好地解决自己的问题。

③控制有助于小组成员遵守小组规范，从而早日形成小组的良好气氛，提升小组的凝聚力，促进小组的良性发展。

(2)有效进行控制的方式

①在小组中使用和发展小组规范

建立小组规范的方式包括：

a. 在小组中使用规范进行社会控制，主要有两种手段：

第一，由小组成员自己发展起来的规范；

第二，由社会工作者发展的规范。

b. 在小组中使用规范进行社会控制，有两种途径：

第一，根据小组目的，在了解小组成员的期望后去推动发展有共识的规范；

第二，引入其他类型的规范，经过清晰陈述或社会工作者的示范行为，使规范被小组成员接受。

②恰当利用小组中的角色和地位

角色和地位联系紧密，是对小组中个人特定行为的期望。恰当地利用角色，有助于促进小组成员间的分工从而实现小组目标；通过改变和使用小组成员的角色，可以帮助小组成员学会采取预期的行为；通过与小组成员讨论他们在小组中现有的角色，分清角色的责任和特权，调整小组成员对角色的期望，学习体验新的角色，帮助他们对自己的行为做出界定和调整。

③提高小组凝聚力和实现小组目标

小组凝聚力是小组成员希望留在小组中的程度。凝聚力可使成员在小组中获得满足感、安全感和被尊重感，使他们对小组活动充满兴趣，从小组中感受到他们的声望和地位。

5. 简述小组工作的实践原则。

答：参见本章考研真题与典型题详解简答题第6题答案。

8.3 考研真题与典型题详解

一、概念题

1. 小组凝聚力(华东理工2011年研)

答:小组凝聚力是指小组成员希望留在小组中的程度。小组凝聚力是小组现象,是小组历程里的结果,组员互动过程后的产品,是一种吸引其组员,把组员与组员,组员与小组紧密地联系起来的力量。凝聚力可使组员对小组认同而产生归属感,因而愿意及渴望留下,组员之间结合成一体,共同朝着小组目标进发。

2. 小组工作的价值观(武汉大学2011年研)

答:小组工作的价值观是指社会工作价值观在小组工作中的体现,主要包括:①尊重小组成员的权利与能力;②民主参与和决策;③赋权的原则;④个别化原则;⑤互惠互利的原则。

3. 互动治疗(社科院2011年研)

答:互动治疗来源于社会符号互动理论,是指将小组视为一种治疗的环境或工具,强调通过小组互动来治疗个人心理问题,或预防某些因素对个人造成的不良影响,或矫正个人的偏差行为的小组工作模式。

二、简答题

1. 简要概述小组工作的内容。(武汉大学2011年研)

答:小组工作的内容包括以下几个方面的内容:

(1)小组工作的概念界定

小组工作是以群体为服务对象,在社会工作者的带领下,通过有目的的活动,培育小组凝聚力,提高组员的社会功能,解决其问题,促进其发展的社会工作方法。

(2)小组工作的特点

与个案工作和社区工作等方法相比,小组工作方法有其自己的特点:①小组组员问题的共同性或相似性;②强调小组组员的民主参与;③注重团体的动力。

(3)小组工作的功能

社会小组工作的功能有四个方面:①影响个人发生转变;②用集体的力量解决问题;③社会控制;④再社会化。

(4)小组工作的类型

小组工作的类型划分与确定,是开展小组工作实务的基础。在不同的小组工作类型中,其所依据的理论模式、运用的具体技巧和最终实现的目标都是不尽相同的。依据小组目标的角度，小组工作有八种常见类型：①朋辈小组；②教育小组；③服务或志愿者小组；④兴趣小组；⑤成长小组；⑥治疗小组；⑦社会化小组；⑧自助小组或互助小组。

(5)小组工作的模式

工作模式是工作目标、实施原则和方式、方法等的一种整合性框架。在小组工作实务中，不同类型的小组往往采用特定的工作模式，也可采用某一模式为主、以其他模式为辅开展小组工作。常用的小组工作模式主要有以下三个：①社会目标模式；②治疗模式；③互动模式。

(6)小组工作的过程

小组工作是一个由不同阶段而组成的动态过程。在开展小组工作实务时，社会工作者要清楚把握各阶段组员的特征、小组工作者的任务以及社会工作者的角色和地位。对于小组工作阶段的划分有不同的做法，但比较普遍的做法是将小组工作的过程划分为五个阶段：①前属期阶段；②权力和控制期；③亲密期；④分辨期(差异期)；⑤分离期。

(7)小组工作技巧

小组工作技巧是社会工作实务的技术之一。随着社会工作实务的发展，小组工作技巧不断丰富和完善。在整个小组工作的过程中，包括建立关系、诊断、系统观察、组织和介入小组、领导、沟通、参与小组、专业判断、运用社会资源、过程记录和评估小组过程等，都需要运用小组工作技巧。主要包括：①建立关系的技巧；②观察的技巧；③组织和介入的技巧；④领导的技巧；⑤沟通的技巧；⑥参加小组活动的技巧；⑦运用社会资源的技巧；⑧评估小组过程的技巧。

2. 简述小组工作的类型。(广州大学2021年研)

答：小组的类型主要可划分为：

(1)以小组成员的关系来划分，可分为初级小组和次级小组。

(2)以小组的组成来划分，可分为组成小组、自然小组。

(3)以小组工作结构来划分，可分为正式小组和非正式小组。

(4)以成员的参与程度来划分，可分为志愿小组和强制小组。

(5)以成员进出的自由程度来划分，可分为封闭小组和开放小组。

(6)以小组工作的目标来划分，可分为朋辈小组、教育小组、服务或志愿者小组、兴趣小组、成长小组、治疗小组、社会化小组、自助小组或互助小组。

3. 小组工作的社会目标模式。(武汉大学2012年研)

答：作为最早形成的小组工作模式之一，社会目标模式主要运用于社区发展的项目或领域。其注重的是社会责任和社会变迁，强调培养公民的社会责任、社会参与和社会行动的能力。

(1)理论基础

社会目标模式的理论基础非常复杂，它源于小组工作的早期实践，逐渐从政治学、社会学、教育学等学科中汲取营养。以下观点和理论对社会目标模式影响较大：①参与、提升意识与增能理论；②系统功能理论；③社会变迁理论中人的发展与社会发展的关系。

(2)模式的特点

①社会目标模式的小组目标是培养小组组员的社会责任感。

②在社会目标模式中，小组组员有民主参与社会生活的动机和潜能。

③在社会目标模式中，社会工作者扮演着影响者的角色。

(3)实施原则

社会工作者在开展小组工作实践中，自始至终都要强调和贯彻以下几点原则性的“工作意识”：

①致力培养并提升小组组员的社会意识和社会责任；

②致力发展小组组员的自我发展能力、社会参与和社会行动的能力，特别是他们建立和扩大社会资本、整合社会资源、参与和改变社会环境的能力；

③致力小组工作目标与社区发展目标的一致性，特别是要针对社区的需求和问题，吸引和选择合适的社区成员参加小组活动，并结合上述需求和问题，制定小组工作目标，设计活动项目。

4. 阐明小组社会工作交互模式的内容和过程。(南开大学2019年研)

相关试题：简述小组社会工作的三大模式。(安徽农大2023年研；哈尔滨工业大学2021年研)

答：小组社会工作互动模式又称互惠模式、交互模式或调解模式。

(1)小组社会工作交互模式的内容

互动模式下的小组工作，其理论基础主要源于系统理论和场域理论，如符号互动论和“镜中自我”理论等。互动模式下没有治疗目标，没有政治和社会发展方案，有的是彼此之间的和谐关系。社会工作者应该使小组组员通过互相帮助而完成特定的任务，并使他们借助这种经验更加适应社会。此模式下，社会工作者的角色是小组组员之间和小组与社会之间的协调者，他不直接控制小组，而是提供信息引导小组自主发展，帮助组员协商以使问题迅速解决。

(2)小组社会工作交互模式的过程

互动模式既关注个人又关注环境，通过个人、小组和社会系统之间的开放和相互影响，来达到增强个人和社会的功能。

5. 怎样做好小组工作的社会控制？（河北大学2012年研）

答：小组工作的社会控制技巧主要包括：

（1）适当给出解释

社会工作者要针对组员的语言行为及背后的思想适当给出解释，这可以帮助组员从困境中解脱。在切实把握小组发展方向的前提下，要激励组员对“自我”进行挖掘和探索。

（2）提供精神支持

在小组过程中，社会工作者要对组员积极鼓励以帮助他们树立信心，增强小组内的和谐氛围，支持组员向困难发出挑战。

（3）促使承担责任

社会工作者要在组员间组织起直接的、目的明确的互动，鼓励组员在小组发展中承担更多的责任，以使小组具有更大、更有效的发展动力。

（4）避免行为失当

社会工作者要主动采取一些干预措施，以避免小组或部分组员发生不利于小组发展的、非理性、不适当的行为，避免演讲和讨论时躲避发言或没完没了的唠叨等。

（5）联结集体和个人

社会工作者要引导组员将其个人经验与小组中大家共同认可的集体经验连接起来，这可以使组员融入集体，感到一种群体的支持，从而树立和提升组员的信心。

（6）严格设定界限

社会工作者对组员间的互动一定要稳妥而牢固地把握住，所以必须事先设定一些不能逾越的“条条框框”，要为避免偏离目标而严格设定一些界限。

（7）适当挑战内心

社会工作者为了助人，有时要对组员的言行不一、表里不一以及试图逃避问题等行为作出挑战，揭示其内心的矛盾和冲突。

（8）分类妥善处理

社会工作者为了避免组员将问题复杂化，有时需要打断他的思绪并转移其视线，将其问题分解，然后一一对号入座地作出妥善处理。

（9）整合小组行动

社会工作者要将组员说的和做的事情进行横向或纵向的串联，然后指出他们的某些意见可能是重复的，应该“合并同类项”，有时还要让组员看到他们谈及的可能自以为不相干的几件事之间实际上存在某种内在联系。

6. 小组工作的基本原则。（青岛大学2019年研）

答：指导社会小组工作的基本原则，即实践原则主要包括：

(1)认可每个人的独特个性及行为的多样性。

(2)认可小组是多样的，行动是多样化的。这是小组工作的个别化原则。

(3)真诚地接纳每一个人。

(4)建立有目的的助人关系。

(5)鼓励及促使小组成员之间实现有益的合作关系。

(6)适当地修正小组过程。

(7)鼓励成员根据自身能力参与小组活动。

(8)促使小组成员投入参与解决问题的过程中。

(9)鼓励小组成员通过冲突去体验不同的解决问题的方式。

(10)为小组成员提供各种新机会。

(11)明智地运用制约。

(12)有区别地运作工作方案。根据小组成员的不同需要运作不同的方案。

(13)对个人和小组的进步不断进行评估。

(14)热诚、人道和严于律己。

7. 简述小组工作中有效促进沟通的技巧。(西南大学2011年研)

相关试题：在小组中，工作者应如何促进组员之间的有效沟通？(沈阳师范大学2014年研)

答：小组的目标是通过小组成员的相互影响和行为互动，解决成员的问题，而沟通是产生相互影响和互动的前提，因而有效促进沟通就十分需要技巧。小组工作中有效促进沟通的技巧主要包括：

(1)注意信息传递的外部环境。外部因素会阻碍或影响沟通。如房间太大、太嘈杂或者缺少隐秘性等，会影响信息的传递。

(2)注意语言的选择：①要使用易于理解的短语传递信息，并通过这些语言尽快地促进小组成员之间建立信任关系，从而及时得到反馈。②有效地接收信息，正确理解所获的信息及其内涵，对不清楚的内容及时简短地进行讨论。

(3)提供合作性的目标。提供合作性的目标和活动，能够改善小组成员间的关系，使其共享信息，共同工作，提高小组沟通的有效性。

(4)关注和调整小组中的互动模式。小组成员相互间谈话的频率和程度、谈话的顺序、打断他人的方式有时会影响沟通的顺利进行。对总说得太多或不断地谈论同一题目的成员，小组工作者必要时可运用语言阻拦他们，以给其他人更多的表达机会。对总是沉默或回避去谈某个特别题目的成员，要支持他们发表意见，给予他们鼓励和信心。社会工作者也可以通过改变小组成员之间的座次、谈话顺序、采用语言或手势等，推动讨论继续进行。

8. 简述小组冲突的解决办法。（复旦大学 2019 年研）

答：参见本章考研真题与典型题详解论述题第 1 题答案。

三、论述题

1. 小组动力中的组员“沟通冲突”是指什么？试举例说明社工处理组员“沟通冲突”的正确手法。（中山大学 2012 年研）

相关试题：小组工作过程中如何处理组员间的沟通冲突？（简答题，中山大学 2010 年研）

答：（1）沟通冲突

沟通冲突是指小组成员间发生意见分歧以至于争端，即小组内部所发生的互不相容的争议性行为之间的交锋。影响小组有效沟通的因素有很多，包括小组的组成时间与组员的座位安排、小组的规模、组员在小组所处的位置（权力与地位）、小组的工作目标、沟通技巧等。

（2）社工进行有效沟通时应遵循的基本原则

①具备良好的个人素质。即自我察觉、尊重与接纳组员、同理心、关爱组员、诚实守信、具有解决问题和应变的能力。

②掌握良好的沟通技巧。在实务工作中，社会工作者与组员进行沟通的技巧主要体现在三个方面：a. 正确的态度：坚持不批评和非控制的态度；坚持平等、协商和开放的态度。b. 专业的技巧：关注的技巧；语言使用的技巧；积极的倾听和适当的回应。c. 有效的处理。

（3）社会工作者解决沟通冲突的方法

①分析冲突产生的原因：竞争、对任务类型的争议、对工作次序的争议、性格冲突、沟通障碍等。

②全面了解冲突的情况。

③确定正确的干预策略。针对不同类型的冲突，采取具有针对性的干预措施：

a. 理性及秩序性冲突：借助小组规范，协调争辩双方的言语和行为，并在必要时邀请其他冷静的组员发表意见，设法让争辩的双方冷静下来。在极端情况下，社工应该要求双方暂时停止争论，待双方完全冷静下来后，再做进一步的处理。

b. 心理及情感性冲突：社工利用自己主持人的权力，说服双方让步，使冲突暂停。然后，社工可以用恰当的言语，鼓励组员用正面情绪抗衡负面情绪，引导组员回忆一些美好的事情，舒缓其紧张、激动和焦虑的心情；鼓励大家为了小组的整体利益而放弃争执。

c. 权力及控制性冲突：在确保每个组员都有同等的机会分享小组权力的前提下，借助谈判或讨价还价的办法来解决小组权力的分配问题。如果小组的凝聚力很强，则可以允许组员公开和坦诚地进行争论，否则，社工就应该利用自己的权力去阻止争论。

④运用谈判技巧，解决小组冲突

a. 要让组员清楚地说出自己的诉求与感受，明白自己与他人的冲突，仅仅是双方在某个利益上的碰撞问题。

b. 要让冲突的双方清晰地表达出协商解决问题的意愿，说出自己的理由，并在倾听他人解释的基础上共同找出双方的分歧所在。

c. 要让冲突双方正确地理解对方的处境和诉求，并设身处地地为他人着想。

d. 尽量地寻找各种使双方都受益的冲突解决方案。

e. 通过达成双方都能接受的协议最终化解冲突。

(4)举例说明

例如：在一个由某机构开办的小组工作人员训练小组中，组员中既有该机构的工作人员，又有该机构的两位领导。在小组聚会时，虽然训练员反复地强调在小组中不论职位高低，大家都一律平等，但是，组员中的上下级关系还是影响到了小组的沟通。在小组的前两次聚会时，机构的两位领导就坐在了训练员(组长)的两边。在小组活动中，发言权也基本上被两位领导垄断，甚至出现了两位领导者指定发言人的情况。

在这个案例中，社工应该按照沟通的基本原则，采取恰当的方法解决小组内的沟通障碍。可以采取以下策略：①把两位领导分在同一个次小组中，让他们互相影响；②调整座位，把两位领导调整到后排的座位上，或者让他们与其他组员混坐在一起；③在每次活动前，都要强调小组的活动规范，提醒大家不要把组外的行政关系带到组内；④进行角色扮演，让领导体会其他组员的感受等。

2. 试述小组工作中组织会议的技巧及小组工作者的角色。(浙江师范大学2011年研)

答：(1)组织会议的技巧

①形成良好的开始

在会议的开始阶段，小组成员之间基本是陌生的，小组工作者应该通过介绍使他们互相认识和熟悉。接着要分发有关会议通报和文章，清楚地向小组成员阐明会议的目的和步骤，使每一个成员都知道会议期间要做些什么。会议开始时，可以修订议程，即征求小组成员对议程的意见。如果他们觉得有必要，可对会议议程作出修改。

②把握讨论的进程

会议的中间阶段，通常是需要完成主要任务的过程。把握好讨论的进程，这样有助于小组完成大部分任务，促进小组成员解决问题。在会议进行过程中，小组工作者要注意把握主题，帮助小组成员遵照会议议程和聚焦话题，不能随意转移话题。小组工作者应阐明讨论的题目、程序和步骤以便小组成员了解。同时，要收集与提供信息帮助小组成员更好地投入讨论，保证讨论顺利地进行。另外，讨论中要注重发展新的小组规范。

③做好总结

小组工作者对成员们在讨论时提出的各种各样零碎杂乱、互不相关、抑或是有矛盾的观点或意见，要及时准确地进行归纳和总结。要帮助小组成员把自己的精力放在特别关键和重要的话题上，使他们对自己的观点更明了，讨论才会更有效果。

④完善的结尾

要控制讨论的时间，既要使每一个议题都能得到充分讨论，又不至于匆忙地得出结论。在时间不充分时，优先考虑主要议题。在会议结尾时，要对讨论过的议题进行总结，阐明讨论中得出的结论，阐述需要进一步跟进和关注的问题。

(2)小组工作者在组织会议中，要根据情况扮演不同的角色

①示范者。以身作则，向小组成员示范社会工作者所希望的行为，表现出发自内心的尊重、负责和诚实。

②促进者。鼓励小组成员参与，促进成员自己解决问题，不可将自己的意愿和主张强加给成员。

③调解人。在成员之间出现争论或争执时，保持中立，帮助成员澄清问题，提供有效信息，引导他们理智地做出决定。

④支持者。对已取得共识的解决问题的计划，鼓励并促进他们完成计划。

第九章　社区工作

9.1　复习笔记

【知识框架(庖丁解牛)】

- 社区工作
  - 社区工作的含义与发展
    - 社区工作的一般含义
    - 社区工作的发展历程
    - 社区工作的定义
    - 社区工作的目标
  - 社区工作的理论：基础理论、实务理论
  - 社区工作的过程与技巧
    - 社区工作的过程
    - 社区工作的基本技巧
  - 中国的社区工作
    - 中国的社区服务
    - 社区发展与社区建设

【考点难点归纳(厚积薄发)】

考点一：社区工作的起源与发展(见表9-1)　★

表9-1　社区工作的起源与发展

国家	具体内容
美国	①20世纪初期和中期，社区工作只是社会工作中的一种协调机制、发展服务和管理的间接服务方法。 ②20世纪60年代，社区工作被普遍接受为解决社会问题的方法。1962年，社区工作(又称社区组织工作)在美国被接纳为社会工作专业的第三种基本方法。 ③自80年代开始，美国已将社区服务工作的重点转向一些有特别需要的社会贫弱群体
英国	①在英国，20世纪60年代的几份政府报告确认了社区工作的重要性，这些报告都提出鼓励居民参与地区事务的重要性，而社区工作被视为一种可以补充福利国家制度不足的地方工作。 ②英国在1971年推行社区发展计划，以改善城市居民贫民区内的社会问题。英国社区照顾在多种思想的影响下获得了显著的进展。 ③20世纪70～80年代以来，以增权性为目标的社区工作在英、美都受到抑制，社区工作亦开始变成一种辅助方法，或协助其他行业的技巧和观点

考点二：我国的社区建设(见表9-2) ★★★

表9-2 我国的社区建设

要点	具体内容
含义	社区建设是指在党和政府的领导下，依靠社区力量，利用社区资源，强化社区功能，解决社区问题，促进社区政治、经济、文化、环境协调和健康发展，不断提高社区成员生活水平和生活质量的过程。社区建设包括五个组成部分，即拓展社区服务、发展社区卫生、繁荣社区文化、美化社区环境、加强社会治安
提出背景	社区建设是在国有企业改革、向市场经济体制转轨和原来的城市管理体制严重滞后的背景下提出的
目标	社区建设有加强社会管理和促进民生两种既互相区别、又互相联系的目标。政府倡导社区建设的意义在于探索体制改革中产生的问题的解决之道，即探索新的社区管理模式，加强精神文明建设，巩固城市基层政权、加强民主政治建设，提高居民生活质量

9.2 课后习题详解

1. 什么是社区工作？其目标是什么？

答：(1)社区工作的含义

社区工作是社区社会工作的简称。社区工作是社会工作的三大传统方法(个案工作、小组工作和社区工作)之一。它是指在党和政府的领导下，依靠社区力量，利用社区资源，强化社区功能，解决社区问题，促进社区政治、经济、文化、环境协调和健康发展，不断提高社区成员的生活水平和生活质量的过程。

(2)社区工作的目标

参见本章考研真题与典型题详解论述题第1题答案。

2. 试述罗斯曼社区工作三模式的基本内容。

答：罗斯曼社区工作三模式的基本内容如下：

(1)地区发展模式

①含义

其核心理念是强调参与，该模式强调在一个区域内鼓励社区居民通过自助及互助的方式，广泛参与社区事务，解决社区问题，推动社区发展。

a. 地区发展模式强调的是一种以地区为基础的经济、社会、文化等实质内容的发展。

b. 地区发展模式强调的是一种发展理念。

c. 地区发展模式强调的是一种社会工作的介入手法。

②实施策略

a. 促进居民之间的交流。社区工作者一般通过组织一系列的社会活动和公共活动让居民互相熟悉、沟通，并让部分有积极性的社区成员承担一些任务，或参与活动策划与管理，增强居民处理事务的能力和责任感。

b. 团结邻里。团结邻里主要是针对社区中部分邻里关系不良而采取的策略，工作者一般组织多元化的活动鼓励居民参与，推动建立社区归属感和认同感。

c. 社区教育。社区教育主要解决的是居民对社区资源不熟悉或陌生方面的问题，并培养居民骨干。工作者可以通过印制传单、发放地图或者是开办一些课程为居民提供现有的社会服务资料，告诉居民如何运用社会资源来改善生活。

d. 提供服务和发展资源。工作者利用专业知识和技巧为社区居民提供专业的服务；还可以挖掘社区中的人力资源，引进社区外专业人士来指导工作，采取和谐、互利方式推动社区各类团体关注社区、参与社区活动。

(2)社会计划(社会策划)模式

①含义

这种模式主要遵从专家的意见，通过专家的调研、论证、计划，然后落实、推行，去解决社区内的问题。这一模式可以说是一种由上而下的方法。

②实施策略

包括：a. 明确组织的使命和目标；b. 分析环境和形势；c. 客观地认识自己的能力；d. 界定和分析问题；e. 确定需要；f. 建立目标和达到目标的标准；g. 列出、比较并选择可行性方案；h. 测量方案；i. 执行方案；j. 评估结果。

(3)社会行动模式

①含义

社会行动模式是指发动社区居民组织起来，针对社区中存在的社会问题，采取结构主义的分析视角和行动方向，通过抗争的策略来维护弱者的利益，改变社会结构和制度，促进社会更加公平、民主和正义。

②社会行动的策略

a. 对话性行动

弱势群体与当权的群体之间对解决办法存有分歧，但尚未失去基本的信任。前者仍承认后者的统治合法性，只要论据确凿，使对方接受自己的观点还是大有希望的。

b. 抗议性活动

弱势群体受资源局限，难以使当权的群体接受谈判，只有诉诸社会行动，引起大众传媒的关注和没有直接关系的广大市民的同情及支持，才能对当权者造成一定的压力，使他们因感到尴尬不安、内疚及良心受责备而让步。

c. 对抗性行动

与问题相关的弱势人群组织起来，以行动滋扰当权者的利益，使他们不能正常运作，为了维护自身利益而接受前者的谈判。

d. 暴力性行动

这是弱势人群在没有其他办法的情况下做出的最后选择。向有关部门人员投掷器物、泼水、挥动武器或追打是其常用的手法。

3. 试述联合国倡导的社区发展的基本原则。

答：联合国倡导的社区发展的基本原则有：

(1)依照社区居民的根本愿望及需要，来拟定初始的工作计划；

(2)建立多目标的计划及各方面的配合行动，以求全面和均衡的社区发展工作的进行；

(3)在推行社区发展初期，社区居民自信心的加强及自动自发精神的培养，与物质建设同样重要；

(4)社区各种计划的拟订、执行，均应由社区居民共同参加；

(5)注重地方领导人才的运用和训练；

(6)发动并组织妇女与青年参加各种社区发展工作；

(7)对于社区所提出的自助计划，政府应当给予重点或全面的积极协助；

(8)全国性社区发展计划的建立，应有完整的政策和完善的行政组织，并应同时注重工作者的挑选、培训，地方与国家资源的利用，及研究、实验、考核等工作；

(9)在社区发展计划中，应充分利用地方性、全国性及国际性的民间组织，因为这些力量对于社区发展工作的推行是不可缺少的资源；

(10)对地区性与全国性的社区发展计划，应给予密切配合，协调发展。

4. 试述社区工作的介入方法。

答：社区工作的介入方法主要包括：

(1)从社区问题介入社区。如针对邻里关系恶劣的问题，以团结邻里作为工作重点。

(2)从服务提供介入社区。如举办康乐性的社区活动、组织补习班等。

(3)从社区教育介入社区。如举办健康讲座、个别教育等。

(4)从互助合作介入社区。主要是利用社区资源共同解决社区问题，如环境卫生的整治。

(5)从社会行动介入社区。主要是发动、组织社区居民以整体行动来争取外部资源，以解决本社区面临的问题。

(6)从社团介入社区。主要是把社区内现存的各种居民组织、社会团体联合起来，形成共同联盟，共同向政府当局提出建议或要求。

(7)从策划倡导介入社区。主要是将调查的资料及专家的意见制订成建议或方案，联系有关政府当局、社会团体来共同讨论社区当前主要问题的解决办法。

(8)从社区调查介入社区。这可以使社区工作者尽快熟悉社区环境，了解社区问题，摸清社区资源，建立社区关系，明确工作方向。

(9)从社区突发事件介入社区。如在社区突发的火灾事件中，社区工作者通过参与救灾工作，以此来介入社区。

(10)从社区宣传介入社区。通过大众传播媒介的宣传，组织社区居民、团结各界人士、挖掘社区资源、组织动员民众、扩大社会影响、争取外界支援。

(11)从各式各样的社区发展计划与规划介入社区。

5. 试述社区工作的过程。

答：社区工作的过程主要包括：

(1)建立关系

建立关系是社区工作的第一步。这里所指的关系是专业性关系，就是指社区工作者与其案主之间为了一个共同的目标，在特定的时间和空间里，社区工作者运用专门知识和技巧与案主进行心理、情感的互动，为物质上的援助和心理上的疏导做好充分准备。

(2)收集资料

收集资料的内容包括：①社区的基本资料；②社区内的资源；③社区内的问题；④社区评估。收集资料的方法可采取社会调查常用的方法。在收集到社区情境的资料后，社区工作者运用其专业知识对这些资料进行分析并做出专业结论，找出社区以后的工作方向。

(3)制订计划

①社区工作计划的要求

主要包括：a. 有效的计划应该符合社区居民的愿望与需要；b. 目标必须明确；c. 必须具有适用性、可行性与可接受性；d. 计划的产生必须是集思广益、民主决策；e. 计划要有整体性；f. 计划及相关文件资料必须妥善保存，以备评估、总结使用。

②社区工作计划的类型

a. 整体规划，即对社区工作的现在与将来进行规划。规划涉及社区组织与发展的全局，可分为近期规划与长远规划。

b. 具体规划，即对社区中亟待解决的问题制订出工作方案。它只涉及一时之事，是整体规划的一部分。

(4)社区行动

社区工作的第四步是社区行动。社区工作者要激发社区居民行动起来，将制订的计划付诸实施。

6. 试分析我国社区工作的发展状况、成就与不足。

答：(1)我国社区工作的发展状况

从我国的现实看，社区的许多功能不够完善，有的正在淡化 ，给个人、家庭和社会都带来了一系列的影响。

①社区的经济功能减弱，社区已不再是居民就业及谋生的主要场所。人口流动，在一个社区居住，到另一社区工作，使社区居民在经济上对社区的依赖减弱。

②居民的异质性增强，政治管理功能难以实现。城市社区居民的血缘异质性、职业异质性、教育水平的异质性都大大增强，尤其是在一些住宅区 ，这一点更为明显。个人主要是受制于不同的单位，社区的制约作用减少。

③社区的社会功能淡化。社区缺乏公共集体活动，社区成员的互助很少，人际关系趋于淡化。单元或住宅减少了邻里往来，人的个性发展、私人生活逐步得到社会的认可和尊重。加上交通不便，人情的商品化以及物价上涨，都使人们尽量减少社交活动。

④社区的福利功能微乎其微。社区缺乏资金来源，也缺乏居民的参与，对社区中的弱者、不幸者的照顾基本上依赖社区以外的资源，居民的互助互济很少。

⑤社区意识淡泊。社区居民普遍缺乏对社区的认知依赖感、参与感和归属感。社区没有自己的文化 ，缺少内在的凝聚力。

(2)我国社区工作发展的成就

①社区社会工作政策逐步完善；

②社区社会工作服务能力逐步加强；

③社区社会工作推进经验日益丰富；

④"三社联动"实践逐步深化。

(3)我国社区工作发展的不足

①管理问题。我国社区服务总体上在由政府主导，突出表现在政府大包大揽。许多社区服务的职能本不该由政府承担，但由于计划经济时代传统的延续，政府的触角伸到了人们社会生活的每个角落，改革开放后虽逐步出现非政府社会组织，但这些服务力量仍依附于政府权力，或者直接是政府的下属单位，受到政府机关的过多干预，难以发挥社会组织和民间机构的优势。

②从事社区服务的人员素质不够高。社区服务工作人员的年龄过大，年轻人，特别是高素质的年轻人比重过低。受过高等教育，有较高文化素质、心理素质和身体素质的年轻人多不愿从事低收入的社区服务工作。

③社区服务的投入不足。资金的短缺，人才的缺乏，以致服务水平低是社区服务中普遍存在的问题，许多的基层领导仅仅是为了应付上级检查又不得不打出推出一些社区服务，或者打起一些招牌。

9.3 考研真题与典型题详解

一、概念题

1. 社区工作(贵州师范大学2024年研；南航2012年研；华中农大2011、2010年研；西南大学2011年研；浙江师范大学2011年研；广西师范大学2010年研)

答：参见本章课后习题详解第1题答案。

2. 任务目标(南京理工2011年研)

答：任务目标是指在社区中要完成的具体的实质性的工作项目，或者是要解决的具体的社区问题。通常而言，社区发展的任务目标主要有：①社区经济开发，包括自然资源的利用开发、加工业的发展乃至服务等第三产业的发展等；②社区社会发展，比如社区医疗卫生发展、社区教育发展、社区福利服务的发展、社区文体健康服务的发展、社区邮政服务的建设等；③社区公共基础设施建设，比如社区道路建设、社区农田基本水利设施建设、社区供水设施建设、社区垃圾处理、社区供电设施建设、社区房屋道路的规划等；④社区文化发展，比如社区知识文化的教育、社区科学知识的教育普及、社区职业技能的教育培训、社区意识形态道德规范教化、社区娱乐文化活动的开展等。

3. 社区发展(社科院2011年研)

答：社区发展是指经由居民的努力，联合政府当局一起，来改善社区的经济、社会和文化条件，把社区整合到国家生活当中，使他们对国家的进步作出最大的贡献。既表示一种地区为基础的经济、社会、文化等实质内容的发展，也表示为一种发展理念，强调要从当地居民的需求和当地的资源、环境和人口等协调、可持续发展，还表示为一种社会工作的介入手法，即强调居民的参与、合作，集体组织起来控制、利用社区资源、解决社区问题、满足社区福利需求，增强社区凝聚力和归属感的社会工作手法。

4. 资源整合(河北大学2018年研；南京理工2011年研)

答：资源整合是指社区工作在于将社区资源与社区需要协调匹配，使社区资源能够得到充分的利用，使受助者获得高效服务的过程。社区照顾需要庞大的人力、物力资源完成服务，来自政府福利的正式的资源(人、财、物)仅仅是一部分，而另一部分来自非正式系统资源——志愿者服务、民间社团和服务对象的家人，则是社区照顾的重要资源。

二、简答题

1. 社区工作的主要模式，阐述地区发展模式的优缺点。(武汉大学2011年研)

相关试题：

(1)简述社区发展模式的特点。(武科大2018年研)

(2)地区发展模式(概念题，华南师范大学2020年研；广东工业大学2014年研)

答：目前在国内外应用较普遍，并取得了良好成效的有地区发展、社会策划和社区照顾三个实施模式。

(1)地区发展模式的优点

①营造良好的社区气氛。地区发展模式注重和谐工作手法，强调居民和团体间的团结、合作、互助，因此可以营造互相关怀的社区气氛。同时，也有助于建立多元化社区网络(如社会交往小组、娱乐小组、兴趣小组等)，联结社区内居民，使他们对社区产生归属感和认同感，从而减少社区疏离。

②提高居民的能力。地区发展模式强调社区自助自决的目标，可以使居民自己决定及推行切合本社区需要的工作，从而更能有效地满足居民的需要。另外，居民通过自助参与的过程，学会解决问题的技巧，能够提高其应对和处理问题的能力，并有助于提升居民自我的信心。

③推进社区民主。地区发展模式注重沟通与合作，成为积极推动参与式民主的刺激因素。社区内的组织和居民也通过参与培养了寻求共识与协调的民主意识。

④切合中国文化传统。地区发展模式的目标和所运用的手法与中国的传统文化有较多相融之处，如中国人爱面子、不喜欢对抗。所以这个模式较为适合在我国城乡社区施行，可以有效地达到推动社区自助和解决社区问题的目标。

(2)地区发展模式的缺点

①无法解决整体资源分配不均及制度不合理产生的社区问题。在社会日趋现代化的过程中，社区所面对的问题越来越复杂，且问题的成因也涉及多个方面，单靠调动社区中的资源和居民的参与，未必能有效及彻底地解决问题。如面对牵涉全体社区居民的公共交通问题，地区发展模式的方法明显力不从心。它通常只能触及和改善一些影响较小的问题，而对因整体资源分配不均或制度不合理而导致的社区问题、因基本矛盾而引发的社区问题无能为力。例如该模式无力协助居民解决因欠缺资源而产生的贫穷问题。

②调和不同利益群体的手段不足。地区发展模式假设社区为一个整体，各团体或组织的利益是可以相容的，它们之间的矛盾是能够通过沟通与合作化解的。但事实上，社区内存在着不同的利益群体，各自关注本身的利益和所获得的资源分配，对本身所属的利益群体的认同要明显高于对整体地域社区的认同，而这些利益群体之间较容易因资源分配和立场不同而对立。由此而产生的矛盾较难以和谐合作的方式化解。

③民主参与导致的成本高而效益低。地区发展模式相信通过社区居民广泛的民主参与，便可达到解决问题和自助的目的。但这种参与会花费不少资源和时间，不符合成本效益的计算原则。

2. 简述社区工作的基础理论。

答：社区工作的基础理论主要包括：

(1)社会分析和意识形态

社会分析帮助社区工作者从理论上认识社区及整个社会。社会分析的理论主要来源于社会学与政治学。

社区工作的意识形态有保守主义、激进主义、女权主义等。不同的意识形态对社区工作有不同的影响。

(2)社会变迁理论

社会变迁理论是指研究一切社会现象发生变化的动态过程及其结果的社会学理论。社区工作实质上是关于人和社会变迁的事情，它关注如何协助人们和服务提供者，使两者均能配合不断变迁的环境。

(3)社会运动理论

吉登斯认为，在现代化的社会中，基本上有四种不同类型的社会运动，包括民主运动，劳工运动，性别运动以及生态运动。社会运动的理论主要以阐释社会运动的根源和发展的原因为主，基本上可以划分为两大角度：

①着重个体或群体心理状态的社会心理角度；

②着重社会状况和条件(包括种种社会矛盾)的结构角度。

3. 简述社区分析的基本技巧。(华东理工2011年研)

相关试题：社区工作的基本技巧有哪些？(华中农大2012年研；河北大学2012年研)

答：社区分析的基本技巧主要包括：

(1)收集社区资料的方法

主要包括：①文献分析法。文献包括：人口普查数据、地方志及政府相关资料、社区居委会的工作资料、媒体报道和评论、其他个人和团体的资料。②观察法。③访问法。与各类社区居民面对面的谈话。④问卷调查法。要符合问卷调查的规范。⑤社区普查法。

(2)社区动力分析

①社区系统分析(静态构成)。关注系统与外部关系的因素，包括：理念、目标、构成、资源、期望以及社区内不同体系在社区事务上的活跃程度、发展阶段、组织风格、领袖的个人风格等。

②社区互动分析(动态分析)。互动关系包括：交换关系、权力依赖关系、授权式关系、联盟式关系、竞争关系。

③社区动力的分析步骤。列出社区内活跃的个人、团体、组织、机构，逐一分析；将取向相近且有共同利益的个人、团体、组织、机构归类到同一系统，然后考察各系统之间

的互动关系。

(3)社区资源分析

分析工作包括：社区资源分析表、社区资源地图、社区资源档案。

4. 社区工作过程中如何利用网络社区资源？(中山大学2014年研)

答：社区工作过程中充分利用网络社区资源的技巧包括：

(1)社区组织技巧

社会工作者在社区中主要从事的是组织居民的工作，协助居民成立社区团体和组织，以便调动社区居民的集体力量来解决社区问题、满足社区需要。主要内容包括：

①社区团体和组织的建立。接触和组织居民，此时社会工作者应该注意避免喧宾夺主和让居民感觉压力太大；界定团体和组织的目标，社会工作者应采用非主导的工作手法；建立团体和组织的结构，社会工作者应协助居民，提升其对团体和组织的认同。

②社区团体和组织的维持与发展。包括：a. 目标、策略及结构的调整：社会工作者在适当的时机需要提醒成员可能出现的问题，并协助他们找出解决的方案；b. 内部沟通模式的建立：社会工作者可以帮助团体和组织的成员找出适合他们的需要和特点的沟通方式；c. 成员和骨干的训练：社会工作者应避免自己的教导者角色过强，因而减少了成员自决和独立处理事务的机会。

③危机及问题成员的处理。社会工作者一方面需要指导团体和组织的成员学习如何自行处理各种危机；另一方面也需要清晰地界定自己在需要介入时所承担的角色。

(2)社区教育技巧

社会工作者在社区中经常需要开展宣传、推广和教育的工作，有效的社区教育可以帮助居民增加知识：改变行为、提升意识，从而提高社区居民的素质，改善社区的生活质量。广义来说，社区教育既包括知识和资料的传播，也包括动员群众参与社区事务，在行动中学习。

(3)发展社区支持网络的技巧

每个人都会在社会生活中通过与他人的互动形成一定的社会网络，而社会工作者帮助居民发展社区支持网络是针对社区需要、解决社区问题的一种策略。主要包括：

①网络分析，社会工作者在着手发展社区支持网络之前，有必要对社区既有的网络进行分析，掌握现有网络的形态与功能，并根据社区的需要和问题，衡量现有网络的应用价值。

②发展自助小组的技巧，自助小组是由一群有共同需要、面临共同问题与困难的个人组成的小组，社会工作者在发展自助小组时经常用到联结、鼓励、体验式学习、朋辈榜样、正面强化、组织活动六项技巧。

③发展志愿者的技巧，包括主动邀请，由近及远；建立平等合作关系；提供参与和成长的机会；明确方向、提供资源、回应需要、多加鼓励。

(4)行政技巧

社会工作者在社区开展活动、提供服务时，也要用到不少的行政技巧，其中比较重要的有策划技巧和发展社区关系的技巧。具体含义如下：

①策划是指设计出行动的路径与详细具体的做法。而策划行动的路径就是策略规划，规划的具体做法就是方案计划。

②社会工作者在工作中经常需要与包括政府部门、企事业单位、非政府组织以及居民团体等在内的各种组织打交道，获取他们在资金、政策、场所、人力、舆论等方面的支持和援助，以解决服务对象的问题，满足服务对象的需求。因此，社会工作者有必要了解与不同的组织建立和发展关系的方法和准则。

三、论述题

1. 论述社区工作的目标、功能，以及在和谐社区建设中的作用。(社科院2011年研)

相关试题：简述社区工作的目标。(简答题，湘潭大学2023年研；浙江师范大学2012年研)

答：(1)社区工作的目标

满足社区需要是社区工作目标的核心内容。社区工作就是为满足包括个人、家庭、社区等各种工作对象的需要，提供专业服务、发掘和整合社会资源的过程。

①具体目标

主要包括：a. 促进居民参与解决自己的问题，提高社区居民的社会意识；b. 调整或改善社会关系，减少社会冲突；c. 寻求社区需要与社会资源的有效配合，以满足社区需要，解决或预防社会问题，改善社区生活环境，提高生活质量，促进社区进步；d. 追求权力和资源的公平分配；e. 发挥人民的潜能，发掘并培养社区的领导人才；f. 培养互相关怀、互助互济的美德；g. 增强社区的凝聚力。

②罗斯曼的目标分类

罗斯曼将社区工作的目标划分为任务目标和过程目标。

③托马斯的目标分类

托马斯将社区工作的目标划分为“分配资源”和“发展市民”。

(2)社区工作的功能

概括来说，社区工作的功能主要体现在社会福利、社会服务、社会行动以及社会稳定等四个方面。

①社会福利功能

社区工作的社会福利功能，是指立足社区居民的福利需求，开发和利用社区的社会福利资源，以解决社区的问题，改善社区的生活，促进社区的进步。诸如社区计划、社区组织、社区募捐、社区基金会、社区照顾、再就业辅导等，都是实现社区社会福利功能的重要工作或载体。

②社会服务功能

满足社区居民的需要，为社区居民提供各类公益性的社会服务，是社区工作最基本的社会功能。社区工作这一功能的实现，有赖于为社区居民提供包含福利服务在内的社会服务以及管理服务的过程。

③社会行动功能

社会行动是社区工作的一种介入方法或工作模式，又称“社区行动”“抗议行动”或“冲突模式”。

社区工作的社会行动功能，在于达到合力解决社区问题，维权与增权，争取所需资源，改善社区环境及生活素质等目标。为此，社区工作者会与社区居民一起组织社会行动，向公众表达他们的问题及困境，并向政府或者侵权者(如开发商对拆迁居民利益的侵害)施加压力，要求它们回应居民的呼声，解决实际的问题。

④社会稳定功能

社区社会工作的稳定功能，是指社区工作在维护社会秩序、解决社会问题、化解社会矛盾与社会冲突、控制各种非稳定因素等方面，具有特殊的地位和作用。社区工作通过运用各类方法，协调各要素之间的关系，缓和社会矛盾，解决社会问题，或者预防社会矛盾和社会问题的发生，实现社会稳定。具体表现为：

a. 社区社会工作的社会稳定功能，表现为社区管理与组织具有的社会控制作用及运作机制。

b. 社区社会工作的社会稳定功能实现的好坏，有赖于社区是否拥有一套社区社会救助与社会福利服务的体系和解决社会问题的运作机制。

c. 社区社会工作的社会稳定功能，还蕴涵在社区文化建设、社区服务、环境卫生等各项社区事业计划和社区生活中。

(3)社区工作在和谐社区建设中的作用

社区工作作为社会工作的三大基本工作方法之一，对当前我国的和谐社区建设发挥着重要作用。社区工作主要有社会福利、社会服务、社会行动以及社会稳定的功能。

目前我国的社区建设实务范围至少包括社区服务、社区卫生、社区文化、社区环境、社区治安、社区教育、社区法律、社区科技和社区经济发展，不仅社区建设实务范围基本覆盖社区政治、经济与社会、文化所有领域，而且更加强调社会经济的协调发展，社区政策目标是努力谋求物质文明、精神文明与政治文明和谐一致。

当前中国社区的迅速发展，加之社会工作在中国内地的发展，使得中国社区实务范围不断扩大，社区实务主体是社区发展取向的社区建设，社区实务主题是社区经济发展与社区综合发展。社区工作方法对于和谐社区建设的影响显而易见。

2. 结合实际谈谈社区工作对创新社会管理的意义。(南航2012年研)

答：(1)社区社会工作的主要内容包括社区服务、社区就业、人民调解、社区卫生和社区教育这五方面的内容，这也是社会管理的主要内容，所以社区工作是实施社会管理创新的必要手段。例如面向各类弱势人群的福利服务是社区服务的最基本内容和最基本任务，为老年人提供养老院，为残疾人提供的康复中心，为优抚对象提供的拥军优属活动，为青少年提供的失足青年的帮教等社区活动，同时也是在有效地践行社会管理服务的创新。

(2)从社区工作的目标看，实施社会工作是促进社会管理创新的有效途径。例如社区安全、社区环境整治等，社会工作者的重要任务是传授解决社区问题的知识和技巧，发现居民的潜能，培育居民的领导能力，提升居民和社区自决和自立的能力。而这也是社会管理创新的重要手段之一。

(3)社区工作灵活地运用地区发展模式、社会计划(社会策划)模式和社会行动模式，来解决各种复杂的社区问题。各种模式的运作实践，充分地把握了社区运作的基本规律，为社会管理模式的创新与发展提供了既定的模板，是实现社会管理创新的有效手段。

(4)社会工作者在社区的重要工作是挖掘社区的人力、财力和物力资源，并通过资源的配置工作，来满足社区居民的需求。如重视挖掘社区中的人力资源即培养社区骨干、招募和组织志愿者工作等；重视社会政策研究工作，通过对相关立法、政策、规章的分析，为社区居民和服务对象寻求政府资源的支持；重视辖区单位(或组织)的资源发展工作，通过推动辖区内政府、事业单位、企业和公益性民间组织的合作，推动社区建设。而上述社会工作者的任务同时也是实现社会管理创新的任务。

(5)社区工作在促进社会管理创新的建设方面发挥着重要的作用，它还可以表现在如下几个方面：①进一步明确社区服务的性质并进行分类；②在发展社区服务的过程中应该重视社区公共服务的拓展，注重发展社区志愿服务；③在一定范围内开展社区服务职业化建设。

3. 如何将社区工作应用到我国当前的社区居委会工作中？(河北大学2011年研)

答：社区工作应用到社区居民委员会中的方式包括：

(1)社区服务

①面对各类弱势人群的福利服务：a. 为老年人提供福利服务；b. 为残疾人提供福利

服务；c．为优抚对象提供福利服务；d．为青少年提供福利服务；e．为贫困者提供福利服务；f．为外来经商务工人员提供福利服务。

②面对小区普通居民群众的便民利民服务：a．居民生活服务；b．家务劳动服务；c．文化生活服务。

(2)社区就业

包括：①开发社区就业岗位；②鼓励多种形式就业；③宣传和执行落实再就业优惠政策；④开展社区就业服务和就业培训；⑤解决社区下岗和失业人员的社会保险接纳等实际困难。

(3)社区治安

①宣传教育工作，包括法律政策的宣传和社会治安防范知识的宣传。

②协助公安机关开展工作，包括群防群治的工作，保护案发现场，提供破案线索以及依法对被管制、剥夺政治权利、缓刑、假释、监外执行、保外就医的刑事处罚人员和监视居住的被告人进行监督和管理，对有违法犯罪行为的人进行帮助教育。

③协助有关部门加强对外来人口的管理。

④向政府及公安机关反映社区治安动态以及对社区治安管理工作的意见、要求和建议。

(4)人民调解

针对邻里关系恶劣问题，可以以团结邻里为工作重点，开展一系列的社区互助活动。

(5)社区卫生

①社区疾病预防与康复工作，包括疾病的社区预防工作，社区康复工作。

②社区精神健康工作，包括为社区普通人群提供心理咨询，普及精神卫生知识；开展社区康复治疗，促使其早日回归社会；维护精神残疾者的合法权益，争取社会支持；广泛开展健康宣传活动，减少社会歧视。

③社区环境卫生，包括社区环境改造，社区环境卫生，宣传教育工作。

(6)社区教育

社区教育包括家庭生活教育、公民教育、成人教育、健康教育。例如举办展览、讲座、训练班、问题研讨会、个别教育等。

在进行社区工作时，居民委员会应进行社区问题分析，社区需求分析，政策分析以及社区服务(活动)方案策划，社区服务方案的执行以及社区服务方案的评估。采用的方法包括资源链接，推动居民参与，建立社区支持网络等。

4．评述社区建设和社区社会工作的共同点。

答：社区建设和社区社会工作有如下几个共同点：

(1)社区建设与社区社会工作的目标一致

①两者的过程目标是相同的。

社区建设的过程目标就是要维护社会稳定，提高人民的生活质量和文明程度，促进城市经济和社会的协调发展。

社区社会工作则是指以社区和社区居民为工作对象，发现和解决社区问题，整合社区资源，协调社区居民之间、社区居民和社区组织之间的关系，促进社区居民参与能力的培养，提升参与意识，促进社区发展。

②从任务目标来分析，二者也有很大的相似性。

社区建设就是要解决和社区居民的生活与利益息息相关的问题，在此基础上，社会和谐发展的目标才能实现。

社区社会工作的任务目标同样是解决实实在在的问题，通过问题的解决达到一定的社会福利目的，满足社区的一些现实需要。社区社会工作的工作对象就是整个社区和社区居民，所面临的问题和社区建设中的问题大体是一致的。

(2)社区建设与社区社会工作有着相同的社会背景

我国政府之所以提出社区建设，是因为在政治、经济体制改革过程中出现了许多不可回避的社会问题，社会的稳定受到严峻的挑战，经济的可持续发展也遇到巨大的障碍。政府通过社区建设解决和缓解社会问题和社会矛盾。

社区社会工作是西方国家在工业化和城市化的过程中逐渐提出来的。其背景就是西方国家在工业化、城市化的过程中，伴生了许许多多的社会问题，各国政府纷纷将社区发展列为促进经济发展和社会稳定的基本政策，逐渐实现居民利益的社区化，社会福利各项措施的落实也放在社区这个层面上。社区社会工作正是在这样的背景下，成为具体执行社会福利社区化政策、化解社会矛盾的一个重要的工作方法。

(3)社区建设为社区社会工作的发展提供平台

①政府主导发展社区，成立相关的职能部门，制定相应的政策，为社区社会工作的发展创造良好的外部环境。

②社区与每个居民的生活与利益息息相关。解决复杂的社区问题，需要大量的专业人才。

③我国目前的社会工作教育方兴未艾，为社区培养和输送了许多接受过正规专业教育的社区社会工作者，他们是社区工作专业化、本土化和职业化的最好的实践者和推动者。

因此，社区建设为社区社会工作提供了难得的机遇和广阔的发展空间，社区社会工作的实践过程也正是建设和发展社区的过程。两者的相互配合、互相促进将共同促进我国城市社区的健康发展。

第十章　社会行政

10.1　复习笔记

【知识框架(庖丁解牛)】

- 社会行政
  - 社会行政的含义与功能
    - 社会行政的含义
    - 社会行政的层次
    - 社会行政的地位与功能
  - 社会行政的内容
    - 社会服务的计划
    - 社会服务的组织
    - 督导与激励
    - 社会服务系统中的协调与控制
    - 评估与报告
  - 中国的社会行政
    - 中国社会行政发展史
    - 计划经济时期中国的社会行政体制
    - 改革开放以来中国的社会行政

【考点难点归纳(厚积薄发)】

考点：社会服务系统中的协调与控制(见表10-1)　★★★

表10-1　社会服务系统中的协调与控制

要点	具体内容		
协调	含义	协调是使系统的各部分分工合作、协同一致达到目标的活动	
	类型	以协调的对象划分	①协调关系，是使系统中的不同部分、不同成员之间建立良好的合作和信任关系。 ②协调工作，是使他们在工作过程中进行良好的配合
		以对于协调活动的设计划分	①程序性协调，是在制定机构的活动计划时，对不同部门、人员的相关活动在时间、过程方面的合理配合，使服务在进行过程中实现互相支持。 ②工作性协调，是在服务活动进行的过程中，行政人员具体地联系、调节各方面行动，以使他们互相配合的活动

续表

要点	具体内容	
协调	沟通对协调的重要性	有效的协调建立在良好的信息沟通和成员之间相互信任的基础上。在机构内部关系比较良好的情况下，建立信息的横向沟通机制可以对不同部门之间行动的自我协调发生积极影响
控制	机构工作进程的控制	①工作进程的控制是依照计划对相关各部门、成员的工作进度、效果进行的综合控制和影响，其目的是实现机构运行的总体协调。工作进程控制的必要性来自机构服务活动的整体性要求。 ②工作进程的控制以及时了解机构各部分工作进展的可靠信息为基础。机构成员对整体工作的任务、进程、意义的了解和共同理解，有助于他们的自我控制与整体工作的协调和目标达成
	机构中冲突的控制	①缓和策略即尽量减少、模糊冲突双方所认为的差距，强调双方的共同点，强调“和为贵”“团结一致向前看”。 ②彻底解决策略即在冲突难以调节的情况下，公开冲突，从根本上解决问题，包括重新设计组织等

10.2 课后习题详解

1. 什么是社会行政？试述宏观社会行政与微观社会行政的内容。

答：(1)社会行政的含义

社会行政是指依照行政程序，妥善利用各种资源，实施社会政策，以向有需要的人提供社会服务的活动。社会行政的核心内涵是执行、实施社会政策。

(2)宏观社会行政与微观社会行政的内容

①宏观社会行政的内容

宏观社会行政实际上是在较大范围内推行社会政策。国家的社会政策经过立法过程而具有法律上的合法性，在这种合法性的基础上，政府才能动员力量去贯彻和实施政策。在由立法部门交给行政部门贯彻、实施的过程中，相关部门还会制定与执行、贯彻政策的某些细则和说明，它要解决的是结合实际情况进一步阐明该政策的目标与意义，明确政策对象的范围，指出贯彻执行该政策的主要责任部门和相关责任部门，明确社会福利资源的来源及筹集方法，指明各相关部门之间的关系及如何去推动该政策的实施，说明政策实施效果的检查评估及事故责任的承担，等等。这些围绕政策的贯彻执行而开展的行政工作就是宏观社会行政。

②微观社会行政的内容

微观社会行政是指行政活动围绕基层的具体服务而展开的计划、组织、协调、监督，评估等活动。微观社会行政一般出现在行政系统的末端，当某项活动接近于整个过程的末端时，就会出现微观行政。因此，微观社会行政并不只存在于社会服务机构之中，也可能存在于政府系统之内。例如中国城市中街道办事处的某些筹划、支持困难群体的活动也属于微观社会行政。

2. 试述社会行政的功能。

答：参见本章考研真题与典型题详解简答题第3题答案。

3. 试述社会行政的主要过程和内容。

答：社会行政的主要过程可分为五个基本环节：计划、组织、督导与激励、协调与控制、评估与报告。其主要内容如下：

(1)计划

社会服务计划是社会行政机构事先决定应该做什么和怎么去做，是对机构将来组织与业务的通盘考虑。

(2)组织

结构功能主义认为行动是组织的实质，组织是行动的外在形式。社会服务的组织结构类型包括：直线型、职能型、事业部型、直线—职能型、矩阵型等。

(3)督导与激励

①督导

社会服务机构中的督导是机构中领导或管理人员为更好地完成机构所承担的任务对下属的工作给予指导、协调、强化和评价的活动。督导是一个渗透了社会工作价值观、工作技巧、人际关系、工作规范等多种因素的综合性活动。

②激励

激励是激发人的动机，诱导人的行为、使其发挥内在的潜力，为所实现的目标而努力的过程。

(4)组织中的协调与控制

协调是组织部门之间、成员之间分工合作、协调一致达到目标的活动。沟通形式包括下行沟通、上行沟通及水平沟通。控制包括进程的控制和组织中冲突的控制。

(5)评估与报告

评估的类型包括方案评估、投入评估、过程评估、结果评估和效率评估。报告是为了总结和展现工作的成果。

4. 试述社会服务计划的过程模式。

答：(1)卡恩的计划过程模式

把社会行政看作是实施社会政策的过程时，卡恩的社会服务的计划过程就大致遵照图10-1进行。

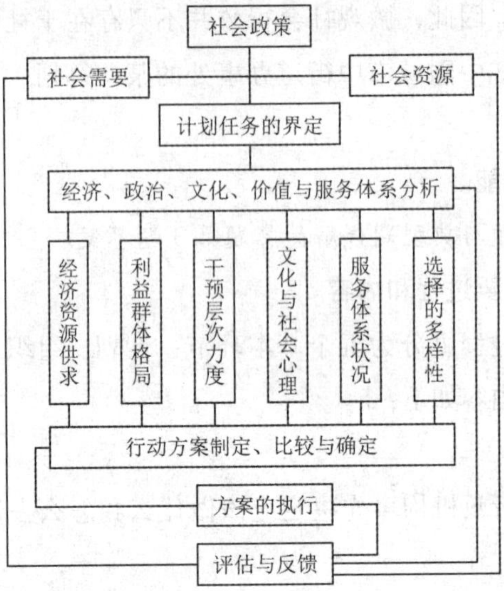

图 10-1　卡恩的社会服务计划过程示意图

该模式表明，社会服务计划的制定要考虑到与此相关的各种社会因素，评估这些因素的现状、在计划执行过程中的变化及对计划的影响。不仅要考虑它们中的每一个因素对计划行动的影响，还要考虑它们之间的相互作用对计划的影响。不但要考虑外部因素，而且要对服务能力进行评估。

(2)赫伯特 · 西蒙的有限理性模型

卡恩所描述的模型是理想化的决策模型，难以真正实现。赫伯特 · 西蒙提出了有限理性模型，即在一定条件下实现满意决策，而非最优决策。这为复杂的社会服务决策提供了具有参考意义的思路。

5. 试分析全面深化改革背景下我国社会行政体制创新的可能性。

答：对全面深化改革背景下我国社会行政体制创新的可能性分析如下：

(1)党的十八届三中全会通过的《中共中央关于全面深化改革若干重大问题的决定》，提出了创新社会治理体制的重大战略任务，并从改进社会治理方式、激发社会组织活力、创新有效预防和化解社会矛盾体制和健全公共安全体系等方面对如何创新社会治理体制进行了系统阐述，党对社会治理的认识和要求从局部向系统的转变为社会行政体制的创新提供了科学的理论指导。

(2)政府职能的转变(剥离公共服务和社会服务职能)、建构政府主导、社会实施的宏观社会行政模式等措施，将引起社会行政体制的深层次创新，以适应新的局势。

(3)十九届四中全会《决定》指出："必须加强和创新社会治理，完善党委领导、政府负责、民主协商、社会协同、公众参与、法治保障、科技支撑的社会治理体系，建设人人有责、人人尽责、人人享有的社会治理共同体，确保人民安居乐业、社会安定有序，建设更高水平的平安中国”这一要求，体现了党领导下多方参与、共同治理的理念，是社会治理理念、治理体制和治理方式的一次重大创新，是推进国家治理体系和治理能力现代化的必然要求。

(4)政府购买公共服务和社会服务广泛展开，社会组织和团体积极参与，我国社会服务资源的动员模式与服务提供模式会发生相应变化，社会行政体制创新的可能性也进一步加大。

10.3 考研真题与典型题详解

一、概念题

1. 社会行政(广州大学 2021 年研；华科 2020 年研；西南大学 2020 年研；中山大学 2014 年研；南航 2012 年研；浙江师范大学 2012 年研；河北大学 2011 年研)

相关试题：社会工作行政(北师 2023 年研；武汉大学 2011 年研)

答：参见本章课后习题详解第 1 题答案。

2. 微观社会工作行政(社科院 2011 年研)

答：社会工作行政可以分为宏观社会工作行政和微观社会工作行政。微观社会工作行政是指在政府部门或社会服务机构中比较接近于具体服务的基层从事的行政活动。从微观的角度看，社会工作行政的意义包括：①有助于社会工作机构做出正确的行政决策，尤其是在资源配置、员工培训模式、服务方案是正确与取消等方面做出明智的选择，从而提高机构的组织效率。②有助于机构改善服务的品质；③有助于机构获得政府及资助团体的进一步的财政支持；④有助于机构员工个人绩效提高。

3. 社会管理

答：社会管理是指以整个社会(包括地方社会)为对象、以维护社会秩序、实现社会协调和发展为目的的管理活动。社会管理并不是专属于某一专业领域的概念，它既不属于政治学，也不属于社会学和社会工作。它是跨学科、跨领域的，以维护社会秩序、实现社会协调和发展为目的的管理活动。社会管理是以整个社会(包括地方社会)为对象的管理活动。由于社会结构和社会问题的复杂性，社会管理一般带有综合性特点，即它是站在整个社会的高度，解决社会问题、协调社会关系、为社会发展创造适宜条件的管理活动。

二、简答题

1. 社会行政与社会管理、公共行政有什么区别？(西南大学 2023 年研)

答：社会行政与社会管理、公共行政的区别主要体现为：

(1)涉及范围不同。社会行政针对的是社会福利领域，社会管理针对的是整个社会或狭义的社会领域，公共行政针对社会的公共领域。

(2)直接目标取向不同。社会行政关心的主要是困难群体的福利，社会管理追求社会的秩序和协调运行，公共行政关心的是全体公民的公共福利。

(3)承担者不同。社会行政责任的承担者是社会福利行政机关及社会福利机构，社会管理的执行者是对整个社会运行负有责任的部门，公共行政的承担者是与公共福利有关的政府有关部门及其下属机构。

2. 简述社会行政与社会工作的关系。(首都经济贸易大学2011年研)

答：(1)社会行政与社会工作的联系

①社会行政是社会工作的四大工作方法之一。社会行政工作是一种专业性的服务实践活动。随着社会工作实务及理论研究的不断发展，在社会工作领域里逐渐形成了一些基本的方法。社会行政的地位还在于它在社会福利和社会服务体系中的不可替代的作用。

②工作中，社会工作既有直接性社会服务，又有间接性社会服务。直接性社会服务是直接面对服务对象的服务，间接性社会服务是通过支持一线的工作人员进行的服务，社会工作行政属于间接性社会工作服务。

(2)社会行政与社会工作的区别

①就两者概念而言，社会工作是根据一定的价值观念帮助有困难的人走出困境的专业助人活动；而社会行政是指依照行政程序，妥善利用各种资源，实施社会政策，以向有需要者提供社会服务的活动。社会工作的概念范畴明显包括了社会行政的概念范畴。

②就涉及范围而言，社会工作涉及的范围更广，它除了包括社会行政以外，还包括个案工作、小组工作、社区工作。

③就其执行者来看，社会工作的执行者范围很广，不仅包括社会行政责任的承担者的社会福利行政机关及社会福利机构，还包括一线的社会工作者等。

3. 简述社会行政的地位和功能。(浙江师范大学2011年研)

相关试题：简述社会行政的功能。(华中农大2012年研)

答：(1)社会行政的地位

社会行政的地位具体表现在以下方面：

①社会政策的重要意义决定着社会行政的地位。没有社会行政过程，任何社会政策只能是一纸空文。

社会行政人员根据其对社会政策的理解、解释和推动影响着社会政策功能的发挥。具体说来，这些影响因素包括：a. 行政人员对社会政策的理念和方向的正确把握程度；b. 他们对政策的作用范围和政策标准的准确理解；c. 行政人员有效配置和协调各种资源的程度；d. 政策执行者与政策对象合作去实现政策目标的努力等。

②社会行政在社会福利和社会服务体系中有不可替代的作用。

社会工作传统的三大方法——个案工作、小组工作和社区工作属于直接服务，由于社会行政并不直接提供服务，因此被称为间接社会工作方法。间接服务并不表明其不重要。相反，当社会问题的影响范围较广泛、社会问题较严重、问题的解决需要经过复杂的行政程序时，社会行政的重要性就显现出来。社会行政作为一种间接工作方法，则能较好的避免忽略大多数人需求的情况。社会行政侧重于从宏观的、政策的角度考量社会福利服务，并借助行政体系推进社会福利服务的落实，从而在社会福利和社会工作体系中占有重要地位。在社会工作专业体系不发达的情况下，社会行政的重要地位更加明显。

(2)社会行政的功能

社会行政是将社会政策变为具体的社会福利服务活动的过程，其功能主要表现在以下方面：

①将社会政策变为社会服务行动；

②合理配置资源，促进有效服务；

③管理服务机构，指导员工服务；

④总结服务经验，促进政策完善。

三、论述题

试论述社会服务机构评估的意义及方法。(浙江师范大学2012年研)

答：(1)社会服务机构评估的意义

①它可以明了某一服务计划的执行情况，发现成绩和不足，以改善服务和更好地推进机构的工作。

②它可以发现问题，并通过解决问题实施服务计划；通过评估可以向社会服务的支持机构(政府、民间团体、企业和社会)以及服务对象和社会工作同行做出交代。

③通过评估还可以对相关政策做出评估，并促使政策的修订。

此外，评估还可以达到总结社会服务经验、发展理论的作用。评估的重要性要求对社会服务机构负有责任的行政领导必须重视评估和推行评估。

(2)社会服务机构评估的方法

①社会服务评估主要采取社会调查方法进行。

可采用座谈会、访谈、问卷调查和观察法等，对项目的实施效果与计划进行比较。在对服务过程进行评估时，关于实施服务的工作记录是重要的参考资料。

②在对服务项目进行评估时，费用—效益分析方法有广泛适用性。

费用—效益分析方法计算该服务项目的所有费用和效益，并将它们换算成可比较的量，同时考虑服务效果的分配性问题，这样就会对该服务项目的费用和效益做出评价。这种评价方法可用于服务方案的选择和最终评价。在对社会服务项目进行评价时，有许多内容是难以量化的，因此也难以进行综合比较。在对这类项目进行评估时，费用—效益分析是适用的，即当某些服务效果不能量化时，采用详细描述其效果的办法，表明此服务的重要性。费用—效益分析是一种定量与定性相结合的评估方法。

第十一章　儿童社会工作

11.1　复习笔记

【知识框架(庖丁解牛)】

- 儿童社会工作
  - 儿童社会工作的基本概念和含义
    - 儿童社会工作的概念
    - 儿童社会工作发展的历史
    - 儿童社会工作的特征与功能
  - 儿童社会工作的基本理论与方法
    - 儿童社会工作的基本理论
    - 儿童社会工作的基本内容和途径
  - 中国的儿童社会工作
    - 中国儿童社会工作的历史发展
    - 中国儿童社会工作现状

【考点难点归纳(厚积薄发)】

考点一：儿童发展的内容(见表11-1)　★★★

表11-1　儿童发展的内容

要点	具体内容
体能发展	主要是肌肉发展、手眼配合、平衡力的发展，这要求有为孩子提供均衡营养，对其进行必要的体能训练
智力发展	主要是知识的积累，认识能力、思维能力的发展，要求指导孩子学习、训练其观察力、思维力，给予他们良好的教育
情绪发展	主要是对自我的正确认识及对情绪反应的控制能力等，要求给孩子关心和爱，给予良好的心理培养
社交发展	主要是社会交往、社会适应能力的发展，要求为孩子提供良好的社会环境，避免或纠正其社会适应不良状况

考点二：中国儿童社会工作的历史发展(见表11-2) ★★

表11-2　中国儿童社会工作的历史发展

历史阶段	具体内容
中国古代儿童福利	在我国封建社会中，儿童福利都处在边缘的位置，整个封建社会较少有关儿童福利的正式制度安排。从服务的功能和作用看，古代所谓的社会福利主要表现为对困境儿童的救助，其主要目的都是收养弃婴，救助力量十分有限且覆盖面非常窄
旧中国的儿童福利服务	①民国时期是中国儿童福利事业发展的一段重要时期。 ②民国初期一些公益事业慈善家创办了儿童福利机构，其中最重要的有张謇创办的盲哑学校和熊希龄开办的北平香山慈幼院。 ③抗日战争时期，国民政府设立的儿童教养院管理机构赈济委员会及1940年成立的社会部都为中国现代儿童福利事业的发展积累了经验
新中国的儿童社会工作	①接收、改造、建设一批儿童福利院，使失依儿童得到比较周到的照顾； ②通过立法及动员社会力量，保证适龄儿童较高的入学率； ③推广计划免疫，促进儿童健康发展； ④开发儿童优质产品，推广科学养育知识，保证儿童健康成长； ⑤设立多种儿童娱乐机构，丰富儿童课外生活； ⑥建立各种儿童咨询服务治疗机构，直接为儿童服务等。 在“文革”十年动乱期间，这些机构和工作受到了严重的破坏，改革开放以来，上述项目不但得到恢复，而且有了新的发展

11.2　课后习题详解

1. 什么是儿童社会工作？它的主要内容是什么？

答：(1)儿童社会工作的涵义

儿童社会工作是指以儿童为对象的社会工作。儿童社会工作的概念从内涵来讲，应包含三个基本要素：

①儿童社会工作是面向所有儿童的工作。虽然处于特别困难境地的儿童，如残疾、贫困等儿童一般会成为工作的重点，但儿童社会工作的对象是所有儿童。

②儿童社会工作的目的是保障儿童得到适当的养育、照料和教育，并保护他们免遭伤害，能够安全成长。

③儿童社会工作需要运用专业手段，不仅需要专业人员还要非专业人员的配合。

(2)儿童社会工作的主要内容

①宏观儿童社会工作

a. 推动有关儿童的立法：积极推动相关部门在儿童虐待、儿童安全保护方面的立法，通过服务收集一线资料为立法提供基础。

b. 促进对儿童的养育：保证儿童的营养及良好的居住环境。

c. 推动儿童教育事业：多方面宣传义务教育法；利用多方资源帮助失学儿童返回课堂；普及科学知识，提高全社会的教育意识和教育思想水平。

d. 为儿童创造娱乐游戏的条件：推广益智有趣的儿童游玩活动，同时确保儿童的安全。

e. 儿童卫生保健：多方面宣传晚婚晚育、婚前检查和健康教育，减少婴儿死亡率，促进儿童健康发育成长。

f. 家庭服务中的儿童社会工作：保护家庭中儿童的权益，可以针对儿童教育问题、亲子关系和育儿理念等多方面问题提供服务。

g. 儿童权益保护：保护儿童的合法权益，推动儿童的健康成长。

h. 对困境的工作：如儿童福利院对孤儿、被弃儿童的救助，或称院内救助、机关教养、收养；残疾儿童的康复和教育；贫困儿童的经济援助和全面成长辅助等。

②微观儿童社会工作

微观儿童社会工作主要是针对个别儿童或群体的具体的辅导，包括发展性的成长辅导、救济型的对困境儿童的救助和全面辅导。

2. 试述儿童社会工作的特征与功能。

答：(1)儿童社会工作的特征

①具有福利性

儿童社会工作具有很强的福利性。儿童福利服务是指儿童社会工作者围绕儿童安全、健康成长所需要的基本生活保障而开展的所有服务。儿童的安全和健康既包含生命的安全和健康，也包含心理的安全和健康。因此，儿童社会工作开展的儿童福利服务的核心任务，是为在生存和发展方面存在困难的儿童及其家庭提供专业服务，有效维护儿童的生存权和发展权。

②以社会性服务为主

在儿童社会工作中，以个案工作为主要形式的儿童服务日渐增多。诸如为儿童提供休闲娱乐服务、儿童学业教育等。

③专业要求高

儿童社会工作的对象是正在成长中的儿童。儿童有发展变化快、易受外界影响、缺乏自我保护能力等特点。因此儿童社会工作专业化服务的标准和要求高，这体现在两个方面：

a. 面对发展中的儿童，儿童社会工作涉及的基本理论、专业技能面广；

b. 工作中稍有谬误，对儿童的伤害就会很严重，甚至会影响其终生。

(2)儿童社会工作的功能

①保障功能

儿童社会工作的目标是促进儿童的全面健康成长，其主要保障儿童的发展权、生存权、被保护权和参与权。

②儿童社会工作具有社会安全的功能

儿童是家庭的重要成员，是社会的重要组成部分。儿童如果出现问题，首先就会影响到家庭生活，同时也会对社会造成不可预估的影响。一方面，儿童社会工作的直接结果是减少儿童的痛苦，促进儿童的幸福，促进家庭的和谐；另一方面，间接结果是预防未来的社会问题，增强未来社会的发展性和安全性。

③儿童社会工作具有发展的功能

与其他人群的工作相比，儿童社会工作更具有发展性的特征。儿童的问题是发展中的问题，解决儿童问题需要遵循发展的理念。儿童社会工作的最终目的始终是面向未来，促进儿童全面健康发展。

3. 中国儿童社会工作有什么特点？应如何发展？

答：(1)中国儿童社会工作的特点

①改革开放以后，儿童社会工作领域不断扩大，工作内容涉及儿童成长的方方面面，不仅深受儿童欢迎，也获得了很好的社会效益。我国已经初步形成了政府各部门各负其责，企业、社会组织、个人多方参与的儿童社会工作服务体系。

②中国儿童保护已经形成了以宪法为中心，相关法律、行政法规等为主线的儿童福利服务的法律政策体系，体现儿童生存权、发展权、被保护权和参与权等基本权利。儿童社会工作在中国不仅有传统，而且为政府高度重视。

③在服务领域上，我国儿童社会工作以所有儿童为服务对象，并重点关注特殊儿童的社会救助工作，形成了几个重要领域，包括残疾儿童康复教育、贫困失依儿童救助、流浪儿童救助、留守儿童救助等领域。

④在专业化程度上，我国越来越重视儿童社会工作的专业价值观，关注每一位儿童的独特性，儿童社会工作的专业价值观得到普及。除此之外，我国的儿童社会工作领域的学者和工作人员对现代化的专业技术也越发看重，不断研究和借鉴一些新的技术，例如在流浪儿童救助方面，在郑州、云南等地，一些救助站和社会组织采用“类家庭”的方式救助流浪儿童。

⑤随着政府体制改革的不断深化，我国的一些社会组织在社会服务中的作用越来越重要。青少年法律保护咨询机构、未成年人保护机构的相继建立，成为中国儿童社会工作的重要组成部分。

(2)未来发展

①在运行体制上，我国儿童社会工作应继续深化体制改革，形成政府主导，各类主体积极参与的局面，激发各类团体在儿童服务中参与的活力，为儿童创造更好的成长环境。

②在儿童服务的政策法规上，政府应不断健全和完善儿童服务方面的政策和法规，使儿童社会工作有法规依据，更好地保障儿童各方面的权益。

③在服务领域上，应根据儿童的切身需要，不断满足儿童各方面的需求，健全各类服务领域，关注特殊儿童的成长，保障儿童的生存权、发展权、教育权等各类权利。

④在儿童社会工作中，社会工作者及各类研究人员应不断开拓创新，研究服务儿童群体的有效策略，借鉴国外的先进技术，更好地服务儿童群体。

⑤政府应鼓励各类团体积极参与到儿童社会工作中，激发各类主体的活力，从而为儿童提供更加多样化、人性化、专业化的服务。

11.3　考研真题与典型题详解

一、概念题

1. 儿童社会工作(北师 2023 年研)

答：参见本章课后习题详解第 1 题答案。

2. 儿童福利

答：儿童福利是指为了保证儿童的身心健康发展而举办的各种福利事业及制定的各项福利政策。儿童福利事业包括各种儿童福利设施，比如专门为儿童开放的医院、图书馆、娱乐场所及幼托事业等。还有侧重对低智儿童及盲残、呆傻、聋哑儿童的特殊教育与救助，及对孤儿、弃儿的社会管理与收养。

3. 儿童福利政策

答：儿童福利政策是指促进所有儿童身心健康发展的一套谋求儿童幸福的方针或行动准则。儿童福利政策包括儿童福利津贴，教育保护法规、儿童在家庭中的权益、地位及父母对子女的抚养义务等。

二、简答题

1. 简述儿童社会工作的基本内容。(赣南师范 2014 年研；武汉科技大学 2013 年研)

答：参见本章课后习题详解第 1 题答案。

2. 什么是儿童社会政策？制定儿童社会政策应遵循哪些原则？

答：(1)儿童社会政策的含义

儿童社会政策是具体说明儿童(青少年)在整个国家发展计划中的角色、责任和权益的全面计划。儿童社会政策包括儿童服务的提供、有关如何配合儿童需要的考虑，同时要明确达到目标的时限，以及儿童参与的途径等。儿童社会政策的具体表现其实与该社会的政治制度和社会组织有关。

(2)儿童社会政策的基本原则

①儿童最大利益原则。儿童最大利益原则是指凡涉及儿童事宜，一切以有利于儿童的生存、保护和发展为首要考虑因素。儿童最大利益原则是处理儿童有关问题应当遵守的根本原则，也是制定保护儿童权利的法律的指导思想。

②无歧视原则，又称平等原则，指儿童保护法应面向全体儿童，不能保护一部分儿童的权利而忽视或排斥另一部分儿童的权利。

③特殊保护原则。特殊保护有广义和狭义之分，广义的特殊保护，指通过立法对儿童权利保护本身就是一种特殊保护；狭义的特殊保护，仅指规范儿童行为的立法或针对某种类型儿童的立法。

④社会责任原则。社会责任原则是指儿童的任何行为都会受到社会环境的影响，社会环境对儿童人格的形成具有特殊的作用，社会对儿童行为的形成负有责任。

3. 简述儿童社会工作的实施策略。

答：(1)社会组织与儿童社会工作

在社会组织和机构的建设上，政府的执行部门、社会化的第三部门、社会基层组织和社区等应做到功能健全、配置合理，在运行和相互契合上能够符合儿童社会福利发展的需要。

①在国家通过社会政策对儿童扶持和保护的同时，还必须大力发展由民间非政府机构和志愿团体为主要承载体的儿童社会工作。

②社区儿童社会工作在儿童与社会环境的关系中承担着协调和中介的角色。一方面，它协调有关社会力量的合作，让儿童能按其所需获得服务；另一方面，它协调社区内各种服务的资源分配，让儿童得到更切实的有价值的多元服务。

(2)学校与儿童社会工作

①学校中的儿童社会工作是把儿童社会工作的原则、方法与技术运用到学校环境中，促成学校、家庭和社区之间的协调合作，协助学校形成“教”与“学”的良好环境，引导儿童寻求个别化和生活化教育，建立社会化人格，习得适应现在与未来生活的能力。

②学校儿童社会工作的服务对象包括全体学龄儿童(包括心智不全、肢体残缺、情绪障碍或有行为偏差的学生)。

③学校教育中的儿童社会工作追求以下四个重要目标：

a. 实现社会福利。儿童社会工作为学校中学习和生活适应失调的儿童提供服务，协助他们处理困难和解决问题，同时也帮助他们学会如何预防问题的出现和激发自己的潜能。

b. 保证实现教育机会均等和普及义务教育。儿童社会工作必须为少数因经济、社会、心理等因素难以充分利用受教育机会的儿童提供生活与学习的辅助和保障，使他们得以利用受教育的机会，掌握知识，发挥潜能。

c. 促进家庭、学校和社区的协调，以配合学校的需要和增强教育的功能。

d. 学校中的儿童社会工作的最终目标是促进学龄儿童的全面发展。一是帮助学生习得社会普适规范，养成遵纪守法的好习惯；二是协助学生掌握科学文化知识，培养分析和解决问题的能力，成长为建设性的社会成员。

④学校中的儿童社会工作具有三大功能：

a. 补救班级教学的缺点，提高儿童的综合生存能力；

b. 增强学校与家庭及社区的关系，统一教育方向；

c. 适应现代社会分工合作的需要。

(3)家庭与儿童社会工作

①家庭是儿童社会化的最初环境。父母的文化素质、家庭教育方式以及家庭气氛等因素对儿童的社会性发展均有不同程度的影响。

②社会工作机构可通过建立家庭服务中心等具体部门在宏观社会政策的指导下为家庭和儿童提供具体的服务。家庭服务以增强家庭功能为目的，以儿童和家庭为核心。

③家庭服务中心提供的服务主要有三类：

a. 专家服务——其中保护儿童是最重要的内容，服务对象往往是被其他服务机构转介而来的，一般都是针对个人的服务，专业性较强；

b. 邻里服务——为有需要的父母和儿童提供一系列服务，其目的是促进社区团结；

c. 社区发展服务——鼓励和帮助家庭开展自我服务，其理念是集体行为会改善影响家庭的社会和环境因素。

④常见的家庭服务工作具有以下特征：

a. 以家庭为核心，工作对象包括所有的家庭成员；

b. 以社区为基础，工作内容包括适应社区需要，社区组织和志愿者参与提供服务；

c. 以服务对象为导向，服务对象参与整个服务过程和决策；

d. 家庭和儿童服务工作应该使补救性工作与预防工作相结合。

(4)儿童社会工作的专业方法

社会工作专业方法包括个案工作、小组工作、社区工作、社会政策(社会行政)等，都可运用于对儿童的保护、教育和救助工作中。

①个案工作方法是针对单一案主的直接的社会工作方法。

a. 在与个别儿童或家长相处时，工作者应特别具备同理心——从案主的角度看问题，设身处地考虑问题，以至能从对方的处境来体察他们的思想，了解他们如何看待自己和周围世界并因此而产生独特感受。

b. 工作者应尊重案主，关爱案主，不应区分高低尊卑；除了熟练应用聆听和回应的技巧之外，更应做到与案主平等相处，相互理解。

②小组社会工作是通过将具有相同或相似背景的案主组成一个小组来开展教育、引导工作的社会工作专业方法。

③在助人过程中一定要坚持助人自助的社会工作价值观。

4. 中国儿童社会工作的发展状况如何？其发展趋势是什么？

答：(1)中国儿童社会工作状况

①儿童权益的保障

a. 中国多年来致力于通过立法来保护儿童的合法利益，进而使儿童权益的保护法制化、规范化。

b. 为了切实保护儿童权益，中国的立法、司法、政府各有关部门以及社会团体都建立了相应的机制，监督和促进儿童保护事业的健康发展。

②儿童的健康与保健

a. 中国已建立了符合国情的妇幼卫生服务体系，以及遍布城乡的三级医疗预防保健网，向广大儿童提供卫生保健和计划免疫服务。

b. 中国还通过加强乡镇卫生院、县防疫站、县妇幼保健院的建设来提高农村儿童的医疗保健水平，改善其健康状况。

③儿童的教育

a. 中国政府一向把儿童教育置于整个教育事业发展的优先地位。

b. 中国政府及儿童社会工作者十分关注边疆、贫困和少数民族地区的教育事业，先后实施了“国家贫困地区义务教育工程”“西部教育开发工程”“希望工程”和“春蕾计划”等助学工程，保障贫困地区、少数民族地区儿童就学权利。

c. 中国十分重视儿童的早期发展，动员全社会的力量，采取多种形式，多渠道地发展幼儿教育，在当地政府举办幼儿园的同时，鼓励单位、团体及个人根据有关规定举办幼儿园。

d. 普及九年义务教育，是中国实施基础教育的一项主要目标。

e. 各级政府把帮助贫困家庭儿童就学纳入各类扶贫计划，采取各种措施帮助这些儿童重返校园。

④特殊儿童的社会工作

中国利用城乡三级医疗预防保健网开展社区康复，使城乡基层的大多数残疾儿童能够享有基本的康复服务。同时，在各级地方政府的领导下，成立了由卫生、民政、残联等有关部门参加的社区康复领导小组，相互协调、分工合作，共同制定社区康复规划并组织实施。

⑤儿童福利机构的建设

在中国，主要由民政部门具体负责孤儿和被遗弃的病残儿童的监护养育和安置工作。加强儿童福利机构基础设施建设。

(2)当前中国的儿童问题

①儿童发展的整体水平仍然需要提高，儿童发展的环境需要进一步优化。

②社会发展和环境的变化引发了许多新的儿童问题。例如网瘾少年、留守儿童等。

③儿童社会政策方面较为分散，儿童社会工作也较为零散，存在部门多、缺乏整合的问题。

④儿童社会工作作为一种专业在中国尚不成熟，需要结合中国特有的经验，吸纳西方儿童福利服务的相关理论，创建出具有中国特色的儿童社会工作理论和制度体系。

(3)中国儿童社会工作的趋势

①工作领域不断扩大。改革开放以后，儿童社会工作领域不断扩大，工作内容涉及儿童成长的方方面面，不仅深受儿童欢迎，也获得了很好的社会效益。

②服务性不断增强。随着社会的发展，儿童服务日益成为中国儿童社会工作的重要组成部分。

③社会化趋势日益突出。改革开放以后，不仅儿童社会工作者自身的工作方法发生了很大变化，而且吸收了广泛的社会力量加入，民间个人的儿童服务机构如雨后春笋，显示出勃勃生机。

三、案例分析题

近年来，儿童遭受意外伤害的案例屡屡见诸报端，其中影响比较大的有广东佛山小悦悦遭碾压事件，贵州毕节五名流浪儿童闷死垃圾箱事件，甘肃正宁幼儿园校车翻车事件，河南兰考袁厉害收养弃婴火灾案，江苏南京两名女童饿死家中事件等等。这些惨烈的儿童伤害事件一再冲击着人们的心理底线。

请你从社会工作宏观和微观实务的视角，分析一下儿童伤害问题产生的原因及介入重点。(首都经济贸易大学2014年研)

答：儿童伤害问题产生的原因既有社会政策、制度方面的宏观社会原因，也有个人、家庭、学校等微观层面的原因。

(1)从宏观社会工作实务分析儿童伤害问题产生的原因和介入重点

①儿童伤害问题产生的原因

a. 儿童社会保护政策的缺位。专门针对儿童权益维护的法律法规政策尚不健全，为伤害儿童的不法行为提供了空间，而且，在发生儿童伤害行为时，不能及时有效地维护儿童的人身安全和权益。

b. 安全检查制度不完善，管理措施存在漏洞。现实情况下，安全检查走形式的现象仍然存在，而且出现问题时，部门之间相互推诿，难以明确安全责任的承担主体；安全检查制度、门卫制度、值班制度等相关配套安全管理机制有待进一步完善和规范。

②儿童伤害问题的介入重点

a. 加强儿童社会保护力度，完善相关法律政策体系，从源头上预防、杜绝侵害儿童事件的发生。同时，对于儿童伤害的当事人要严格追究其法律责任，倡导全体社会成员在生活中要关心儿童、保护儿童。

b. 建立安全责任制度，强化部门分工。明确各部门职责和义务，使其更好地将安全检查和防护制度进行贯彻和落实。将包括安全检查、安全预防、安全事件的处理在内的各个工作环节和任务，落实到具体的部门和机构，建立社会监督机制，督促其有效地完成工作任务。

(2)从微观社会工作实务分析儿童伤害问题产生的原因和介入重点：

①儿童伤害问题产生的原因

a. 从儿童个人角度来看，儿童自身缺乏安全防患意识，受生理、心理等方面发展程度的限制，与成年人相比，儿童的认知和行为能力还很低，尚不能充分地、正确地看待周围的事物。而且，一旦身处险境，儿童不能很好地进行表达感受、描述状况和寻求帮助。就个人发展阶段而言，儿童是极度脆弱和弱势的，正处于非常需要保护和关怀的时期。

b. 从家庭角度来看，监护人保护责任不到位。监护人缺乏儿童意外伤害的防患意识，看管不力、照顾不周，监护人保护照顾儿童责任的弱化和缺乏，往往是儿童伤害事件出现的重要致因。甚至，在有些案例中，施害者就是监护人本身。

c. 从学校教育角度来看，不少家长过于看重儿童的“知识教育”，导致学校在教育过程中重教育轻防范，这种教育体制所导致的直接后果就是，儿童在面临生活中的危险时，无危险意识或是自我保护能力低下。

②儿童伤害问题的介入重点

a. 针对儿童个体，可以开展个案工作实务，为他们提供安全知识教育、安全技能的学习和必要的行为训练等服务，帮助儿童树立正确的安全观，增强他们的自我保护能力，更好地适应社会生活。

b. 围绕家庭，主要是将其组织起来，进行小组工作服务，围绕某一共同关注的问题，讨论并沟通、互动和分享，通过相互之间的经验传授，对自身的行为进行反思，强化其保护儿童的责任和意识，并将在小组中获得的经验运用到现实生活中。

c. 强化学校教育的责任，作为仅次于家庭的第二位社会化重要场所，在知识传授过程中，学校不应仅仅局限于一般的知识教育，还应加强安全知识教育和保护自我的技能培训，全面提升学生的社会生存能力。家长将儿童暂时托管到学校，学校就应当成为家庭的强大后备支撑力量，免除家庭的后顾之忧。

d. 注重儿童友好社区的建设，强调儿童发展中社区和社会环境的重要性，营造社区良好的环境，从儿童安全娱乐设施、社区公共安全设施等方面进行改造，加强社区民众对儿童友好的认知。

第十二章　青少年社会工作

12.1　复习笔记

【知识框架(庖丁解牛)】

- 青少年社会工作
  - 青少年社会工作的概念与历史
    - 关于“青少年”
    - 青少年社会工作的概念与发展历史
  - 青少年社会工作的理论
    - 生物进化理论
    - 精神分析和人的发展理论
    - 学习理论
    - 认知发展理论
    - 社会文化理论
    - 社会学的角色扮演理论
  - 青少年社会工作的内容和方法
    - 青少年社会福利
    - 青少年社会工作的内容
    - 青少年社会工作的方法
  - 中国的青少年社会工作
    - 中国青少年社会工作现状与发展
    - 中国青少年社会工作机构与职能分布

【考点难点归纳(厚积薄发)】

考点：青少年社会工作的主要理论(见表12-1)　★★★★★

表12-1　青少年社会工作的主要理论

主要理论	具体内容
生物进化理论	①生长顺序与时间理论(代表人物是坦纳)； ②复演理论(由霍尔提出)
精神分析理论	①性心理发展论(代表人物是弗洛伊德)； ②人际关系理论(代表人物是沙利文)； ③心理社会理论(代表人物是艾里克森)

续表

主要理论	具体内容
学习理论	①操作增强理论（代表人物是斯金纳）； ②发展阶段和任务理论（由哈维格斯特提出）
认知发展理论	①道德发展理论（由柯尔伯格提出）； ②社会认知理论（由塞尔曼提出）
社会文化理论	①文化人类学理论（代表人物是米德）； ②社会文化理论（代表人物是本尼迪克特）
社会学的角色扮演理论	米德将角色一词引入社会学领域中，后来逐渐发展形成角色扮演理论

12.2　课后习题详解

1．试述青少年概念的含义。

答：可以从以下几个方面理解青少年概念的含义：

（1）青少年是一个生理急剧发展的时期

生理的快速发展是青少年最明显的特征。从生理发展的角度，青少年处于青春发育期，其特点表现为体形迅速变化、身体内部机能迅速健全、大脑和神经系统高度发达、性成熟。

（2）青少年是一个转折期

青少年是儿童向成人的过渡。总体来说，生理上青少年期是由儿童转向成人的过渡时期，心理上是个体从不成熟转至成熟的发展阶段，社会上是从生理人向社会人的过渡。这个阶段连接着不成熟与成熟的两个自我，也是人生发展直线上的一个蜕变、转折、转型或转换期，这种转变或转折比人生其他任何阶段都要广泛和深入，因此青少年时期是人生最关键的时期，是自我辨识与认定的重要时期。

（3）青少年是一个关键期

青少年期是人生生命循环变化最多的时期，其在生理、心理方面不断成长，个人的心态及社会关系不断产生变化，青少年对自我的探索、认同、人际关系、家庭及社会角色也在每天产生新的认识和新的适应。青少年时期的发展对人的一生具有关键性的意义。

（4）青少年是一种社会文化现象

青少年表现出明显区别于其他代群的价值标准、行为规范、思维方式和人格倾向，形成了独特的“青少年文化”概念。

2．试述青少年社会工作的含义及功能。

答：（1）青少年社会工作的涵义

青少年社会工作是指以青少年为对象的社会工作。青少年社会工作的概念应包括如下

要素:

①青少年社会工作是面向青少年的社会工作;

②青少年社会工作以青少年发展为根本目的;

③辅导是青少年社会工作的本质特征;

④青少年社会工作具有特别强烈的社会功能。

(2)青少年社会工作的功能

①教育功能,即帮助青年用马克思主义和现代科学文化知识武装自己。

②开发功能,即努力发掘青年的潜力,发挥青年的优势。

③服务功能,即全面地关心青年,帮助青年排难解忧。

④保护功能,即代表青年的正当利益,保护青年的合法权益。

3. 试述青少年福利政策的基本原则。

答:1996 年联合国大会第 50 届会议正式通过《到 2000 年及其以后世界青年行动纲领》(简称《世界青年行动纲领》),提出了青少年福利政策的基本原则,这包括:

(1)达到符合青年愿望的教育程度。

(2)得到与他们的能力相适宜的就业机会。

(3)充分参与社会生活所需的足够粮食和营养。

(4)增进健康和避免患病致瘾,而且无各种形式暴力的物质和社会环境。

(5)不分种族、性别、语言、宗教或无任何其他形式歧视的人权和基本自由。

(6)参与决策过程。

(7)从事文娱体育活动的场所和设施,以改善农村和城市地区青年人的生活水平。

4. 试述青少年社会工作的主要方法。

答:青少年社会工作的主要方法有:

(1)个案辅导

个别辅导的方法很多,青少年社会工作常用的方法有:

①商谈与观察。用诚恳的态度协助青少年发展潜能,自觉地选择好的方法处理目前困扰的各种问题。

②访问。访问的对象有青少年周围的人,如家长、教师、朋友、邻居等,以深入了解青少年个体的问题,争取更好的工作效果。

③共同活动。与青少年个体一同参与实践活动,如参观、旅游、阅读,在实践中指导青少年个体,增加他们的经验和能力等等。

(2)团体活动

通过活动进行辅导的方法很多,主要有:

①榜样示范。即在青少年中树立层次不同、远近各异的榜样和典范，发挥榜样的形象性、示范性和感染性的作用，促使青少年产生赞赏、敬慕、仿效等情感和行为动机，达到学习榜样的效果。

②行为锻炼。即在实践过程中对行为进行不断反复，在反复行动过程中，使认识、情感、需要、动机、态度、价值观等得到转变以支持这种行为方式，达到养成习惯、磨练自己的目的。

③情景感染。活动中情景对参与者具有巨大的感染力，可以使参与者受到美的熏陶、思想的影响和情绪的调动，好的活动需要注意营造适宜的情景。

④竞赛激励。运用评比、竞赛、奖励等手段，可以促进参与者奋发向上，亦符合青少年争强好胜、积极向上的心理特点，使其感情性动机和获得自尊、自我求成的需要更加强烈。

⑤角色模拟。即将青少年置身于一种人为的角色情景之中，使他们学习理解认识角色的规范，增进角色体验，以增强社会性。

青少年活动主要类型有自我教育成长、政治性活动、生产性活动等，在范围上亦有全社会性的和社区内的活动之分，这些是青少年社会工作者不可忽视的重要领域。

(3)社区建设

其介入手段有：

①从动员组织社区内综合服务力量入手

青少年工作者联合社区内各类社会组织，整合能够帮助青少年的各种资源，为青少年的健康成长提供多样的服务。

②从建设社区相关社会舆论入手

通过网站、微信公众号等平台，通过宣传相关工作理念，以便于更好地开展社区青少年工作。

③从发动社会资源，争取社会力量入手

a. 从社会整体发展角度，为本社区青少年发展服务，影响政府有关青少年政策，影响社会的青少年事业等。

b. 联系有关政府职能部门、相关社会组织和机构，争取社会资源，如资金、物质、人力等为本社区的青少年服务。

青少年社会工作的介入手段还包括组织和团体建设活动、入团(队、军)仪式、选举领袖、检阅队伍等。青少年之家、青少年宫和野外文化体育训练营地活动等也都受到青少年的欢迎。

12.3 考研真题与典型题详解

一、概念题

1. 青少年社会工作(北师大2024年研;西南大学2020年研;南航2016年研)

答: 参见本章课后习题详解第2题答案。

2. 青少年福利

答: 青少年福利是对青少年的生理、心理、社会环境提供满足需要和促进发展的社会政策、专业技巧以及具体行为的总称。青少年福利有广义和狭义之分:①狭义的青少年福利是指由特定机构向特殊的青少年群体提供的特定的服务。服务的提供者是有限和特定的,只有特定的部分青少年才能享有这种福利。②广义的青少年福利是指面向社会中的所有青少年,旨在促进他们全面健康发展的福利服务。福利服务对象由特殊青少年群体扩大到所有青少年。

二、简答题

青少年社会工作者应有怎样的价值取向?(武汉大学2010年研)

答: 社会工作价值观是青少年社会工作的核心基础。青少年期是人生的"多事之秋","反叛"、要求独立以及不断面临"心理断乳"而带来的震荡,是这一时期青少年身心发展和社会成长的主要状态。爱出风头、标新立异、唯我独尊等,也是许多问题青少年的主要行为特征。因此,要做好青少年的社会工作,社会工作者就更加需要秉持和运用接纳、不批判、尊重、保密、个别化和当事人自决等社会工作价值原则。

(1)尊重青少年的价值与尊严

青少年在发展阶段对他人是否尊重他们最为敏感,社会工作的价值理念,也是把尊重放在第一位置。

(2)接纳与关爱青少年

在开展服务的过程中,对青少年充分地接纳与关怀是促进青少年成长的动力。

(3)注重青少年的个别需求

每个青少年的成长都有不同的经历,每个人对待环境变化,也都有不同的反应与调适方式。社会工作者应根据每个青少年的不同情况制订个别化的服务计划。

(4)协助青少年具备适应社会变化不断成长的能力

社会工作者在开展服务的过程中,要充分掌握社会发展脉络,配合青少年的社会适应性需要,通过给予青少年必要的辅导和协助,帮助他们建立适应社会的能力。

三、论述题

1. 联系实际，论述青少年的行为特征以及当前面临的社会环境问题。（西南大学 2010 年研）

答：(1)青少年的行为特征

①要求独立但本身的能力尚不能达成，导致心存矛盾。

②个人达到性成熟阶段，生长异常快速从而导致容易疲劳、不安及有其他不良的症状。

③对于社会道德标准的看法改变，比较容易接受同辈群体的行为标准。

④对自己的能力、性格取向、学习的方向及职业选择迷惑不已或时常转变。

⑤地位的含混，对自我产生怀疑。

⑥情绪及行为非常不稳定，易冲动，情绪变化无常。

⑦是一个问题极多的时期，易受周围环境的影响，自控能力差。

(2)当前青少年面临的社会环境问题

①成瘾行为

进入青春期后，青少年与社会的接触更广泛，也会更容易受到社会不良因素的影响。成瘾的概念最早来源于临床医学中病人对药物的依赖现象。当前，在青少年群体中比较常见的成瘾现象主要有吸烟和饮酒成瘾、游戏成瘾以及网络成瘾等。

②内部失调

青春期会引起一系列生理和心理上的变化以及对社会生活的不适应，青少年会产生困扰、绝望、悲观等消极的情绪，因此极易产生内部心理问题，如抑郁、焦虑、青春期精神分裂和自杀倾向等。

③外部失调—反社会行为和青少年犯罪

近年来我国青少年犯罪呈现出偶发性、团伙性、低龄化的特点。影响青少年犯罪的原因主要有：

a. 自身：青少年心理发展速度不及生理发展，情绪易冲动不稳定，自制能力欠缺，法律意识淡薄等等。

b. 家庭：家庭教育方式，过于严厉或者溺爱，与孩子缺乏必要的沟通和交流，家庭关系不融洽等等。

c. 学校：法律教育不到位；应试教育体制，缺少对青少年心理或者其问题行为的关注。

d. 同伴群体：同伴群体之间的模仿，不正确观念在群体间的传播。

e. 大众媒体：带有暴力色彩的网络资源、影视作品等对青少年存在不良影响。

f. 社会：法律知识普及不到位；对青少年成长中出现的问题缺乏关注；容易成瘾的网络文化、暴力吸毒等低级败坏文化等不良社会风气的存在。

2. 试说明在青少年社会工作实务领域，社会工作可提供的服务及社会工作者的角色。(南京理工 2011 年研)

相关试题：青少年会面临哪些困难？如何从专业社会工作的角度给予帮助？(山东大学 2016 年研)

答：随着我国经济社会快速发展，当代青少年在学习、工作、生活条件总体改善的同时，在成长成才、身心健康、就业创业、社会融入、婚恋交友等方面也面临着新的困难和问题。特别是大量城乡贫困家庭青少年、残疾青少年、在城市和乡间流动的农村青年以及几千万农村留守儿童，他们面临着很多难题，迫切需要帮助。

而在青少年社会工作实务领域，社会工作可提供的服务及社会工作者的角色如下：

(1)服务青少年成长发展

①思想引导。为青少年提供思想道德教育辅导，引导青少年积极践行社会主义核心价值体系，形成正确的世界观、人生观、价值观。

②习惯养成。社会工作者为青少年提供正确的行为指导和良好的习惯训练，帮助青少年形成正确的生活、学习和行为习惯。

③职业指导。职业指导包括帮助青少年培养正确的就业意识，提供就业信息服务，组织开展就业技能培训。

④婚恋服务。即引导青年树立正确的婚恋观，帮助其解决思想上、情绪上的困扰，为有需要的青年组织开展婚恋交友活动。

⑤社交指导。即培养青少年良好的交往动机和交往品质，提高青少年的合作意识和能力、沟通交往技巧和能力，对社会交往有障碍的青少年进行社会关系调适，帮助其融入社会。

(2)维护青少年合法权益

①困难帮扶。对贫困家庭青少年、残疾青少年，帮助他们获得政府救济和保障以及社会资助和帮扶，同时培养其自强自助的生活态度。

②权益保护。为青少年提供个案维权服务，耐心解答青少年的求助咨询，及时跟进并协调解决家庭虐待、人身伤害、吸食毒品、沉迷网络等侵害未成年人合法权益的案(事)件。

③法律服务。为青少年提供法制宣传教育和法律咨询服务，帮助青少年增强学法、遵法、守法、用法意识，提高自我保护意识和能力，必要时联系法律援助部门给予其援助。

④心理疏导。缓解或消除青少年的心理问题，帮助青少年提高情绪自我管控能力，促进其健康人格的形成，特别关注农村留守儿童、服刑人员未成年子女、流浪乞讨未成年人

等特殊群体的心理关爱问题。

(3)预防青少年违法犯罪

①正面联系。通过个案、小组和社区工作等社会工作方法，加强对闲散青少年的接触联系，提供有针对性的引导和帮扶；加强对流动青少年群体的服务管理，进驻大型商企、市场、城中村等流动人员高度密集区域开展工作。

②临界预防。关注普通青少年向有不良行为青少年转化的边界，重视偷拿财物、逃学、抽烟喝酒、夜不归宿等早期典型行为，及时采取有针对性的预防工作；防止青少年与家庭和学校关系紧张、联系断裂，避免青少年受外界不良行为影响产生不正常的社会化倾向。

③行为矫治。对有不良行为或有严重不良行为的青少年，通过进驻社区、学校、戒毒所、拘留所、看守所等工作项目，加强制度规则意识教育和法制底线教育，纠正和改变其不良行为习惯。

④社会观护。协助公安、法院、检察院等单位开展取保候审、观护帮教、附条件不起诉监督考查、合适成年人参与未成年人刑事诉讼、社会调查等工作，帮助掌握未成年犯罪嫌疑人的基本情况，减少涉罪未成年人再犯罪。

3. 试述青少年社会工作的内容。

答：(1)宏观的青少年社会工作

宏观的青少年社会工作主要是关于青少年社会工作全局方面的计划、实施、管理和监督等工作，内容主要包括推动有关青少年的立法、政策建议、促进青少年的成长、推动青少年教育、监督和维护青少年健康成长的社会环境、保护青少年权益等。

(2)微观的青少年社会工作

微观的青少年工作是为青少年服务的具体工作，主要包括下列内容：

①思想政治教育与辅导

思想辅导的根本目的是帮助引导青少年形成正确的对世界的看法和态度，其主要内容有：

a. 帮助青少年形成对社会政治制度的看法，培养其正确的政治方向。

b. 引导青少年形成对整个世界，包括自然界、人类社会的正确态度，对自然现象和社会现象有正确的认识。

c. 引导和帮助青少年形成对现实生活中的各种事物和现象进行评价、决定取舍时的正确价值评价和价值目标。

d. 引导青少年建立正确的观察、判断和推理的思维方法，树立科学方法论。

②道德及品格的辅导

a. 通过多种形式提高青少年道德理论认识，帮助他们学习和掌握必要的道德理念和思想基础。

b. 运用多种手段，特别是实践体验，帮助青少年形成良好的道德习惯，发展道德能力。

c. 通过工作帮助青少年在日常道德生活中注意提高自己的道德境界，形成健康的道德情感。

③学业指导

a. 激发青少年的学习动机，激励远大的与社会相联系的动机，强化直接与学习相联系的动机，不断提高青少年学习的自觉性。

b. 帮助青少年树立正确的学习态度，增加青少年学习的主动性、自觉性、独立性，使之能正确认识和对待学习中的各种问题。

c. 发展青少年的学习兴趣，使之更为广阔和深刻。

d. 帮助青少年提高学习能力，更好地掌握新的学习方法，促使其创造性的独立学习能力的形成和提高。

e. 帮助青少年化解处理学习中的困惑和问题，帮助他们克服学习压力，克服学习困难。

④健康成长指导

a. 辅导青少年了解生理心理发展的知识，普及卫生常识，帮助青少年更科学地认识自己生理心理发展的规律。

b. 辅导青少年掌握生理心理发展的基本技能，养成良好的卫生习惯，科学地增进自己的生理心理健康。

c. 帮助青少年矫正身体和心理的缺陷。

⑤就业辅导

a. 对青年就业意识的正确引导，包括就业的意愿和志向，择业的动机以及选择就业途径时的各种心理活动。

b. 辅导青年培养正确的劳动态度，即青年个人因接受或否定社会或社团的某些价值面对工作所持的态度，增强青年生产活动的客观指标，调整青年个体对工作和专业的满意程度。

c. 为青年择业提供直接的服务，如职业介绍，推动政府完善就业制度，开辟就业渠道。

d. 进行就业训练，主要有基础定向培训、应变和多能性培训与入门培训等。

⑥生活方式辅导

a. 指导青年对物质生活方式的选择，以引导青少年树立正确的消费观为重点，帮助青年养成良好的消费习惯，养成勤俭朴实的好作风。

b. 开展丰富多彩的文化娱乐活动，培养青少年良好的生活情趣，发展青少年的多种兴趣，指导好青少年的闲暇生活。

⑦社会交往指导

a. 培养青少年良好的交往动机和交往品质，从而促进青少年的综合素质不断提高。

b. 培养青少年正常的交往情绪和心理。

c. 提高青少年的合作意识和能力、沟通交往技巧和能力。

d. 对社会交往有障碍的青少年进行社会关系调适，帮助其融入社会。

⑧婚姻服务

a. 教育帮助青年人树立正确的婚恋观，如恋爱中的严肃态度，对婚姻本质的正确认识，对家庭的责任感等。

b. 指导青年人的恋爱婚姻，及时提供全方位的服务，解决他们思想上、情绪上的困扰，为他们提供包括心理咨询、婚姻调解、法律咨询等多方面的服务，提高青年人的婚姻质量。

c. 婚姻介绍，为一些有特别需要的青年人发挥中介作用。

d. 在家庭婚姻服务中，依法保护青少年，特别是少年的利益，与早婚现象做斗争，引导少年正确对待“早恋”的情感。

⑨特殊青少年服务

青少年群体中有一部分群体需要予以特别服务。如残疾青少年的就学、就业、康复、婚恋需要特别的服务。

第十三章　老年社会工作

13.1　复习笔记

【知识框架(庖丁解牛)】

- 老年社会工作
  - 社会变迁与老人问题
    - 老人问题的由来
    - 老年社会工作的源起与发展
    - 影响老年社会工作的主要因素
  - 老年社会工作的理论与方法
    - 老年社会工作的理论
    - 老年社会工作的方法与技巧
  - 老年社会工作实务
    - 机构照顾
    - 社区照顾

【考点难点归纳(厚积薄发)】

考点：影响老年社会工作的主要因素(见表13-1)　★★★

表13-1　影响老年社会工作的主要因素

要点	具体内容
经济发展	老年社会工作的经济支持有两个来源：一是政府，二是民间团体，其中绝大部分资金来源于政府
社会政策	社会政策是国家实行社会行政管理、推行社会福利和社会服务的基本手段，是社会工作行政的活动依据。老年人作为竞争能力较弱的群体，他们福利保障水平的提高、生存条件的改善在很大程度上有赖于社会政策的制定和实施。社会政策直接影响并指导着老年社会工作的发展
文化因素	①西方文化所赞扬独立，在此种文化观念下，西方大多数老人认为，赡养老人是政府的责任，同时个人也应承担起自我养老的义务。 ②中国素有尊老敬老的传统。同时，中国文化的“家国一体”模式，使家庭承担了许多本应由国家来承担的赡养老人的责任和义务，从而赡养老人完全成为家庭的责任。但另一方面，由于中国文化过分强调家庭的养老功能，老人社会服务网络体系的发展严重滞后，制约了中国老年社会工作的发展

13.2 课后习题详解

1. 试说明影响老年社会工作的主要因素。

答：影响老年社会工作的主要因素有：

(1)经济发展水平

经济发展水平的高低是促进或限制社会工作发展的主要因素之一。经济发达的国家，老年社会工作发展得较为完善，经济落后的国家，老年社会工作发展缓慢。

(2)社会政策

社会发展的总目标和总计划需要通过社会政策加以具体化，使之具有可操作性。社会政策所规定的任务、要求、目标直接影响着某一群体和某一具体行业的兴衰与发展，它直接影响并指导着老年社会工作的发展。

(3)文化因素

文化观念不同，老人赡养方式、居住方式、人际交往方式也会有差异，这直接导致了不同文化背景下老年社会工作的区别。如西方文化所赞扬独立又尊严的思想，这种文化观念决定了西方大多数老人认为，赡养老人是政府的责任，同时个人也应承担起自我养老的义务。

2. 老年社会工作理论对老年社会工作实务有何指导意义？

答：老年社会工作理论主要包括社会撤离理论、活动理论、连续性理论、符号互动理论和社会交换理论等。老年社会工作理论对老年社会工作实务的指导意义主要包括：

(1)老年社会工作理论是构成专业老年社会工作的必要条件之一，是实务开展的根据和基础。

(2)使社会工作者了解老年社会工作的规律，指导其按照客观规律去提供服务，挖掘老年人的潜能，改善老年人的生活待遇和服务水平。

(3)老年社会工作理论的支持，让工作者确定服务方案及其目标，并能根据实际情况不断调整。

(4)尊重老年人的价值。社会工作理论让工作者了解到老年本身的含义，调整自身认知，知道老年是人生阶段必要的一个过程，从而对其产生理解、支持和尊重。

(5)帮助工作者解决实务中的难题。老年社会工作理论能让工作者了解到老年需要的支持，通过影响工作者的态度和行为，从而帮助老年人解决因为年老而带来的问题，维持良好的日常生活功能，让老年人获得更好的社会支持，建立并更好的运用社会网络和社会资源，积极与社会保持接触，发挥所扮演的社会角色的功能。

3. 老年个案工作应遵循的基本原则是什么?

答:老年个案工作应遵循的基本原则大致如下:

(1)从价值观上尊敬并接受老人

工作者应该从价值观上尊敬并接受老人,帮助老人改变生存环境,提高他们的生活质量。

(2)建立相互信赖的关系

与老年人建立起相互信赖的关系,是开展老年个案工作的前提。

(3)有耐心、多鼓励

老年人的性格类型多种多样,对他们要有耐心。多鼓励老人,促进他们自信心的建立。

(4)让老人自我选择、自我决定

让老人参与决定,有利于激发其在整个服务过程中的积极性和主动性。

(5)个别化的原则

每一个老人都是一个独特的个体,都有他们自身的个性和特点,不能用某一固定的模式开展工作。

4. 为什么在我国要大力发展老人社区照顾?

答:大力发展老人社区照顾,是解决我国老人照顾困难的有效途径,理由如下:

(1)家庭照料功能逐渐弱化。随着工业化和城镇化进程的发展,家庭规模逐渐小型化;年轻一代无暇顾及老人照料,青年人婚后多选择离开父母单独居住,老年人越来越多地选择独居。这些情况导致现代家庭难以完全承担照料老人的责任。

(2)老年人大多愿意在他们熟悉的社区环境中生活。

(3)社区照顾可以有效利用社区内的闲置资源。充分发掘并利用刚从工作岗位上退休下来的低龄老人,他们是社区照顾中的重要资源。

(4)满足我国老年人不同层次服务需求的最佳途径是走正规照顾和非正规照顾相结合的道路。

①正规照顾是由领薪专业人员在各类机构内或在家中所提供的照顾,如敬老院、福利院、老人日托中心、老人家务助理等。

②非正规照顾是由家人、亲友、邻里或志愿者提供的照顾。

(6)依赖社区居家养老,可以合理利用养老资源。帮助有困难的家庭走出困境,让低收入的老人在社区内得到免费和低费的照顾,也是社会工作者的工作目标。

13.3 考研真题与典型题详解

一、概念题

1. 活动理论(河北大学2012年研)

答: 活动理论又称活跃理论，是指主张老年人应力争维持他们以前的思想与行为的活跃水平的理论。该理论认为对各种年龄的人来说，社会活动都是生活的基础，人的健康和社会幸福都有赖于不断地参与社会活动。如果人们目前的角色或社会关系一旦丧失，就要以另外的角色或社会关系去替代，否则人的活跃程度就会下降，生活满意感也将随之减退。人越能保持活跃，生活就越会称心如意。所谓成功的老龄过程就是保持中年的状态。

2. 社区照顾(北师大2024年研；华东师大2023年研；南京理工2011年研)

答: 社区照顾是指社会工作者动员社区资源、运用非正式支持网络、联合正规服务所提供的支持服务与设施，让有需要照顾的人士在家里或社区中得到照顾，在其熟悉的环境中向其提供照顾和帮助的福利服务模式。社区照顾可以看做是一个社会服务网络，非正式网络与各种正式的社会服务机构相配合构成了这个网络。

二、简答题

1. 什么是老年社会工作？其发展经过如何？

答: 现代社会中，老年问题已成为广受关注的社会问题。发展老年社会工作对解决老年问题有着重要的现实意义。

(1)老年社会工作的含义

老年社会工作可以从狭义和广义两个方面来界定。

①狭义的老年社会工作，又称专业老年社会工作，是指社会工作者运用社会工作专业服务方法，充分协助老年人解决生活过程中所遇到的困难，使老年人度过一个安乐祥和的晚年。专业老年社会工作是严格意义上的社会工作。

②广义的老年社会工作，又称为老年人服务或老年人福利，泛指社会上一切有利于增进老年人适宜生活的社会服务活动。

(2)老年社会工作的起源与发展

①老年人福利思想与福利措施在我国起源很早。舜以“孝”治天下；周公制六礼，提倡尊敬老人；孔子提倡“老者安之”“老有所终”；孟子主张“老吾老以及人之老”等，都无不体现了我国悠久的尊老敬老传统。

②西方国家的慈幼、养老、赈穷等综合性福利思想，也可追溯到古希腊的“幸福主义”、古罗马的“责任观”和希伯来人的“正义论”等观念的启发。

③工业革命以前，北欧及美国等先进国家皆因社会现实的需要，而制定各种济贫法案以协助贫民，其中受助者大部分为老人。

④在第二次世界大战以后，从英国开始，西方国家纷纷宣布建立了福利国家。西方发达国家的老年社会工作和老年人福利在这一时期也有了进一步的发展，并实现了理论与实务相结合。

⑤20世纪末，为适应经济社会环境和社会政策的变化，欧美等西方发达国家政府直接提供的老年人福利工作有所减少，从而鼓励多种形式的民间承办的老年社会工作，非政府组织、私人机构也积极参与老年社会工作，老年社会工作的社会化和专业化都获得了较大的发展。

2. 简述老年社会工作的理论基础。

答：社会学、心理学、医学以及老年学都从各自的学科领域对老年问题作了一定的理论阐述，为老年社会工作提供了一定的理论指导。老年社会工作的理论可以分为微观和宏观两个层次。

(1)微观层次的理论

①角色理论

角色理论主要是从老年期社会角色变迁的角度来探讨的。这一理论有助于人们理解老年人为什么难以适应衰老。

a. 老年人面临着许多角色困境，随着年龄的增长，他们更多的是失去原先扮演的角色而非得到新的角色。老年人不能一贯地用社会规则指导自己的行为，他们被排除在社会的有意义的活动之外。

b. 老年人的角色丧失大多是不可逆转的，尽管有些老年人再婚或有些退休者重新走上工作岗位，但多数老人没有新的角色来代替他们所失去的角色。

c. 老年人所经历的角色过渡阶段是不具有连贯性的。在一个年龄层次上所学的东西，在下一个年龄层次上可能是无用的或者是相互抵触的。

可以说，成功的老年生活很大程度上取决于个人能否适应改变了的角色与任务。那么如何来应对角色退出对老年人带来的不利影响呢，帕森斯认为，有三种不同的社会复位方式——文化所规定的角色继续、角色重演和易位投入，以终止丧失过程，恢复或支持重要角色退出后的身份继续。

②脱离理论

脱离理论又称撤退理论或休闲理论，是从代际循环的角度展开的，老年人因为从原有的社会角色尤其是职业角色中退出以及活动力的下降，而不能达到原来的社会期望，同时老年人也希望摆脱这种难以达到的社会期望，从原有的社会中"脱离"出来。因此对老年人来说，脱离被看做是一种适应的行为，可以使老年人保持一种有价值和平静的感觉，同时扮演比较次要的社会角色。

③活动理论

活动理论又称活跃理论，是指主张老年人应力争维持他们以前的思想与行为的活跃水平的理论。该理论认为对各种年龄的人来说，社会活动都是生活的基础，人的健康和社会幸福都有赖于不断地参与社会活动。如果人们目前的角色或社会关系一旦丧失，就要以另外的角色或社会关系去替代，否则人的活跃程度就会下降，生活满意感也将随之减退。人越能保待活跃，生活就越会称心如意。所谓成功的老龄过程就是保持中年的状态。

④连续性理论

连续性理论综合了脱离理论和活跃理论的观点，强调的是人们维持过往与现今之间联系的需要，人们只需要维持自己所需要的社会参与水平就可以得到最大的幸福感和自尊。该理论认为，活跃度本身并不重要，重要的是其所反映的生活方式的连续性。

⑤符号互动理论与标签理论

符号互动理论又称作象征互动理论，主要探讨环境、个体及其相互作用对个人老化的影响。符号互动理论认为，人们会通过社会互动形成对情境或事件的知觉和意义，而在与他人交往过程中，个人会依其知觉对现实环境设定计划目的和采取行动。因此在老年人生活中，周围环境、老年人自身以及老年人与环境的互动等状况对老年人晚年的生活质量有着重要的意义。

“标签理论”是由符号互动理论演化而来的，社会对老年人贴上怎样的标签会深刻地影响到老年人问题的解决。因此在老年社会工作中，社会工作者应对老年人抱有积极的态度，肯定老年人是有能力的，肯定老年人是能够自己作出决定的，而且社会工作者还要做出努力，为老年人塑造良好的周围环境，这样会为老年人问题的解决提供有力的支持。

(2)宏观层次的理论

①老年亚文化群理论

老年亚文化群理论旨在揭示老年群体的共同特征，并认为老年亚文化群是老年人重新融入社会的最好方式。

当老年群体与其他年龄群体交往时，他们会显示出亚文化状态。老年亚文化既有积极作用，也有消极作用。积极作用表现在老年人形成群体身份与意识，具有采取社会行动的潜能，以捍卫老年人权利及争取老年人福利与社会资源。消极作用是有可能造成年龄歧视，不利于不同年龄层的整合。

②年龄分层理论

年龄分层理论的基本假设是，年龄是一个带有普遍性的标准，当人们的年龄从一个层次到另一个层次转移时，他们的权利、角色和特权是根据这个标准分配的。

年龄分层理论将人们的老化与社会进程联系起来。随着年龄的增长，个人不仅会经历身体变化，同时也会经历社会角色和地位的改变，这种社会角色和地位的变化是与人的年龄相关的，因此社会中也就明显存在着年龄层次的区分。

从动态过程来看，同一年龄层次的成员由于其在社会环境和生活经历上的相似性，以及与其他年龄层次的相异性，使其在向下一年龄层的过渡中也呈现出了新的价值观念。

③现代化理论

现代化理论认为，社会现代化与老年人的关系具有两重性：一方面推进了人口老龄化和老年人数的增加，另一方面又削弱了老年人的社会地位。影响社会现代化和老年人地位的四个相关因素包括医疗技术、经济技术、都市化和教育。

3. 小组工作如何应用于老年人社会工作？(河北大学2011年研)

相关试题：简述老年人小组工作的特点。(河北大学2018年研)

答：(1)老年小组工作的基本原则

①不事先对老年人参加意愿进行揣测。

②社会工作者应事先了解参加小组工作的每一位老人，要尽可能考虑到每个老人的特殊需要。

③小组组员的选择要恰当、合适。应当把教育水平大致相当、身体活动能力无甚差别和兴趣爱好相投的老人组成一个小组。

④不强求的原则。应尽可能调动老人参加小组活动的积极性，但在面对个别不愿意参加活动的老人时应尊重老人的选择。

(2)老年小组工作的具体技巧

①社会工作者在小组活动之前，要做好充足的准备工作。在开展第一次小组活动之前，社会工作者事先要了解老人们是否说方言、游戏环节和道具准备情况、破冰游戏等。第一次活动要使组员感到轻松自然、愉快开心、活动有趣。

②小组规则和环节应该简单易懂，不能使老人不了解游戏环节而影响参与的积极性。

③社会工作者要不失时机地赞赏组员的能力，通过赞赏去增加组员的自信心，从而促进他们积极参与。社会工作者要加以引导、规范那些以自我为中心的组员，从而更好促进小组工作目标的完成。

④社会工作者要关心每个组员对活动的感受，及时调整活动环节避免冷场。要防止在小组内组员自发形成“小山头”。

⑤在小组活动中，社会工作者应协助组员表述真实感受，总结经验技巧，以便于更好地开展下次活动。

⑥小组行将结束时，社会工作者应评价活动的效果及每个组员的发展。

(3)专门适用于老年人的小组

①现实辨识小组

现实辨识小组的成员一般是有轻度到中度认知混乱的老年人，社会工作者通过环境中的一些提示，帮助他们确认时间、方位或者是人。现实辨识小组一般是在护理院、医院或者成人日间护理设施中开办的。小组工作只是机构让头脑混乱的老年人与现实环境“接轨”的整体工作的一部分。

②动机激发小组

老年社会工作者面临的最困难的任务之一，就是让老年人参加个人和群体的活动。长期缺少社会接触会让老年人的交往能力受损，变得淡漠和了无生气，强化退缩倾向。动机激发小组的目的就是要激发那些不再对眼前或将来感兴趣或投入的人。小组活动是用来帮助老年人重新与他人建立联系，摆脱一直满脑子装的都是自己和自己的麻烦的状况。

4. 试述老年社会工作的目标和原则。

答：(1)老年社会工作的目标

具体来讲，老年社会工作的目标可以概括为以下几项：

①帮助老人获得所需资源，争取老人所拥有的权益；

②帮助老人增强其能力，以克服生活中的困难，解决所面临的问题；

③协助老人积极参与社区活动，促进老人与他人互动，使老人晚年生活更为充实；

④为老人及其家属提供咨询，帮助老人了解和接受老年期的生活；

⑤影响有关老人的社会政策，改善老人的生活环境。

(2)老年社会工作的原则

①相信老年人能够改变

社会工作者应对老年人的老化过程有科学正确的了解，这样可以协助老年人改变不良的习惯或问题。在对老年人进行协助时，应体谅到他们的需要、处境和感受，而不是进行说教式的指导。

②尊重不同老年人的需求

“个性化”是社会工作的一条基本原则，它指导社会工作者把案主作为一个“个人”和“系统”来看，而不是简单地把案主作为某一类性格的人来看。

③耐心主动地与老年人进行有效的沟通

对老年人，尤其是情绪低落的老年案主，社会工作者应耐心主动地与他们进行沟通。

④建立相互信任的工作关系

社会工作者可以从老年案主最为关心的需要和问题入手，包括健康、住房及经济方面，首先解决较容易处理及可以改变的问题。在老年社会工作中，社会工作者对老年人最好采用同感的关心，而不是同情的怜惜，这样老年案主会把社会工作者看做知己，融洽、相互信任的工作关系也就自然而然形成了。

⑤尊重老年人的自决权利，多肯定老年人

虽然老年人在接受社会工作者的协助中，往往希望社会工作者能帮助他们拿一个主意，但老年人对于自己能够作出决定还是十分高兴的，这会使他们感到自信。

⑥为老年人保守秘密

“保守秘密”是社会工作者在协助老年案主的过程中所形成的心照不宣的相互信任的关系。在这种关系中，老年案主才可以放心地向社会工作者讲述自己真实的苦闷，会向社会工作者讲述自己的一些真实的想法和感受。

三、论述题

1. 独居老人初次家访过程中如何建立工作关系？(中山大学 2014 年研)

答：独居老人缺乏支持体系，精神需求方面的需求非常强烈，所以社会工作者可以通过生活关照、话家常等方式，与老人建立相互信任的关系。同时，在对独居老人初次家访的过程中，还要注意坚持老年社会工作的基本原则，具体包括：

(1)从价值观上尊敬并接受独居老人

工作者应该从价值观上尊敬并接受老人，帮助老人改变生存环境，提高他们的生活质量。

(2)建立相互信赖的关系

在与独居老人接触时，工作者要持不批判的态度并给予案主积极支持，才可能与案主建立信赖关系；要真心地去关心案主，了解他们的真实感受，并对他们的感受做出积极的反应，让独居老人从这种回应中得到安慰，使他们感到自己不再孤单，这样方能营造一个让案主自由倾诉的环境氛围。只有那些有意愿改变自身处境的老人才可能在心理上不抵触工作者帮助，对那些无此愿望的老人，尚不用去强行建立某种关系。

(3)有耐心、多鼓励

老年人的性格类型多种多样，对他们要有耐心。多鼓励老人，促进他们自信心的建立。

(4)让老年案主自我选择、自我决定

工作者不仅要相信老年案主有能力做出决定，而且应积极鼓励老年案主参与日后计划的制定与策略的选择。让案主参与决定的过程，能使案主在实施决定的过程中更具积极性和主动性。

(5)个别化的原则

相信每一个老人都是一个独特的个体，都有他们自身的个性和特点，工作者切忌不可用某一固定的模式去套他们的生活。

2. 谈谈你对我国老年社会工作发展前景的认识。

答：随着社会转型的加剧，我国老年社会工作也亟须有相应的发展。

(1)促进我国老年社会工作的专业化发展

社会工作的专业化有助于强化社会福利政策和增强社会服务的成效。专业化的老年社会工作有助于科学有效地解决老年人问题，是老年社会工作发展的趋势。

(2)增进我国老年社会工作的社会化发展

老年社会工作的社会化发展不仅是老年社会工作对象的社会化，还包括老年社会工作开展的社会化，不仅局限于行政部门，还要发展社区力量、社会团体、教育科研机构等社会力量来一起投身于老年社会工作中，真正实现老年社会工作的社会化。

(3)实现我国老年社会工作的本土化

由于我国的国情不同于其他国家，在发展老年社会工作中并不能照搬西方的模式，而应该根据自身的经验和现状，通过积极借鉴国外的成功方法，来发展适合本国国情的老年社会工作模式，实现其本土化发展。

(4)我国老年社会工作发展的重点应放在老年人的生活照顾方面

我国老年社会工作的发展还处于初级阶段。从整体上来考虑，老年人的日常生活照顾方面还未达到完善，生存状况问题是老年问题中的首要问题。因此，我国老年社会工作应将重点放在解决老年人日常生活的照顾上。

(5)促进相关老年人社会政策的制定与实施

老年社会工作的实施需要相关社会政策的支持。只有在相关社会政策的指导和约束下，老年社会工作才会更加科学规范地进行，从而实现老年社会工作的专业化、社会化发展。

(6)加强老年社会工作专业人才的培养

随着老龄化的加速，对于老年社会工作者的需求也急剧增加。应加强培养实务型人才，注重理念、方法和技巧的学习，提升专业人才的实践技能。这一部分人才除了应在老年社会工作领域发挥充分的作用外，还应注重在实践中积极探索、总结适合我国的老年社会工作模式。

第十四章　妇女社会工作

14.1　复习笔记

【知识框架(庖丁解牛)】

- 妇女社会工作
  - 妇女社会工作概述
    - 什么是妇女社会工作
    - 妇女社会工作的发展
    - 中国大陆妇女社会工作机构简介
  - 妇女社会工作的理论
    - 马克思主义妇女观
    - 女性主义
    - 社会性别主流化
  - 妇女社会工作的方法
    - 妇联组织主要工作方法
    - 妇女增权
    - 建立社会支持网络
  - 中国妇女社会工作实践
    - 三大主体活动和四项工程
    - 宣传教育妇女工作
    - 为妇女提供社会服务
    - 维护妇女合法权益

【考点难点归纳(厚积薄发)】

考点：女性主义(见表14-1)　★★★★

表14-1　女性主义

要点	具体内容
女性主义的含义	女性主义又称女权主义。一般认为女性主义既是一种社会运动，也是一种社会思潮。严格地说，女性主义是一种随着西方女权主义运动兴起而逐渐形成的妇女争取自己的权利，要求男女平等的社会思潮
女性主义的类型	女性主义是多元的，可以分为自由主义女性主义、社会主义女性主义、激进女性主义、文化女性主义、后现代女性主义和妇女主义等不同流派

续表

要点	具体内容
女性主义的特点	①观察方式。女性主义用社会性别的眼光观察历史的、现实的社会生活，发现其中的社会性别关系。 ②行动方式。女性主义表现为鲜明的行动性。女性主义在法律、法庭、福利制度、政治选举、传媒和公共辩论等方面展开行动，推进社会变革。 ③存在方式。女性主义强调女性在社会中的主体位置，即在社会变革中有块领地，强调女性主义在社会结构中的主体性
不同流派的女性主义的共性	①目标都是为了达到两性平等。 ②都重视女性的价值，以女性的经验作为理论与行动的基础。 ③认为社会角色划分不应只根据性别这个单一变项，每个人在顾及他人的权益之下，都有争取个人自我实现的权利和机会。 ④强调通过女性集体行动达到社会变迁的目标
女性主义对妇女社会工作的意义	①承认女性是独立的个体，她们有独特的生活经验。 ②承认社会上的权力分配不均及资源不足的现象，这些现象常常使女性处于不利的境况。 ③将女性的困境提到社会改革的层面，视女性问题为个人与社会运作失调的结果，而不应将问题个人化

14.2　课后习题详解

1. 什么是妇女社会工作？试述妇女社会工作与妇女工作的关系。

答：(1)妇女社会工作的含义

妇女社会工作是主要以妇女为服务对象的社会工作，也就是针对女性在自我成长过程中，在参与政治、经济、社会、文化和家庭生活过程中遇到的群体或个体问题而开展的社会服务性工作。其目的是为女性的全面发展创造有利条件和社会环境，实现男女两性平等和谐发展。

(2)妇女社会工作与妇女工作的关系

①妇女社会工作与妇女工作的相同点

a. 工作对象相同。妇女工作与妇女社会工作都主要以妇女为服务对象。

b. 工作目的相同。都是为了更好维护妇女的合法利益，为女性的全面发展创造有利环境。

②妇女社会工作与妇女工作的区别

a. 价值观不同。妇女社会工作在价值理念上强调工作者对服务对象的尊重、接纳、非批判、个别化以及为服务对象保守秘密与让服务对象自决，强调助人者与受助者之间的平等、合作关系，强调专业服务过程中助人自助等原则。而中国传统的妇女工作则普遍把妇女工作机构视为服务对象的代言人。

b. 工作理论不同。专业妇女社会工作长期以来已形成一套专业理论和方法，而传统的妇女工作虽然在实践中积累了比较丰富的经验，但是缺乏概念提炼和理论总结。

c. 工作主体不同。妇女工作的主体是全国的妇联组织系统、各级工会女工委员会和妇女工作委员会，更多属于半官方组织；妇女社会工作的主体是专业的社会工作者和社会工作机构，更多是专业性的社会组织。

d. 工作方法不同。妇女工作主要采用行政性的或半行政性的方法开展工作，更多强调自上而下的改变；妇女社会工作主要运用专业的社会工作方法开展工作，更多强调自下而上的改变。

2. 结合实际，试述如何在社会工作中落实社会性别主流化。

答：在社会工作中落实社会性别主流化的方法主要包括：

(1)社会工作者要了解社会性别平等的理论和价值观，消除性别盲点。

(2)在工作中要重视妇女对问题的看法，重视妇女的需求。

(3)要使用有效的方法，使妇女的声音能够有效地表达。

(4)社会工作者应积极推动求助妇女增权的过程，增强妇女的自信心和自立能力。

(5)要将妇女问题放在两性关系的格局中分析，不是盲目追求与男性没有差别的平等，而是强调两性在权利、责任、机会和选择的平等。工作中不是只讲妇女的利益、妇女的解放，而是强调妇女的解放同时也是男性的解放，妇女的利益真正实现对男性也是福祉，追求两性平等。

3. 试述妇女社会工作的方法。

答：妇女社会工作的方法主要包括：

(1)妇联组织主要工作方法

①群众工作方法

妇联坚持一切为了群众、一切依靠群众、从群众中来、到群众中去的群众路线，更好地为妇女服务。

②调查研究

调查研究是对妇女工作进行科学决策的客观依据。通过深入实际调查研究，透过纷繁复杂的现象抓住事物的本质，使调查研究服从于妇女工作的大局。

③典型示范

典型示范是以具有代表性的先进单位、人物作为学习典范指导妇女工作的一种基本方法。它包括四个阶段：a. 发现典型。根据国家政策，结合时代特点和妇联工作需要，推选典型。b. 树立典型。c. 宣传典型。如巡回演讲、召开典型示范会议等。d. 培养典型。支持、引导典型不断进步发展，创造新的经验。

④开展活动

妇联的活动主要分为三类：a. 主体活动；b. 表彰活动；c. 文化宣传活动。这些活动的目的是促进妇女参与社会活动，促进妇女发展。

(2)妇女增权

增权理论从马克思主义变通而来。"增权"是现代社会工作理论的一个重要概念，意指赋予或充实个人或群体的权力。在现实生活中，由于社会利益的分化和制度安排的原因，处于社会底层或社会边缘的弱势群体总是缺乏实现自我利益的能力。如果要改变这种状况，就必须对权力进行再分配，走增权的途径。

(3)建立社会支持网络

社会支持网络的链接形态包括：

①强连带(强关系)：互动时间长、彼此情绪强度高、高亲密感。

②弱连带(弱关系)：互动时间短、彼此情绪强度弱、低亲密感。

4. 结合实际，试述妇女增权与建立社会支持网络对妇女弱势群体的意义。

答：(1)妇女增权对妇女弱势群体的意义

①增权理论主张在宏观的社会变革未发生之前，社会工作者应协助服务对象为了他们的利益向现存的社会结构争取权利，促进现存的社会结构作出一些有利于弱者的制度或政策安排。

②在妇女工作领域，增权理论要求：

a. 在社会工作中加强维护妇女合法权益的宣传教育；

b. 积极倡导出台有利于妇女发展的社会制度或政策；

c. 对家庭婚姻权益受害者积极开展增权工作，使她们了解自己的权益，学会运用法律武器和其他手段维护自己的权益。

(2)建立社会支持网络对妇女弱势群体的意义

①社会支持网络可以增进妇女弱势群体的福祉和功能，可以减少压力事件的负面影响。

②非正式支持网络可以协助正式支持网络的专业人员对妇女弱势群体进行治疗的工作。

③社区支持体系可为妇女弱势群体提供生活协助、友谊和教育训练，以协助病患重新回到社区。

④动员妇女弱势群体的家人、亲友、邻里、朋友和志愿者等共同参与，提供定期、不定期的支持，使她们更容易解决日常面对的困难和问题。

5. 针对不同需要的妇女，专业社会工作机构和工作人员分别可以开展哪些工作？

答：针对不同需要的妇女，专业社会工作机构和工作人员可以开展以下工作：

(1)婚姻和家庭关系的调适。

①婚姻和家庭关系调适(夫妻、婆媳、亲子关系)。

②性别视角的家庭工作原则:

a. 尊重和接纳现实中家庭形式和婚姻形式的多样性。

b. 重新调整家庭权力，避免家庭暴力、冲突与资源分配不均。

c. 工作和家庭生活的协调与平衡。

d. 父亲的职责和母亲的职责同样重要，都需要训练。

e. 社会应该为家庭提供必要的资源和服务，减轻家庭的负担。

③家庭为本和妇女为本原则的使用策略。

(2)对单亲母亲家庭的介入。

①单亲家庭是一种现实存在，是正常的家庭形式。

②单亲母亲的问题不是单亲母亲个人的问题，而是社会福利不足，社会歧视观念等导致的问题。

③认识到单亲母亲在应对问题时的能力和智慧，而不要认为她是可怜的弱者。

(3)干预针对妇女的暴力。

①针对妇女暴力的干预原则:

a. 接受受害妇女描述的问题而不是责怪受害者。

b. 尊重受害妇女的人格独立，提升她们的自信心。

c. 关注受害妇女的生命安全。

d. 与受害妇女建立信任、真诚的专业关系。

②干预策略:

a. 促进相关立法及法律完善。

b. 为受暴妇女提供各种形式的服务。

c. 建立受暴妇女支持小组。

d. 开展反对暴力的综合干预行动。

(4)对流动妇女和留守妇女的服务。

①针对流动妇女的服务:呼吁政策加大劳动权益的保障以及对流动妇女生育健康的保障和服务，给其提供安全的就业环境;解决打工子女的教育问题，解除她们的后顾之忧。

②留守妇女的问题:倡导政策方面关注农业女性化带领来的农业问题。提供农业技术的培训，提高农业技术水平。用政策和资源改善留守妇女的精神生活，并提供安全的生活环境，增加资源以减低她们的压力和困难。

(5)维护妇女的生殖健康。

(6)推动妇女参政。

(7)改善妇女贫困情况。

14.3　考研真题与典型题详解

一、概念题

1. 妇女社会工作(福州大学2024年研)

答：参见本章课后习题详解第1题答案。

2. 社会性别(云南大学2023研；中山大学2014年研)

答：社会性别是20世纪70年代以后，随着女权主义的发展而提出的一个概念，是带有心理学意义和文化意义的概念。它是指一种社会的标签，用来说明文化赋予每一性别的特征和个体给自己安排的与性别有关的特质。它表示社会基于男女两性生理差异而赋予他(她)们的不同的期望、要求与限制，是由社会文化形成的有关男女角色分工、社会期望和行为规范的综合体现，是通过社会学习得到的与男女两性生物性别相关的一套规范的期待和行为。社会性别是社会建构的产物，它产生并再现于人们的行动中。

3. 女性主义(南航2014年研)

答：女性主义又称女权主义。一般认为女性主义既是一种社会运动，也是一种社会思潮。女性主义认为，现时的社会建立于以男性为中心的父权体系之上。女性主义强调女性经验的重要性和多样性并且基于妇女面临的社会问题和所处的社会位置而提出了替代性的理论和实践，这成为反思基于男性经验为中心的社会工作的理论的起点。

4. 增权(南京师范大学2020年研；社科院2012年研)

答：增权即指争取权利，源自增权理论，增权理论从马克思主义变通而来。妇女工作领域，增权理论要求在社会工作中应加强维护妇女合法权益的宣传教育，树立尊重妇女的社会新风尚；积极倡导出台有利于妇女发展的社会制度或政策；对家庭婚姻权益受害者积极开展增权工作，使他们了解自己的权益，学会运用法律武器和其他手段维护自己的权益。

二、简答题

女性主义社会工作的局限性是什么？

答：女性主义社会工作有以下局限：

(1)女性主义过分强调女性的体验而忽视男性的体验，或者说将女性的体验普遍化，就会走上中心化路线。

(2)女性主义强调意识觉醒，但如果不能形成改变现实的共识，这样的意识觉醒没有实质性地改变人们的福利。

(3)女性主义如果忽视改变过程中男性的参与，无疑是不现实的，是空中楼阁式的。

(4)各种不同女性主义理论之间的立场的协调也是重要的，繁杂而多变会让这一知识体系的受众望而却步。

三、论述题

试述女性主义的主要观点和在社会工作实务领域中的意义。(社科院2011年研)

答：(1)女性主义的主要观点

①个体的即政治的

女性主义以“个体的即政治的”这个口号推动人们认识到个人问题的社会和政治根源，其实质就是身份政治。身份政治是社会关系如何组织和再生产的核心动力机制，性别化的权利关系深刻影响了男性和女性获得与其需要相配合的生活机会。社会结构赋予男人更多的优势，而将女性压制为一个受压迫的群体，这样，个人的问题和社会政治状态就相互交织在一起。

②个体的即关系的

女性主义在关于个人与环境的若干论述中对社会工作影响深刻的观点之一是重新认识关系的本质。正因为个体的即关系的，社会工作的聚焦就是女性身处其间的不同关系，包括社工与案主之间的关系，并且要特别注重关系的权力动态机制和女性对关系的特殊理解。

③男性和女性的经验不同

女性主义者认为人类发展理论几乎是基于对男孩和男性的研究之上，这样的视角存在明显的缺陷。女性主义学者质疑弗洛伊德对女孩奥迪帕斯体验的解释。吉利根经由实证研究发现，男性和女性关于道德的理解和侧重点是不一样的，女性更强调善良、友好和自我牺牲，是一种关怀的伦理。

④知识是多元的

女性主义者发现女性一遍又一遍地采用抗议的隐喻去陈述其知识和伦理发展，并且抗议意识、心灵和自我的形成错综复杂地交织在一起，所以“不同的声音”应该受到尊重和礼遇。但是，女性的声音被占主导地位的男性实证主义观念所压迫，因此，需要对社会工作重新定义，特别是要保证女性的参与并且让女性发出自己的声音且被倾听。

⑤解放和赋权是干预的目标

正因为女性主义认为个体的即政治的，任何私人的问题背后隐匿着复杂的社会结构根源，那么行动的目标就是改变身处这个结构之中的女性的无权力感，唤醒她们的权力意识，促使她们采取行动去改变自己的境遇从而控制自己的生活。

(2)女性主义在社会工作实务领域中的意义

女性主义对社会工作的首要贡献在于将社会性别带入社会工作知识地图的核心地带，

挑战了社会性别价值无涉的论调，因为这样的论调没有看到女性生活其间的情境对其产生的深刻影响。

女性主义社会工作调整了干预聚焦，重构了若干重要概念，改变了对案主(尤其是女性)的理解，并鼓励与案主形成一种非压制性的伙伴关系。更为重要的是，女性主义是从一个更为积极的、非化约主义的立场来理解助人过程，并将案主的问题脉络化以寻求一个更为基于公平、正义的解决途径的。

第十五章　残疾人社会工作

15.1　复习笔记

【知识框架(庖丁解牛)】

- 残疾人社会工作
  - 残疾人社会工作的含义与发展
    - 残疾人社会工作的含义
    - 残疾人社会工作的历史发展
  - 残疾人社会工作的理论与方法
    - 残疾人社会工作的理论
    - 残疾人社会工作的基本模式
    - 残疾人社会工作方法
  - 中国的残疾人社会工作
    - 中国残疾人社会工作的理论基础
    - 中国残疾人社会工作的组织体系
    - 中国残疾人社会工作的政策法规体系
    - 中国残疾人社会工作发展现状及发展策略

【考点难点归纳(厚积薄发)】

考点一：残疾人社会工作的主要内容(见表15-1)　★★★

表15-1　残疾人社会工作的主要内容

要点	主要内容
微观层面	主要是残疾的预防和康复，包括残疾风险知识普及、对残疾服务对象的信息支持等积极的预防性工作，旨在最大限度地恢复残疾人的生物机体功能或进行功能补偿，增强残疾人参与社会生活的能力
中观层面	主要是培育发展残疾人的组织、为残疾人提供服务的社会组织
宏观层面	主要是积极维护残疾人的合法权益，推进残疾人社会保障政策体系的建构，形成“亲和友善”的残疾人文化

15.2　课后习题详解

1. 什么是残疾人社会工作?

答: 残疾人社会工作不同于一般的残疾人服务，它是社会工作者运用社会工作方法帮助残疾人补偿自身缺陷、克服环境障碍，使他们平等地参与社会生活、分享社会发展成果的专业活动。

2. 试述残疾的个人责任论和社会责任论的内容及其对残疾人社会工作的影响。

答: (1)残疾的个人责任论和社会责任论的内容

①个人责任论

a. 残疾的个人责任论是将残疾现象的出现归因于个人(或家庭)原因的理论。这一理论在看待残疾现象时，将它同广泛存在的非残疾现象相比较，而认为残疾是一种个别的、特殊的现象，是由个人(或其家庭)原因造成的。在先天性残疾和非因公后天致残现象中这种理论最为普遍。

b. 这种理论对于先天性、遗传性残疾现象有一定解释力，但是它常常忽视了社会因素对致残过程的复杂影响。个人责任论认为天生残疾并未受到其他社会因素的影响，因此致残的责任在于个人或其家庭。按照这种理论，一个人患有残疾只能是个人或家庭的悲剧或不幸。

②社会责任论

a. 残疾的社会责任论认为，一个人患有残疾主要是由社会因素造成的，不管是先天性残疾还是后天残疾都是如此。先天性残疾可能是残疾人的父母缺乏某些知识或者遇到不可抗拒的事件而造成的，后天残疾则主要是社会条件不具备造成的。

b. 残疾的社会责任论是人们对致残的多种原因有了较多了解、对个人权力和社会的责任有较深刻认识后的产物。虽然把残疾的责任完全归结于社会因素并不一定适当，但这一理论把人当作社会的人，认为社会负有改善人的生存条件的观点有益于人的健康发展，这无疑是一种进步。

(2)残疾的个人责任论和社会责任论对残疾人社会工作的影响

①个人责任论对残疾人社会工作的影响

个人模式是相应于个体型残疾的工作模式。将残疾现象的出现归因于个人(或家庭)原因。对于个体型残疾，社会工作者采取的方法主要是个案工作方法。社会工作者要同残疾人及其家庭一起工作。服务对象接受残疾现实之后，运用小组工作方法促成残疾人(或残疾人家庭)之间的互相支持就是必要的。

②社会责任论对残疾人社会工作的影响

社会模式是相应于社会型残疾的工作模式。将残疾现象的出现归因于社会因素。把人当作社会的人，社会负有改善人的生存条件。社会在结构上、制度上存在问题使得某些个人受损，因此，社会应该为受损的个人承担责任。社会工作者面对残疾康复、残疾人日后生活等问题时，站在残疾人合法权益的立场上，代表其同导致残疾的社会部门——单位、机构乃至政府打交道，促成社会部门对致残责任的承担。

3. 什么是正常化理论？它对残疾人社会工作有什么意义？

答：(1)正常化理论的含义

正常化理论是指帮助残疾人营造一种尽量接近正常人的生活方式，使他们的日常生活模式及条件尽量与社会中大多数人一样而不是有意地将他们区隔开来。

(2)正常化理论对残疾人社会工作的意义

①正常化理论为残疾人社会工作提供了一种全新的工作视角，从注重残疾人自身权利和独特性的角度出发，与院舍照顾相比，更好地保护了残疾人的权益，而不是从一种“不正常”的角度看待残疾人，减少了给残疾人贴标签的倾向。

②为残疾人提供了与平常人相似的生活环境，从而使残疾人能够生活在自己熟悉的环境中，避免了“院舍化”照顾对残疾人造成的隔绝社会的不利影响。

③正常化理论主张从工作对象本人的角度看待和处理面对的问题，从而减少了工作者乃至人们从社会歧视的角度看待残疾人，有利于在全社会营造一种尊重残疾人，帮助残疾人的良好氛围。

④正常化理论认为应该为残疾人提供与平常人相似的生活环境，这样残疾人能够和自己的亲人、朋友在一起，从而给残疾人提供了一个良好的社会支持网络，有利于残疾人增强生活的信心，不断地自我完善，实现自立自强。

4. 试述回归社会论的价值基础及工作模式。

答：(1)回归社会论的价值基础

回归社会理论最先是由美国社会学家戈夫曼于20世纪中叶针对将残疾人封闭起来进行供养和照顾所产生的弊病提出来的，通过对庇护所精神病人的深入研究和调查，他提出了一个观点，即由于同伴之间的不良影响与管理医护人员的冷漠与消极，最终精神病患者的病情不仅没有改善，而且变得越来越重。与此同时，长期处于医院等封闭空间内的残疾人逐渐对现有的条件产生依赖性，逐渐丧失了重新回归社会、找寻社会价值的能力与勇气，从而更加倾向于住院导致自己陷入恶性循环之中。这种背景之下，回归社会理论应运而生。

(2)回归社会论的工作模式

社区照顾是使残疾人等福利服务对象回归社会的典型模式和比较好的选择。回归社会理论有以下三个基本观点：

(1)残疾人、精神病人、亟需康复的患者大多是社会上最无助、最脆弱的群体，他们需要他人和社区的照顾，以便继续维持正常的生活。

(2)社区护理是残疾人、精神病患者和其他照顾者重新返回社会的典型模式。

(3)社区关照的目的是尽量使得残疾人等弱势群体在社区内获得最大的独立性和自我控制。

5. 试述社区康复的意义与方法。

答：(1)社区康复的意义

①服务面广、受益面广。在社区中的残疾人可以通过社区康复而得到身体功能的改善，甚至得到不同程度的全面康复，重返社会。

②简便易廉，减轻负担。据统计，残疾人在社区康复所需费用，平均起来只相当于医院或康复中心进行康复治疗所需费用的一小部分，而往返旅费，住宿费更可免掉，因此，社区康复能大大减轻残疾人家庭和社会的经济负担。

③有利于重返社会。实行社区康复，在社区解决残疾人就业和参加社会生活的问题，促进残疾人与社区内非残疾人互相交流，打成一片，方便残疾人重返社会。

④有利于广泛参与。有利于社区的领导和群众，残疾人和他们的家属以及残疾人组织共同参与康复工作。

⑤有利于落实残疾预防工作。社区的保健医疗部门——卫生院等也参与社区康复，便于落实各项预防措施，减少或避免残疾的发生。

(2)社区康复的方法

社会工作者通过社区宣传、社区教育、社区组织等方法，形成尊重残疾人、帮助残疾人的社会风气，建构支持残疾人的社会环境。

6. 试述中国残疾人社会工作发展的特点。

答：中国残疾人社会工作发展的特点表现在以下几个方面：

(1)专业服务需求旺盛

我国残疾人口基数庞大，为残疾人提供的福利还是低水平的、不全面的，对专业化服务需求旺盛。

(2)区域发展不平衡

我国残疾人服务在城乡之间、东西部之间、沿海和内地之间、大中小城市之间存在差异。

(3)服务需要与服务供给差距巨大

残疾人的服务需要和实际服务供给之间还存在很大差距。与残疾人的需求相比，社会所提供的服务严重不足。

(4)挑战与机遇并存

残疾人社会工作发展存在许多问题和障碍，但社会工作专业化的快速推进，为残疾人社会工作的发展提供了良好的机遇。

15.3 考研真题与典型题详解

一、概念题

1. 回归社会论(社科院2012年研)

答：回归社会论是指由美国社会学家戈夫曼于20世纪中叶针对将残疾人封闭起来进行供养和照顾所产生的弊病提出来的一种理论。院舍式照顾使被照顾者处于不良的同伴关系和“关护”关系之中难以康复，这里所指的不良同伴关系是被照顾者之间的长期的共同生活、他们之间的具有强烈刺激性的互动。“关护”关系是指院舍中的管理人员、医护人员对被照顾者的消极的、冷漠的态度和严格管制的行为。由于这些互动的刺激，被照顾者的病情可能会加重。于是改变院舍照顾这种既昂贵效果又不好的福利模式的呼声居于上风，让残疾人、老人回到他们熟悉的社区中去接受照顾，让他们在一般的社会中过正常的生活成为对老人、残疾人照顾模式的普遍选择。社区照顾是使残疾人、老人等福利服务对象回归社会的典型模式。

2. 社会康复(贵州民族大学2023年研；南京师范大学2018年研)

答：社会康复是从社会的角度，采取各种有效措施为残疾人创造一种适合其生存、创造、发展、实现自身价值的环境的活动，其目的是使残疾人享受与健全人同等的权利，达到全面参与社会生活的目的。其主要内容是：①建立无障碍环境；②改善经济条件；③改善法律环境；④改善社会精神环境。

二、简答题

1. 残疾人社会工作具有什么社会功能？

答：残疾人社会工作具有以下社会功能：

(1)残疾人社会工作体现了社会公正原则。现代意义上的公正，突出表现在生存权、就业权、受教育权和社会保障权等基本权利上。只有对社会成员的基本权利予以切实的保证，才能从根本上实现个体的发展和社会的发展。

(2)残疾人社会工作具有社会安全的功能。残疾人群体是社会中的特殊脆弱群体，其生活压力大、经济承受力低、风险抵御力弱。因此，广泛开展残疾人社会工作无疑有助于发现问题、解决风险隐患，防患于未然。

(3)残疾人社会工作具有社会发展的功能。残疾人社会工作除了满足残疾人基本的物质需要外，还给予他们安全感和尊重感，有利于实现他们的自身价值。

2. 简述残疾人职业康复的内容。

答： 残疾人职业康复的内容主要包括：

(1)掌握残疾人的身体、心理和职业能力状况；

(2)就残疾人职业培训和就业的可能性进行指导；

(3)提供必要的适应性培训、心理功能的调整以及正规的职业培训；

(4)引导从事适当的职业；

(5)提供需要特殊安置的就业机会；

(6)残疾人就业后的跟踪服务。

(7)帮助残疾人建立良好的工作环境；

(8)倡导与实现某些制度的改变与完善。

3. 简述我国残疾人社会工作的发展策略。

答： 我国残疾人社会工作的发展策略主要包括：

(1)确立残疾人社会工作新理念与新的发展方向。要确立残疾人社会工作的新理念，把残疾人社会工作纳入公共服务体系，构建多元中心治理机制下的新型残疾人社会工作。

(2)进一步完善残疾人社会工作的法律地位和法律框架。在不断健全残疾人社会保障政策体系过程中，还要在法律框架中赋予民间残疾人服务组织以合乎其社会身份的法律地位，特别是对民间"草根性"组织身份的法律确认。其中还涉及法律和社会政策的配套，例如，国家关于民间捐助和民间组织社会募捐的优惠税收政策。

(3)构建网络化服务模式，实现残疾人工作服务机制创新。残疾人服务内容和形式的多样，使得网格化的服务模式构建显得十分关键，要建立"横向到边，纵向到底"的工作网络，形成"多级"的网络服务体系。残疾人的社会服务机构建设和残疾人的社区服务是重点工作，要把残疾人社会工作纳入社区建设的总体规划，打造残疾人社会工作的基层服务平台，建立社会各界共同参与的社会化残疾人工作的新局面。

(4)加强专业服务机构和专业人才队伍建设。残疾人社会工作做为公共产品之一，政府和市场都有"失灵"的现象，政府要给予专业社会工作服务机构相应的政策支持和发展空间，从根本上改变我国当下"强势政府"的局面，社会组织的发育是必由之路。

(5)把残疾人社会工作作为残疾人事业发展规划的重要组成部分，制订专业化、职业化的残疾人工作发展规划。注重残疾人社会保障体系和社会服务体系的建设；坚持城乡统筹发展战略；促进残疾人工作社会化体系构建；激发残疾人的社会参与度与融入度，实现自身价值。

三、论述题

1. 试论述残疾人社会工作的主要方法。（武汉大学2010年研）

相关试题：

(1)试论残疾人社区康复模式和社会康复模式的区别和联系。(华南理工大学2015年研)

(2)残疾人社会工作的康复模式。(简答题，西南大学2020年研；南京师范大学2015年研)

答：残疾人社会工作的主要方法有：

(1)关于残疾人社会工作方法的理论探讨

残疾人社会工作(或残疾人工作)的理论是关于残疾人现象的看法和如何解决残疾人所遇问题的相关理论。

①供养理论

在供养理论(观念)的指导下产生了以经济、物质提供为主的残疾人工作的实践。

②回归社会论

参见本章考研真题与典型题概念题第1题答案。

③增能理论

该理论认为：

a. 个人的无力感是由于环境的排挤和压迫造成的；

b. 社会环境中存在的障碍使人无法发挥能力，这种障碍是可以改变的；

c. 服务对象是有能力、有价值的；

d. 社会工作者与服务对象之间是一种合作的伙伴关系。

④优势视角理论

优势视角与以往的问题视角截然不同，是一种着眼于人的优势和内在力量的视角，它强调每个人都有其自身的资源、潜能、天赋和优势，并以挖掘和利用人们的优势和资源为出发点，把人们自身的内在力量和资源作为社会工作助人的关注焦点，目的在于协助人们能够认识到自身潜能和价值，帮助其从逆境和挫折中挣脱出来，重新树立积极的生活态度，正确看待人生的挫折和不幸，最终实现其目标和愿望。

⑤正常化理论

参见本章课后习题第3题答案。

(2)残疾人社会工作的基本模式

包括个人模式和社会责任模式。具体参见本章课后习题第2题答案。

(3)解决残疾人问题的方法

包括社会康复、社区康复和职业康复。

2. 试论残疾人社区康复模式和社会康复模式的区别与联系。(华南理工2015年研)

答：社区康复又称基层康复，是近些年来在世界上广泛流行的残疾人工作模式和方法，是针对残疾人群体所提供的小型多样的社会福利和社会服务体系。随着社会的发展，社区日渐发展为特定区域内某一人群的利益共同体，社区康复就是适应这一形势而发展起来的一种针对包括残疾人群体在内的群众自治和自我服务方式。社区康复的根本宗旨是公益性的，它以福利服务为主，不以营利为目的。

社会康复是残疾人全面康复的组成部分。它是指从社会的角度推进医疗康复、教育康复、职业康复等工作，动员社会各界各种力量为残疾人的生活、学习、工作和社会活动创造良好的社会环境，从而使他们能够平等地参与社会生活并充分发挥自己的潜能，自强自立，享有与健全人同样的权利和尊严，并为履行社会职责做出贡献。

(1)残疾人社区康复模式和社会康复模式的区别

①社会康复是从社会的角度，采取各种有效措施为残疾人创造一种适合其生存、创造、发展、实现自身价值的环境的活动，其目的是使残疾人享受与健全人同等的权利，达到全面参与社会生活的目的；社区康复是依托于城乡社区，充分利用各种社区资源，在医疗、职业、教育和社会等康复领域为残疾人提供方便、经济、有效和可行的“全面康复”服务。

②社会康复的措施，有些是针对残疾人个人的，有些必须是社会整体性的，如法律政策保护、无障碍环境、良好和谐的人际关系等；社区康复关键是要形成尊重残疾人、帮助残疾人的社会风气，并在物质上和精神上对残疾人给予支持。建立残疾人的社会支持网络，根据服务对象个人情况有针对性的链接相关资源提供支持。

③社会康复工作的内容主要通过各种康复机构来实现，康复机构中开展的个案工作和小组工作主要由社会工作者承担；在社区康复中社会工作者应该发挥重要的作用，即要通过社区宣传、社区教育、社区组织等工作形式建构支持残疾人的社会环境。

(2)残疾人社区康复模式和社会康复模式的联系

①社会康复是现代“生物—心理—社会”模式在残疾人康复领域发展的必然结果，社区康复是在一定地域内使残疾人全面康复、回归社会的一种好形式，它是相对于在康复机构内对残疾人进行全面康复而言的，与机构内开展的社会康复相辅相成。无论是社会康复还是社区康复，都是康复医学和社会康复学理论指导下的康复社会工作模式。

②两者都遵循一定的社会工作的价值理念，如优势视角理论、增强权能理论等。在社会工作实务中，都注重资源的开发与运用。

③两者都依靠并号召依靠社会力量给予残疾人以支持，是残疾人在不脱离社会生活的条件下促进残疾人的康复，并有助于残疾人回归社会生活的主流。

3. 试述残疾人社会工作的基本内容与三大传统工作方法。

答：(1)残疾人社会工作的基本内容

①医疗康复工作

医疗康复是指通过治疗、改善、回顾残疾者的各项身体功能，以减轻能力障碍并获得最大限度的日常生活能力，为其重新参与社会生活提供生理方面的必要条件。残疾人医疗康复社会工作者的任务和职责是：

a. 协助康复医护人员，观察了解残疾人的障碍情况，搞好诊治、康复等；

b. 协助残疾人及其家属，以促使残疾人及其家属更好地利用康复设施；

c. 启发残疾人及其家属振作精神，发挥自我潜能，使其积极地自救自助；

d. 协助康复医疗部门有效使用各种设施，为残疾人提供充分的服务；

e. 参与康复医务人员的教育、训练、推广康复工作计划，讲授有关人类行为、家庭动力以及社会资源方面的知识；

f. 参与康复医疗部门重要的行政决策，参加各项康复调查研究工作，以提高康复服务的范围和水平；

g. 开发和运用社会各种资源，开展社区康复工作训练计划，指导社区康复工作，以充分满足残疾人及其家属的需要。

②教育康复工作

教育康复是指对肢残人进行普通教育，对聋哑人、盲人等进行特殊教育而采取的一切措施。它为残疾者重新参与社会生活提供文化素质方面的条件。

根据残疾人的特性，其教育工作应采取两种方式：

a. 普通教育方式，主要针对具有接受普通教育能力的残疾人；

b. 特殊教育方式，主要针对不具备接受普通教育能力的残疾人。

③职业康复工作

职业康复是指采取各种适当手段，帮助伤残人员恢复健康和工作能力，以及料理自己生活的能力。

④社会康复工作

社会康复是指从社会的角度推进医疗康复、教育康复、职业康复等工作，动员社会各界各种力量为残疾人的生活、学习、工作和社会活动创造良好的社会环境，从而使他们能够平等地参与社会生活并充分发挥自己的潜能。

社会康复的工作内容主要包括以下几大类：

a. 协助和推动政府机构制定法律、法规和各种政策来保护残疾人的合法权益，使其享有同健全人一样的社会物质生活条件和文化成果。

b. 保障残疾人生存的权利，满足其基本的生存需求，并使其在住房、食物、婚姻家庭方面得到平等、公平的对待。

c. 采取措施帮助残疾人实现经济自立，保障其在经济生活中不受歧视；对于不能实现经济自立的重度残疾人，帮助其得到社会给予的经济保障。

d. 为残疾人自身的发展提供帮助，使其有接受教育和得到培训的机会，提高其生活自理能力、就业能力和参与社会的能力。

e. 消除家庭、社区和社会上的物理性障碍，使残疾人获得生活起居的方便并享受社会的公共设施服务。

f. 提倡和实现人道主义精神，消除对残疾人的歧视和偏见，激励残疾人自强自立。

g. 组织残疾人与健全人一起参加社会文化、体育和娱乐活动，支持残疾人自己的社团活动。

h. 鼓励和促进残疾人参与社会的政治生活，保障其政治权利。

(2)残疾人社会工作的三大传统工作方法

①残疾人个案社会工作

一般而言，残疾人社会工作实务中的个案工作应当从以下几个方面着手专业服务的推进：

a. 用法律、法规和各种政策帮助残疾人保护自己的合法权益免受侵害，其中工伤的认定和处理、交通事故及意外伤害的赔偿是主要工作。

b. 保障残疾人基本的生存权利，使其在住房、食物、婚姻家庭方面得到公平的待遇，不受歧视和虐待，有适合其生存的必需条件。

c. 帮助消除社会、社区和家庭中的物理性障碍，方便残疾人的生活起居，享受社会的公共服务，其中主要是家庭的无障碍环境设计与改造。

d. 动员社会力量，消除社会上对残疾人的歧视和偏见，同时还要激励残疾人自强自立，建立和谐的家庭生活和社会生活环境。

e. 经常组织残疾人与医生、护士和其他人员一起参加文体娱乐活动，如组织住院病人观看比赛和演出、到商业区购物、参观游览等。

f. 为残疾人自身的发展提供帮助，使其有接受教育和参加培训的机会，以提高其生活自理能力、就业能力和参与社会的能力。

g. 帮助残疾人实现经济自立，或保障其在经济生活中不受歧视；在经济不能自立的情况下，还要帮助其得到应得的社会保障。

h. 鼓励残疾人参与社会政治生活，保障其政治权利。

②残疾人小组社会工作

残疾人小组社会工作是指运用社会工作中小组工作的方法，在医务人员、教师、社会工作者等相关人员的配合与支持下，以残疾人及其家属等为基本成员，通过小组工作者的引导、小组成员间的经验分享、情绪支持和相互讨论，产生行为改变和恢复正常功能，以及与他人和周围环境达成有效的调适，最终促进残疾人功能恢复和能力发展的专业服务。

③残疾人社区社会工作

残疾人社区社会工作是指依托社区、充分利用社区资源为残疾人服务，满足其日益增长的物质与精神需求，促进残疾人平等参与社会生活的一项工作。

4. 谈谈你对我国残疾人社会工作发展前景的看法。

答：(1)我国残疾人社会工作当前面临的问题主要是：

①残疾人事业仍滞后于经济和社会的发展，地区发展不平衡；

②残疾人状况与社会平均水平相比还存在不小的差距，有些方面甚至呈拉大趋势；

③残疾人参与社会生活的环境和条件有待于进一步改善。

(2)发展残疾人事业，改善残疾人状况，促进残疾人事业与经济和社会协调发展，必须加大力度，增加投入，加快发展。

①建立和完善符合我国国情的残疾人社会工作组织系统。残疾人问题仅仅靠国家机构的力量是不够的，必须大力发展社会及民间力量，其中最重要的是要大力发展社区康复。

②加强残疾预防工作。残疾人社会工作者的一个重要责任，就是要搞好残疾预防工作，杜绝和减少人为因素造成新的残疾。

③加紧培养和培训残疾人社会工作人才。

④要集中力量，有计划地改造和建立一批骨干康复机构，进行科研、临床实践、技术指导和康复工作者的培训。

(3)未来的残疾人社会工作具有以下几个发展趋势：

①大型机构逐渐减少，主要改变为社区照顾的模式；

②训练残疾者独立生活的能力，在家中设置无障碍环境，使他们至少能照顾自己的生活，在经济方面，使他们通过做零工或在福利工厂工作养活自己；

③运用个案管理的方法为中、重度残疾人服务；

④根据需要对残疾人的亲属实施教育和训练项目，给予支持性服务以应付意外或紧急事件的发生。这也是我国的残疾人社会工作所要达到的目标。

第十六章　家庭社会工作

16.1　复习笔记

【知识框架(庖丁解牛)】

- 家庭社会工作
  - 家庭社会工作的含义
    - 什么是家庭社会工作
    - 社会转型中的家庭与家庭社会工作的任务
  - 家庭社会工作发展状况
    - 家庭社会工作的产生与在中国的发展状况
    - 中国大陆家庭社会工作的发展状况与特点
  - 家庭社会工作的理论
    - 家庭系统理论
    - 家庭生命周期理论
    - 家庭沟通理论
    - 家庭冲突理论
    - 性别敏感的家庭社会工作
  - 家庭社会工作的方法
    - 社会工作方法在家庭中的应用
    - 家庭治疗

【考点难点归纳(厚积薄发)】

考点一：社会工作方法在家庭中的应用(见表16-1)　★★★★★

表16-1　社会工作方法在家庭中的应用

工作方法	具体内容
个案工作	个案工作即针对个人的咨询与辅导。其目标是缓解和消除求助对象的困扰，帮助其调整心态，提高社会适应能力
小组(团体)工作	小组工作是通过小组群体内部面对面的互动，协助小组中的个人增强社会生活功能。小组可以使组员有“同在一条船”的感觉，通过组员们的互助带动小组成员改变，实现自助

续表

工作方法	具体内容
社区工作	社区工作是一种理念，是一个过程，是一个有计划的行动。它旨在培养社区居民的归属感和认同感，共同参与，共同解决，由此改善社区生活的质量。倡导通过社区宣传、社区动员凝聚人气，将社区问题交还给社区居民自己解决
整合性的家庭社会工作	整合性的家庭社会工作介入： ①要从家庭的问题及需要出发，了解家庭此前做过的努力及效果，对家庭现有资源进行评估； ②注重对机构专业能力进行评估，若有欠缺则需调动有可能补充的资源； ③对需要服务的家庭做整合性的介入方案设计，以多元工作手法回应不同层面的需求； ④注意对介入效果适时做出评估、总结和调整

考点二：家庭治疗的目标与范围(见表16-2) ★★★

表16-2　家庭治疗的目标与范围

要点	具体内容
目标	①广泛且深入地评量家庭某特定个人的心理与行为困扰之家庭因素，即评量家庭人员之间的交互关系的素质。 ②了解与促进家庭人员之间的交互反应关系。 ③了解与促进每一分子的角色扮演与角色功能。 ④改善或解决家庭当前的交互反应关系上的难题。 ⑤促进家庭人员的发展功能。 ⑥充分发展现代家庭生活应有的功能
范围	①可用于各种精神异常，对婚姻失和、儿童青春期困惑与家庭关系的问题特别有效。 ②可用于家庭遭遇重大挫折困难，如家庭成员意外死亡、成员失业、家庭迁徙等造成的问题。 此外，对家庭生命周期发展各阶段所产生的问题如子女出生、离家独立等引起的特殊心理问题等，家庭治疗也能够起到一定的作用

16.2　课后习题详解

1. 什么是家庭社会工作？试述家庭社会工作的重要性。

答：(1)家庭社会工作的概念

家庭社会工作是指以家庭为本的社会工作介入，即动员家庭和社会资源，以促进家庭功能的修复、家庭系统的正常运转和满足家庭成员发展的社会福利与服务。

(2)家庭社会工作的重要性

由于社会转型导致家庭发生了巨大变化，产生了许多社会问题，然而家庭社会工作能够提供物质上的帮助、法律上和心理上援助、开展教育和培训等帮助家庭成员和家庭更好地解决问题、促进家庭的成长和发展，从而就能够更好地促进社会转型的完成，促进社会的进步和发展。

2. 社会变革使中国的家庭发生了什么变化?

答: 社会变革使中国的家庭发生的变化主要表现为:

(1)家庭结构的小型化、简单化与多样化;

(2)家庭功能重心发生转移,传统家庭并不看重的家庭情爱功能、性爱功能及享受娱乐功能都有逐渐增强的趋势,家庭经历着从基本生存型功能转向发展型功能的历史性转变;

(3)家庭关系趋向感情化、平等化,传统家族的亲子关系轴心已经逐渐被夫妻关系主轴取代;

(4)家庭支持网络发生变化,家庭亲属网络的支持仍然是当今家庭依赖的主要对象,但随着居住环境的变化,传统的行政、邻里网络支持在衰落;

(5)社会变迁带来了众多婚姻家庭问题,包括婚姻失去了以往的稳定性,各年龄段家庭成员面临各类难题和挑战,代际隔阂冲突明显,老龄化使家庭难堪重负,婚姻冲突、家庭暴力、性侵案屡屡发生。

3. 谈谈中国大陆目前家庭社会工作的发展状况及特点。

答:(1)中国大陆目前家庭社会工作的发展状况

①大陆家庭社会工作是政府主导的多元主体的家庭服务体系。

②家庭社会工作一般包括家庭救助、婚姻家庭调解、婚姻家庭心理辅导、家庭能力建设。

我国家庭社会工作从广义上讲是涉及衣食住行、心理情感、健康医疗、法律等各方面的庞杂体系,服务此领域的有政府机构、群众性团体与非政府组织,不同机构的参与者带着本行业的工作价值观与工作方法,使家庭服务呈现出不同的特点。其中政府机构在解决家庭问题时带有一定的行政色彩,所从事的工作都是一些应急或修补性的,对家庭问题的预防和早期干预重视不够,专业化程度不高。实际工作中比较专业的社会工作方法,如个案工作、小组工作和社区工作方法等在一些开设社会工作专业的院校中开始倡导实践,非政府组织尤其是面向社会开设咨询服务的机构,也有了较专业的社会工作理念,群众性团体组织如工、青、妇等也越来越认同社会工作的专业理论与价值观,重视并学习社会工作的专业方法。

(2)我国大陆目前家庭社会工作的发展特点

①从政府主导到社会分责的初步探索。政府相关部门在家庭服务方面起到了主导作用,特别是与家庭密切相关的民政部门长期以来承担了大量的家庭服务工作。随着政府职能的转变,政府开始通过购买服务调动社会资源来参与公共服务,促进社区治理水平和家庭和谐发展。政府还需要拓展多元投资渠道,引导社会资源投入和支持家庭社会工作及相关服务,以缓解政府财政压力。

②城乡之间、地域之间、政府部门之间的发展不平衡。这些不平衡提示了家庭社会工作的核心元素在专业化发展过程中的特色。

③多元化家庭社会工作服务需求迫切。非传统组合的家庭如单亲家庭、失独家庭、留守家庭、独居老人家庭比例相对上升，家庭社会工作服务需求也呈多元化态势。

4. 试述家庭系统理论、家庭生命周期理论、家庭冲突理论和家庭沟通理论及其在家庭社会工作中的应用。

答：(1)家庭系统理论

①观点

家庭系统理论认为家庭的问题是因为家庭成员互相沟通不良导致，但是家庭面临的各种问题既是危机，但如果调整得好，也是促进家庭和谐的机会。

②应用与评价

家庭系统理论被各流派家庭治疗和家庭工作者接纳与运用。家庭工作者对三个概念格外的关注，即家庭界限、家庭沟通模式与家庭的结构。

a. 运用家庭系统理论来分析家庭中某成员或家庭被困扰的问题，可以使社会工作者运用综合、全局的眼光审视家庭成员情绪、行为困扰是来自家庭系统互动关系，即家庭系统有可能是造成其现状的根源。

b. 掌握家庭系统理念可以促使社会工作者思维方式有所改变，即从原来直线“因果关系”的思维转向循环的“互为因果关系”的思维，由此也会在更宽的领域——从调整改变关系上制订介入方案。

c. 如果从家庭系统角度发现案主是不良家庭系统运作的承受者，就可以使社会工作者更理解和接纳案主目前“身不由己”的现状，有利于信任关系的建立。

(2)家庭生命周期理论

①观点

该理论是把家庭比作一个人，一个人在不同的人生阶段有不同的任务，会面临不同的问题。比如在学龄期，需要认真学习，在青年期，需要成家立业，在中年，需要照顾老人、养育小孩。而家庭在不同的阶段也有不同的任务。

②应用

家庭生命周期概念运用于家庭社会工作，社会工作者要与家庭讨论生命周期各阶段面对的不同生活内容，提示家庭清醒地调整自我认知能力和婚姻生活能力。家庭生命周期各阶段转折和过渡最易导致家庭关系紧张、家庭成员焦虑。社会工作者可以提示家庭，转折期家庭问题的出现是正常的，需要投入精力共同面对，促进家庭关系健康发展。

(3)家庭冲突理论

①家庭冲突的概念

家庭冲突是指家庭成员之间因为价值观念、兴趣爱好、行动目标存在差异，更因为家庭资源(包括物质资源、情感和爱)有限而分配不均引发的冲突。它包括情境性的冲突、个性的冲突和权力的冲突。

②应用与评价

将家庭冲突理论应用于实践，可对各类冲突进行分类辅导和干预：

a. 对于情境性的冲突，如家务分工、生活习惯等，需要工作者协助家庭成员协商、妥协、退让，最终达成一致。

b. 对于个性的冲突，工作者可以促进家庭成员相互了解、接受、学习相处之道。

c. 对于权力的冲突，即家庭成员因权力、资源和地位的不同而导致的控制与依附关系，应着眼于提升弱者的能力，增权于受害人，达到家庭权力的重新分配，使其境况得到改进。工作者还要全力调动外部资源辅助受害方改变处境。

(4)家庭沟通理论

①观点

家庭沟通理论认为，家庭沟通是家庭成员之间的相互交往与互动。个人通过沟通形成人际间，乃至社会的复杂超系统。沟通是彼此传递信息与分享信息的过程。沟通可以看作是两个人之间的互动，它涉及着对方、自我及两方讨论的话题。不同场合与不同身份的人交往时，沟通的方式会有所不同。语言、表情、动作、声调，甚至文字交流、符号暗示等都是信息发送的方式。

②应用

家庭沟通理论被普遍应用在夫妻关系调适、亲子沟通等家庭工作实务之中。一般来说，沟通理论适用于在相对平等的关系调整中使用，尤其是求助的家庭成员都有意愿与需要时，社会工作者引导家庭成员学习正面地表达情感和爱，沟通效果更佳。由于家庭沟通理论较忽略权力关系及伤害，其不适用于家庭暴力、虐妻等侵权问题的处理。

5. 什么是家庭治疗，试述各流派家庭治疗的共通之处。

答：(1)家庭治疗的概念

家庭治疗是一种治疗模式，以整个家庭作为治疗的单位，着重地聚焦在家庭成员间的互动关系和沟通的问题上，是处理人际关系系统的一种方法。

(2)各流派家庭治疗的共通之处

家庭治疗的主要流派有鲍恩取向的家庭治疗、结构理论的家庭治疗、萨提亚家庭治疗模式、沟通与策略取向的家庭治疗、米兰系统派家庭治疗和叙事家庭治疗。不同流派有着共通之处，即：都以关怀家庭功能、强化家庭功能作为治疗的重心，也都将关注点投向调整与改变家庭系统的运作上。

16.3 考研真题与典型题详解

一、概念题

1. 家庭社会工作(浙江财大2023年研；北师2022年研；广州大学2021年研)

答：参见本章课后习题详解第1题答案。

2. 家庭生命周期(河北大学2011年研)

答：参见本章课后习题第4题答案。

3. 家庭治疗(西南大学2020年研；河北大学2012年研；武汉大学2010年研)

答：参见本章课后习题详解第5题答案。

二、简答题

1. 简述萨提亚家庭治疗模式有哪些技巧?

答：萨提亚家庭治疗模式是由美国首期家庭治疗专家维琴尼亚·萨提亚女士所创建的理论体系。其治疗技巧有：

(1)人体雕塑

这是一种将内心互动外显化的治疗与学习方式。在这个过程中，家庭成员会通过现实体验促进相互之间的理解和关系转化。它通常会产生震撼的效果。

(2)冰山理论

冰山理论是一把透视人类心灵的钥匙，也是帮助我们进入自己内心深处的潜意识的一幅地图。通过觉察冰山下的不同层面，可以发现世界上每个人的行为背后，都有着同样的渴望与期待。

(3)家庭沟通

沟通涉及自我、他人和情境三因素。萨提亚认为家庭的沟通反映了成员的自尊程度。

(4)天气报告

由萨提亚女士发展出的一个傻瓜式的沟通工具，分为5个环节，只要按部就班地做，它就会帮助人们创造出一个安全而信任的情境，使人们可以相互肯定，并放下防御和猜忌，进行直接、有效的沟通。这5个环节为：①感恩、感激、激情；②抱怨，提出建议，促进改变；③讨论困惑，疑虑；④新的信息(信息交流)；⑤提出希望和期待。

2. 结构家庭治疗法是怎样看待案主的问题的？其介入手法有什么特点?

相关试题：

(1)简述结构式家庭治疗模式的主要观点。(北师大2024年研)

(2)结构主义的家庭治疗。(社科院2017年研)

(3)结构家庭治疗(概念题，南京师范大学2015年研)

(4)结合你的社会工作理论与实务经验，试举例说明结构家庭治疗法在婚姻危机中的运用。(论述题，南航2014年研)

答：(1)结构家庭治疗法对案主问题的看法

①结构家庭治疗法假设个人问题与家庭的动力、组织有着密切的关系，它特别重视家庭结构的影响，认为个体的问题症状都是家庭结构缺陷造成的副产品，必须在家庭结构发生良性改变之后，个体的问题才能够减轻或消除。

②它以改变家庭的结构为治疗的首要目标，治疗者不直接去解决个人的问题，而是在重建家庭结构过程中扮演积极主动的促进者角色。当家庭的结构改善了，其正常的功能就得到发挥，困扰个体的问题也就迎刃而解。

(2)介入手法的特点

①改变家庭的看法

结构家庭治疗法虽然不是认知疗法，但仍重视转变家庭的观念。工作者认为问题出在家人交往方式上，治疗经常使用重演的方法。在此过程中，工作者要特别注意引导家庭成员直面问题。

②改善家庭的结构

家庭的一个主要问题是某些家庭成员过分疏远或过分纠缠，从而影响了与其他家庭成员之间的关系以及整个家庭功能的发挥，所以家庭中各次系统边界的建立以及边界的可渗透性是很重要的。

③改变家庭错误的世界观

家庭有它本身的期望、要求、价值观与道德观，工作者认为问题出在不合理的家庭期望、要求、价值观和道德观上，治疗方法是工作者帮助家庭成员改变错误的家庭世界观。

三、论述题

结合你的社会工作理论与实务经验，试举例说明结构家庭治疗法在婚姻危机中的运用。(南航2014年研)

答：(1)结构家庭治疗的基本概念

结构家庭治疗法，致力于使失去功能的家庭达到结构性改变，通过改变家庭的动力和组织结构去改变个人及家庭，其创始人为米纽秦。应用于治疗的基本概念有四个：

①情景。指事情发生的环境及其相互之间错综复杂的联系。

②家庭系统。系统理论认为：一个系统是由不同的子系统组成的，每一个系统都作为

一个更大的系统的部分而存在，同时又包含更小的子系统。每个子系统都有本身的自主功能，同时在较大的系统运作中又有其特定功能和角色。

③家庭结构。家庭结构是结构式家庭治疗理论体系中的核心概念，处于重中之重的地位，家庭结构是一套无形的或隐蔽的功能性需求或代码，以整合和组织家庭成员彼此互动的方式。

④家庭界限。家庭里的界限，是指个体、子系统或系统同外部环境分开的无形的边界线，是一种情感的屏障和距离。界限规定了家庭成员之间，子系统之间，家庭与外界环境之间的空间距离，用来决定谁是内部成员，谁是外人，谁能加入以及怎样加入的规则。

根据家庭的结构特征，可以把现代生活中的家庭分为七种类型：核心家庭、主干家庭、联合家庭、重组家庭、领养家庭、寄养家庭和单亲家庭。核心家庭经常面临的婚姻危机，如孩子的教育问题；联合家庭则会经常出现由婆媳关系紧张而导致婚姻方面的危机。随着家庭成员的成长，家庭的结构也会发生变化。例如，核心家庭的子女长大成家之后，如何继续与父母亲生活在一起，核心家庭就会转变成主干家庭或者联合家庭。

家庭结构的转变不是简单的结构变化，同时意味着家庭成员之间互动交流关系的转变，以及家庭成员需要的改变。作为社会工作者，需要将家庭结构的改变、家庭成员互动关系的转变以及家庭成员需要的变化连接起来，并且将这些变化放在家庭的自然生活场景中去加以考察。

(2)结构家庭治疗在婚姻危机中的运用

婚姻危机在现实生活中的形态是多种多样的，如针对妇女的家庭暴力、夫妻关系调适等问题，在夫妻关系的调适中，突出的问题是家务分工、经济支配、教育孩子等方面的矛盾，城市里的婚姻危机突出表现在夫妻一方的婚外情、重婚等。

①家庭结构治疗的焦点主要集中在家庭本身的结构和互动关系。因此，家庭治疗通常以整个家庭作为关注的焦点。

②在治疗方式上，家庭结构治疗更为强调家庭成员的家庭角色和关系的调整，以保证家庭功能的正常发挥。旨在改善夫妻关系的婚姻辅导，常常作为应对婚姻危机的工作手法，并且由于涉及到的内容很多，可以采取不同的形式。例如，强调夫妻角色学习和换位思考，就是试图改变夫妻之间的沟通和交流方式，进而改变原来不良的互动结构，形成正向的、积极的家庭成员关系结构，达到缓解夫妻关系的目的；针对家庭暴力的干预，可以通过强调夫妻关系的平等，改变男女双方之间形成的不对等的权力结构，以寻求问题的解决。

第十七章 医务社会工作

17.1 复习笔记

【知识框架(庖丁解牛)】

- 医务社会工作
  - 医务社会工作的概念与发展
    - 医务社会工作与相关概念
    - 医务社会工作的发展
    - 医务社会工作的专业特征
  - 医务社会工作的价值与理论基础
    - 医务社会工作的基本理念与价值基础
    - 医务社会工作的知识基础
    - 医务社会工作的主要理论
  - 医务社会工作的介入领域与实务方法
    - 医务社会工作的介入领域
    - 医务社会工作实务
    - 医务社会工作方法
  - 中国医务社会工作的发展
    - 中国的医务社会工作队伍
    - 中国医务社会工作的组织模式
    - 中国医务社会工作发展方向

【考点难点归纳(厚积薄发)】

考点一：医务社会工作的专业特征(见表17-1) ★★★

表 17-1 医务社会工作的专业特征

要点	具体内容
医务社会工作的专业属性	①“跨学科”，说明医务社会工作的学科性质。 ②“综合性”，说明医务社会工作服务内容的基本特征。 ③“社会福利性”，说明医务社会工作的服务性质

续表

要点	具体内容
医务社会工作的地位	①医务社会工作成为整合社会服务和统领社会工作的核心领域。 ②在健康社会化和社会健康化时代，特别是在衣食住行用等基本生活需要满足之后，身心健康就成为人最重要的需要。 ③在追求生活质量和以人为中心发展的社会背景下，专业社会服务越来越发达，社会服务将成为国民经济体系中的最大产业，社会工作专业地位自然会不断提高

考点二：我国医务社会工作发展方向(见表17-2) ★★★★

表17-2　我国医务社会工作发展方向

要点	具体内容
实务化	主要是指专业社会工作者越来越多进入医疗卫生机构，并且扮演社会工作专业角色，为病人、家属和其他需要人群提供直接性、专业与个性化社会服务
专业化	主要是指由专业社会工作者，按照社会工作专业价值观和专业伦理而提供直接服务。专业社会工作服务实质与核心是专业价值观。需要强调的是，由于现代临床医学的强专业性和医学教育的长周期，医务社会工作者的专业教育应该以社会工作硕士为主，而不应以社会工作本科生为主
组织化	主要是指医务领域的社会工作者应该学习、借鉴医学专业团体建设经验，尤其是充分尊重已建立起专业权威的历史经验和普世规律，组建国家级和省级专业团体，为医务社会工作搭建专业交流平台，构建医务社会工作的“专业共同体”，以充分发挥医务社会工作专业发展“火车头和引路人”的作用

17.2　课后习题详解

1. 什么是医务社会工作?

答：医务社会工作是指社会工作者运用社会工作专业知识和技术于医疗卫生机构，从社会心理层面来评估并处理服务对象的问题，以医疗团队一分子共同协助病患及家属排除医疗过程中的障碍，使疾病早日痊愈，病患达到身心平衡，提高治疗效果的方法。医务社会工作是医药卫生和健康照顾服务领域中的社会工作专业服务。

2. 为什么医务社会工作向健康照顾取向的社会工作转变?

答：医务社会工作向健康照顾取向社会工作转变的原因包括以下几个方面：

(1)健康照顾概念是理解健康照顾体系的基础，健康照顾既将健康议题置于特定社会处境中，又构成健康照顾的社会处境和服务体系。

(2)随着社会工作专业的不断发展，人们对社会工作专业的理解不断深化，人们生病的原因不只是生理性的，还有心理性的原因在其中。相应地，医务社会工作也不再局限于传统的医院治疗，而扩展到关注案主生病的各个层面。

(3)由于医疗技术和健康照顾服务体系不断发展，人们对健康照顾服务体系的理解不断深化。健康照顾取向的社会工作反映的是生理—心理—社会健康观和医学模式的转变，提高医疗技术和健康照顾服务的质量和效果。这更有助于以案主为本，使案主早日恢复身心健康，实现个人的良好发展。所以医务社会工作向健康照顾取向的社会工作转变。

3. 医务社会工作者应该和能够扮演什么角色？

答：医务社会工作者应该和能够扮演的角色表现为：

(1) 自医院社会工作诞生以来，医务社会工作者承担着越来越大的责任，扮演着越来越多的专业角色。最初医务社会工作者承担家庭访问者和调查者、医护助理、病人和医护人员间的沟通联系媒介的角色，后来转变为临床治疗师、医院病人管理者、医疗服务管理者、医疗服务组织者和健康宣传教育者，进而发展为疾病预防策划者、健康照顾服务咨询者、外展医疗服务和社会服务整合者角色，特别是普及性健康促进运动和提供公共卫生服务的规划、组织、协调、倡导和服务提供者等角色。因此，医务社会工作者并不单单只是直接服务提供者，其角色也并非固定不变。

(2) 医务社会工作者在复杂的健康照顾处境中，可能扮演教育者、宣传者、组织者、决策者、管理者、代言人、服务协调者、健康照顾者、沟通交流者等多种角色。医务社会工作者应根据具体情况，思考以哪种角色为主，以及角色间的转变过渡和相互联系。

4. 中国健康照顾服务体系的基本内容和基本特征是什么？

答：(1) 中国健康照顾服务体系的基本内容

①政策与制度层面的医务社会工作

a. 健康需要评估，包括选择健康最佳方式、评估健康资源、测量健康状况；

b. 健康促进和公共卫生社会工作；

c. 疾病预防和初级卫生保健中的医务社会工作。

②在医院和社区的健康照顾服务工作

a. 急诊室、门诊部和医院病房医务社会工作；

b. 医患关系、医疗纠纷和医疗保险方面的医务社会工作；

c. 出院计划和愈后康复服务方面的医务社会工作；

d. 家庭照顾服务和社区护理服务方面的医务社会工作。

③面对弱势群体的健康照顾服务工作

a. 医疗救助和弱势群体健康照顾服务；

b. 困弱群体的长期照顾服务；

c. 临终关怀和善终照顾服务医务社会工作。

(2) 中国健康照顾服务体系的基本特征

①我国健康照顾服务体系的重点仍是放在老年人、残疾人、精神病人、慢性病人、儿

童等弱势人群上，提供的很多服务及资源大多针对这些人群。

②近几年，虽然各类社会主体在健康照顾服务中的参与度不断提升，但我国的健康照顾服务体系仍是政府主导的。

③我国的健康照顾服务重点依然放在对疾病的诊治和后期治疗上，对各类病因的预防，即一级预防工作以及早发现早治疗，即二级预防仍然做得不到位。

④近几年，我国的健康照顾服务越来越重视专业价值观在服务中的重要性，并不断提升服务的专业化程度，重视健康照顾服务在社区中的应用和普及度，造福着更多的居民。

5. 医务社会工作健康干预的基本范围与介入领域是什么？

答：医务社会工作健康干预的基本范围与介入领域主要包括：

(1)健康照顾处境与医务社会工作介入领域

健康照顾处境是医务社会工作实施健康干预的具体场所，是由健康照顾体系组成的医学哲学与医药文化、政策模式与医疗服务、社会环境与制度安排的总和。

在纵向结构上，群体健康照顾可分为个人和家庭、社区和组织、国家和社会健康政策三个层次；在横向结构上，个人健康“照顾过程”或发展阶段可分为预防保健、临床医疗和康复服务三部分，这些纵横交错的“发展阶段”和“干预层次”构成健康照顾处境，是医务社会工作的介入领域。

(2)预防医学、预防保健和医务社会工作的介入领域

预防医学以预防为主，防患于未然，其基本范围和主要内容是预防疾病、保持和促进健康。

医务社会工作可介入预防医学十分广阔，如食品营养、环境保护、禁烟禁毒、提升健康意识、倡导文明健康的生活方式和健康教育等。

(3)临床医疗、医疗服务流程与医务社会工作的介入领域

临床医疗是在医疗机构中医护人员对患病者进行的临床诊断、治疗活动，以医院的服务流程为主要内容，包括门诊、住院、治疗、痊愈出院等。医务社会工作最早起源于医院中的社会工作，其所干预和提供的社会服务是传统和最主要的服务，可介入医院的门诊部、妇产科、内科、儿科、外科、结核科、传染科、中医科等业务科室。

(4)康复医学、康复服务与医务社会工作的介入领域

康复医学是指以恢复患者的身体、心理与社会生活功能为目标的健康照顾服务，主要包括医疗康复、社会康复、教育康复、职业康复、社区康复。康复服务是医务社会工作介入的基本领域。

(5)个人卫生、家庭健康与医务社会工作的介入领域

个人卫生是指个人身心的健康状态，家庭健康是指家庭环境与家庭成员的身心健康，

这两者涉及生理、心理与社会因素，又涉及个人、家庭、社区、组织和宏观制度背景，因此个人、家庭健康照顾服务具有多样性，医务社会工作者可以介入的范围很大。

(6)社区健康和医务社会工作的介入领域

社区健康主要是指在地域社区范围内提供的健康照顾服务的总称。社区健康是新型医务社会工作的主要领域，也是健康照顾服务最多、最集中的领域，包括预防、医疗、保健、康复、健康教育、计划生育技术指导、社区环境保护、健康促进、职业病防治和社区公共健康等，为医务社会工作提供了广阔的实务空间。

(7)健康政策、社会健康与医务社会工作的介入领域

健康政策是国家与社会有关健康照顾的基本原则和指导思想，涉及健康资源的分配、健康需要的界定、医疗技术的发展和健康照顾体系的管理等事项。社会健康是全社会的健康，涉及经济发展、人口政策、环境保护、食品药品监督、住房政策和市政工程等内容。传统医务社会工作局限于医院处境中的服务和微观取向的病人照顾，而社会工作宏观实务和政策倡导等方式为医务社会工作指明了未来发展的方向，为宏观层次的干预提供了机会。

17.3 考研真题与典型题详解

一、概念题

医务社会工作(中南大学 2023 年研)

答：参见本章课后习题详解第 1 题答案。

二、简答题

试述医疗社会工作的理论基础。

答：医疗社会工作的理论基础主要包括：

(1)疾病的社会学观

将疾病视为一种偏差是社会学者对疾病的看法，相对于正常的健康状况，疾病就是一种社会偏差。

社会学者对疾病与偏差模拟的原因可以综合归纳如下：

①疾病是不正常的状态，健康一般被认为是常态，而疾病是偏离常态的状况；

②疾病与偏差均为不受欢迎的情况，需要做矫正治疗；

③偏差受到非我族类的待遇(社会排斥)，疾病也是；

④疾病产生偏差行为，病人不管生理或心理有病都无法服从社会行为规范，扮演正规的社会角色(如工作)。

在社会学疾病观影响下，现代医学逐渐认识到，一个人生病的原因、发病的过程及治

病的效果均与现代社会复杂的生活有关;因此,社会工作者成为医疗卫生保健团队中的成员之一,担负着探索疾病中的社会因素、人际关系与心理情绪的任务,成为病人、家属和医护人员之间的桥梁。

(2)生活适应模式

①医疗社会工作是运用社会工作知识、技术与医疗卫生机构,以医疗团队一分子的身份协助病人及家属排除医疗过程中的障碍,不但使疾病早日痊愈,而且使因疾病而产生的各种态度问题得以解决,进而重新适应社会。因此,医疗社会工作的理论基础应以生活适应的模式为主,亦即以往强调的生理——心理——社会的模式。

②生活适应模式的三个核心概念是:适应、压力和因应。

③生活适应模式理论认为,一个人生病可称之为压力事件,它往往导致病人在家庭(病人及家属)与其生活环境的互动中,产生改变或适应不良,而医疗社会工作就是要协助病人处理因疾病或治疗所引起的各种问题,使病人在生理、心理或社会各方面都能达到最佳的适应,这一努力调适的过程就是因应。

三、论述题

1. 概述医疗社会工作的分类及内容。

答: 医疗社会工作是以医疗院所为基地的社会工作,依据其服务机构特性可分为:医务社会工作、公共卫生社会工作、心理卫生社会工作三种。

(1)医务社会工作

医务社会工作是指综合医院和诊所、儿童医院和诊所、慢性病疗养院以及医学康复机构中实施的社会工作。这些服务大多是在医院进行的临床工作,所以有人称之为医院社会服务或临床社会工作。医务社会工作者服务的主要项目是解决在这些医疗机构内与病人及其家属有关的经济的、社会的和情绪的困难。因为这些因素对病人的治疗有密切的关系,只有在社会工作者的参与下,才能达到综合性的治疗效果。特别是随着医院功能的改变,医疗机构对社会工作专业人员的需要日益增加。

①综合医院和医疗诊所中社会工作者的职责具体包括:

a. 协助医务人员察觉并了解病人的发病、诊治、康复,重建有关的社会、经济与情绪情况;

b. 协助病人及其家属有效地利用医疗防治设施;

c. 启发病人及其家属振作精神,协助病人配合治疗;

d. 参与机构内医务人员的教育、训练、推行服务计划;

e. 协助医院通过使用各种医疗设施为病患提供充分的服务;

f. 运用社会资源参与社区保健训练计划，以充分适应病人及家属的需要；

g. 指导来医院实习的医学、护理及社会工作等专业的学生；

h. 参与医院重要的行政决策，以提高医院服务的范围和水平；

i. 参与医院的各项调查工作及与医疗有关的家庭、社区的调查研究工作。

②儿童医院和医疗诊所中社会工作者的职责具体包括：

a. 协助医务人员了解儿童因治病或住院所产生的心理反应；

b. 协助医务人员了解与儿童发病可能有关的各种因素；

c. 协助儿童适应医务设施环境以及协助家属注意到孩子因生病而产生的心理需要；

d. 协助儿童家长早期发现儿童因住院所引起的行为上不良的反应而给予适当的辅导；

e. 发现家长因儿童发病而产生的不良心理反应并进行适当辅导；

f. 促进儿童医院心理卫生方面计划的推行；

g. 对于小儿科或儿童健康和疾病有关的各种情况进行研究等。

③慢性病疗养院和医学康复机构中社会工作者的职责具体包括：

a. 协助病人及其家属了解慢性疾病对病人社会功能的影响；

b. 协助病人及其家属面对慢性病或身体残缺所带来的特殊困难和需要；

c. 评估病人接受治疗的动机和潜在能力以做适当的辅助，使其善于运用医疗服务设施；

d. 启发并鼓励病人在其身体的有限能力范围内充分发挥自己的能力和智慧；

e. 协助病人及其家属逐渐地适应慢性疾病及身体残疾所带来的困扰，并估量病人对慢性疾病的适应能力；

f. 利用社区资源对慢性疾病及身体残缺病人进行有效服务。

(2)公共卫生社会工作

①公共卫生社会工作是指卫生行政和在公共卫生设施内实施的社会工作。社会工作专业人员参与卫生行政工作，是为了更好地把卫生、教育和福利三者结合起来。社会工作者在卫生行政的各种政策和措施中，需顾及社会发展与社会福利的内容，同时也要兼顾社会上个人、家庭、社区的需要。

②社会工作者在公共卫生与社区保健单位的职责有：

a. 参与各种卫生行政法规的制定或修订工作；

b. 参与各项公共卫生教育训练计划的制定与实施；

c. 充当卫生行政与社会福利行政之间的协调者；

d. 从事公共卫生方面的心理卫生工作方案的设计与推行；

e. 协调各种社会资源以供卫生服务的需要；

f. 调查研究与评估有关社区居民的需要以及卫生服务的功效；

g. 以社区组织的方式，协调社区居民自助互助，以发现、设计和推行社区各项卫生保健工作；

h. 从事社区中个人与家庭所遇困难的咨询工作，参与社区发展的有关活动事项。

(3)心理卫生社会工作

①心理卫生社会工作又称精神病理社会工作，是指精神疾病防治和心理卫生机构的社会工作专业服务。心理卫生社会工作是具有双重领域的专门职业。它一方面是社会工作专业活动的一个部门，另一方面又是心理卫生专业工作的分支。因此，对此种专业领域的探讨应从上述两种角度来衡量才能刻画出其特性。

②心理卫生社会工作者的职责有：

a. 对神经精神疾病或情绪障碍的个人发病的有关因素、个人生活史和家庭心理动力的资料进行搜集和分析。

b. 对病人家属进行心理辅导，以解除家人因精神病患所引发的焦虑与困扰，并促进家属对病人疾病性质的了解，更进一步辅导家属以启发其对病人治疗、康复与预防做建设性的辅助与影响。

c. 对较轻度病患进行个案工作治疗，或以小组工作方式进行心理社会生活再教育，以实现增强病人的社会生活再适应能力、人格的重建、人际关系的改善以及心理疾病预防等目标。

d. 通过探访、咨询或其他方式，对与精神病人有关的家庭、学校和相关机构进行联系、协调或调适，使其对精神病人产生积极的、建设性的辅助作用。

e. 参与康复医疗机构的重要行政计划与决策，参与和从事与精神疾病或心理卫生有关问题的调查研究，参与康复人才的培养训练，从事其他有关精神疾病或心理卫生知识的宣传工作。

f. 开发运用社会资源，参与或指导社区精神疾病和心理卫生的防治、康复服务计划，以适应精神病人及其家属的需要和增进其社会福利。

2. 试述医疗社会工作的方法及其实施过程。

答：(1)医疗社会工作的方法

①个案社会工作方法

个案社会工作是医疗社会工作的基本工作方法。其要旨是运用个案社会工作的专业知识与技巧，了解患者和疾病相关联的各种社会、经济、家庭、情绪等问题，通过会谈方式，收集资料，予以综合分析，找出问题之症结，建立社会心理诊断，再针对问题予以处置。其具体工作内容包括以下各项：

a. 病人目前所呈现的问题及其形成因素的分析；

b. 病人家庭生活情况及其家庭心理动力因素的分析，包括家庭病理因素的分析；

c. 病人个人成长史及其行为动力的分析；

d. 对病人接受帮助的意愿和使用帮助能力的评估，以及对该病人服务或治疗计划的拟定。

②小组社会工作方法

这一工作方法强调社会工作者将病人置于适宜的环境中，通过小组内成员的相互反应，加上社会工作者的鼓励、支持与指导，使病人对疾病的反应与治疗有深切的了解，并尽快恢复生活的信心；同时，在这种有治疗气氛的小组环境中，病人可以较为容易地打破以前的孤独、消沉、苦闷，重新建立良好的人际关系与积极的人生观。

③社区社会工作方法

要想提高医疗社会工作的效果，主要取决于两个条件：a. 要有经过专业训练的、具有领导能力的人才；b. 要有足够的人力和财力。基于此，社会工作者可以运用社区社会工作方法，汇集人力、物力、财力，以促进医疗社会工作效果的提高。

④其他特殊方法

a. 出院安置计划

在运用时能够培养社会工作者对个案中各种问题的轻重缓急和优先顺序的判断力，更能满足病人及其家属的需求，从而达到协助的功能。出院安置计划工作流程可分为：病人的筛选界定；社区资源的联系；转介工作；病人追踪工作。

b. 急诊室的社会工作

因为在这一环境中，病人常常发生社会心理危机，而医护人员则因治疗上的急迫要求和不断增加的病人，无暇顾及病人的社会和心理的需要，所以急需社会资源的协助。医疗社会工作者应以危机调适方法对来到急诊室外的意外灾害病人及其家属提供协助，主要情形包括：协助转院；处理家属情绪；提供各种社会资源。

(2)医疗社会工作的实施过程

①推行医疗社会工作服务

a. 医疗社会工作者应积极主动，尝试发掘需要服务的对象及领域；

b. 还要针对不同的对象，制定切实需要的公认的危机评估细则；

c. 必须制定一套可以提高社会工作服务水平的员工守则。

②进行社会诊断

a. 个别诊断模式

这种诊断模式主要是以病人个体为分析诊断的重点对象，它主要从两方面来分析病人状况，一是病人在生理、心理、社会的情绪、精神等方面是否缺损，考虑其各方面的完整性；二是注重个体在社会角色、关系资源、经济状况等方面的特殊性，以及病人对疾病反应等方面所具有的独特性。

b. 疾病诊断模式

这种诊断模式是以疾病为重点分析对象，从医疗、社会等方面分析疾病可能造成的生理损伤和社会影响，分析疾病的可见性、危机性和可预防性，以便及时控制疾病。

c. 环境诊断模式

这种诊断模式是分析疾病对病人及其社会环境的影响，以及疾病对病人的社会角色、情绪反应、社会关系、社会资源可能带来的负面影响。

d. “4Rs”诊断方法

角色(roles)：诊断病人的社会角色及因疾病而出现的转变，评估哪些角色必须保留及强化，以增强病人的适应能力。

关系(relationships)：诊断病人的人际关系及分析影响关系的因素，订立解决的方法、支持网络和所需资源。

反应(reactions)：诊断病人及其家属对问题的情绪反应。

资源(resources)：诊断病人及其家属用以解决问题的资源。

③医疗社会工作团队的合作

社会工作者的训练不包括教授专业的生理疾病知识，所以医疗社会工作者要了解这方面的状况，就要依靠其他医护专业人员。同样地，医疗社会工作者也可向其他成员提供社会诊断资料，各方面相互配合，从而为病人提供生理、心理及社会性的全面治疗。

④制定合约

立约包含着四个连续性的步骤：a. 探测与协商期；b. 初步订立合约；c. 根据初步合约内容进行工作，加深双方对目标的了解，订立正式和约；d. 完结期。

医疗社会工作者与案主立约，都不能缺少热情、真诚与同情心。制定合约的基本技巧是把问题分解成可实行的步骤，使案主了解并接受，以共同实现目标。

⑤选择合适的工作方法

医疗社会工作者针对病人及其家属的问题与需要，配合诊治程序，为解决问题提出具体的处理方法。不同的工作方法可单独或结合在一起使用。

⑥评估

评估是针对实施的过程及目标而做出的检讨，可以帮助工作人员在类似工作中找出最好、最适当的处理方法。评估的机制有很多种，如单一主题模式、同事间的相互检讨、专题研究等。

3. 中国医疗社会工作的状况如何？有何特点？如何进一步发展？

答：（1）中国内地医疗社会工作状况及其特点

目前开展的具体工作主要是非专业性的，大致可分为以下六个方面的内容：

①医疗社会保险

a. 20 世纪 50 年代初，中国建立起了城镇职工的医疗保险制度，即公费医疗和劳保医疗。

第一，公费医疗制度的主要对象为机关和事业单位工作人员、革命伤残军人及大学生，其经费来源于国家财政拨款；

第二，劳保医疗制度的对象主要是国有企业职工，部分集体企业参照执行。经费从企业提留的福利费中列支。

b. 职工医疗保险制度的主要特点是：

第一，就业与保障高度重合，只要有工作单位就有医疗保障；

第二，医疗费用完全由国家和企业承担，职工个人不负担任何经费责任；

第三，在劳保医疗中，职工的医疗保险由各个企业负责，没有社会统筹和调剂。

c. 职工医疗保险制度弊端：

第一，现行公费劳保医疗制度是计划经济体制下产生的，长期以来已形成了病员看病——医院提供服务——单位支付医疗费的运行模式，缺乏约束机制，浪费惊人；

第二，给地方财政带来了沉重的负担；

第三，医疗保障社会化程度低，覆盖面窄。

d. 20 世纪 80 年代初，我国政府开始对医疗保险制度进行一系列的改革，旨在解决三个问题：

第一，实行用人单位和职工个人共同缴纳医疗保险费，建立基本医疗保险基金，真正保障职工基本医疗；

第二，形成医、患、保三方制约机制，控制医疗费用的过快增长，遏制浪费；

第三，将公费医疗和劳保医疗实行统一管理，在全国实行新的职工医疗保险制度。

②医疗社会救助

a. 医疗救助是政府通过提供资金、政策与技术支持，或社会通过各种慈善行为，对因患病而无经济能力治疗的贫困人群，实施专项帮助和经济支持的一种医疗保障制度。

b. 2002 年明确提出，要对农村贫困家庭实行医疗救助。

救助的对象：主要是农村五保户、农村贫困户家庭成员以及地方政府规定的其他符合条件的贫困农民。

救助形式：在开展新型农村合作医疗的地区，资助医疗救助对象缴纳个人应负担的全部或部分资金，使其能够参加当地合作医疗、享受合作医疗待遇；对因患大病经合作医疗补助后个人负担医疗费用过高、影响家庭基本生活的，再给予适当的医疗救助。在尚未开展新型农村合作医疗的地区，对因患大病个人负担费用难以承担、影响家庭基本生活的，给予一定的医疗救助。

c. 2005 年 3 月，我国开始探索建立城市医疗救助制度。

救助的对象：主要是城市居民最低生活保障对象中未参加城镇职工基本医疗保险的人员、已参加城镇职工基本医疗保险但个人负担仍然较重的人员和其他特殊困难群众。

救助基金：采取"政府拨一点，统筹基金提一点，社会捐一点"的运作方式，旨在解决困难人员最迫切需要的大病和住院医疗保障问题。

d. 2009 年 6 月，将低收入家庭重病患者以及当地政府规定的其他特殊困难人员纳入了医疗救助范围，进一步扩大了医疗救助对象的范围。

③医疗社会服务

a. 医疗社会服务包括医疗卫生机构、残疾人康复中心等的医疗服务工作，以及社区医疗卫生服务工作等。医疗卫生服务是社会服务的重要组成部分。

b. 我国的医疗社会服务工作人员以志愿者为主，他们中有出院病人、学生、离退休人员、下岗职工、医务人员、国际友人等，被人们亲切地称为"爱心使者"。主要开展的服务项目有社区工作、义工服务、病友互助小组、个案工作、评估工作，为医院提供问卷调查，对医院的工作提出合理化建议，制作、发放各种疾病知识宣传资料，提供健康影像资料播放、讲授、解答等服务。

④社会健康教育与健康促进

a. 社会健康教育是指组织医疗、教育、科研、学术、卫生保健和预防医学等诸方面的专家，联合卫生行政管理和相关企业等健康教育资源对中国公民提供公益或增值服务。

b. 广大医疗社会工作者团结全国各界人士，主要进行了以下工作：

第一，协调健康教育和健康促进社会参与；

第二，开展健康教育和健康促进学术活动和经验交流；

第三，加强健康教育和健康促进政策研究；面向社会各类重点人群开展健康教育和健康促进及健康咨询服务；

第四，组织科研协作和成果鉴定；

第五，培训健康教育和健康促进专业人员；

第六，编辑健康教育和健康促进刊物、书籍及其他健康教育材料；

第七，承办有关部门委托项目；

第八，开展健康教育和健康促进国际交流。

c. 我国是农业大国，农村卫生问题始终是我国卫生工作的重点，广大的医疗社会工作者通过电视、广播、标语等多种形式向农民群众传播卫生知识，倡导健康行为和健康生活方式。

⑤疾病预防

疾病预防是公共卫生的重要组成部分，是政府面向全体社会成员提供的一种公共产品，难以用市场之手来解决。但是，长期以来，我国的公共卫生事业投入非常少，农村医疗条件落后，疾病预防体系脆弱，带来很多隐患。

⑥医疗社会行政

医疗社会行政主要指政府卫生机构对社会健康医疗卫生问题进行调研，制定医疗社会政策、立法，对医疗卫生机构进行评估等行政性工作，这些工作的进行大都离不开医疗社会工作者。

(2)中国港台地区医疗社会工作状况及其特点

①1964 年，我国香港地区正式成立医务社工会，开展一些医务社工活动的理论研究和实践探索。

②1983 年，在一些公立的综合性医院、专科医院、医学康复机构中建立了社工部。医务社工根据床位医师转介和病人资源中心提供的信息，对病人的精神心理、社会生活、身体健康等方面做出全面评估，建立个案，解决病人的问题。

③香港医务社工有 500 名左右。与美国不同的是，我国香港地区的医务社会工作者并不隶属于医院，而是站在“第三者”的角度上为病人服务。

④在我国台湾地区，目前共有约 1000 名医疗社工师，根据法律规定，平均每 100 张病床就有 1 名医疗社工师。

⑤在我国香港和台湾地区要对医务社会工作者进行资质认定。

(3)中国医疗社会工作的发展

①当前我国实际上存在着两种医疗社会工作：

a. 专业医疗社会工作。专业医疗社会工作是指受过社会工作专业培训的人员，遵照医疗社会工作的价值观，采用社会工作的方法所进行的专业医疗服务活动。

b. 实际医疗社会工作。实际医疗社会工作则是指在我国的政府部门和群众组织中，有一些是以专门进行医疗服务活动为己任的职业或岗位，具体内容就是上面所说的六个方面。

②我国医疗社会工作在专业化、职业化、社会化等方面都有着很大的发展空间，主要体现在以下几个方面：

a. 我国的医疗社会工作模式以政府推动和单位提供为主，其主体除了包括国家卫生健康委员会、人力资源和社会保障部之外，还包括妇联、工会等各个部门，这些部门之间存在重复浪费、职能冲突的矛盾。这种简单单一的管理方式也是阻碍社会工作社会化的重要因素。中国的医疗社会工作应当充分发挥医疗社会组织、中间机构的作用。

b. 中国的医疗社会工作专业理论研究相对滞后，近几年来尽管有很大的发展，但还是不能满足医疗社会工作的实践要求。医疗社会工作学者队伍不容乐观，其知识结构不合理，专业危机意识淡薄。医疗社会工作是社会工作中比较特殊的领域，医疗社会工作学者应是多学科复合型人才，其知识包括心理学、社会学、医学等。

c. 中国缺乏医疗社会工作专业人员，一线医疗社会工作从业人员大多属于志愿人员，缺乏专业教育和训练，专业技能比较弱。医疗社会工作作为一项职业要想获得社会的承认和国家的保护就必须组织起来，培训从业人员，实行职业准入制度，有严格的职业规范和专业化的职业技能，实现职业的专业化。

4. 医务社会工作实务的方法有哪些?

答: 医务社会工作实务的方法主要包括:

(1)个案工作方法，包括个案治疗模式、个案会议、个案管理、心理咨询和行为干预等方式，服务对象限于个人健康问题。

(2)团队工作方法，包括通过医疗团队、专业团队、社区团队和治疗团队开展工作。

(3)家庭治疗和社会心理康复训练的方法。

(4)健康教育宣传和健康促进，包括倡导健康生活方式、提升环境保护和健康维护意识。

(5)资源动员和社区参与，包括广泛动员社会力量共同关注参与健康照顾服务等。

(6)社区运动和群众运动方法，包括爱国卫生运动和广泛动员群众参与健康照顾服务等。

第十八章　工业社会工作

18.1　复习笔记

【知识框架(庖丁解牛)】

- 工业社会工作
  - 工业社会工作概述
    - 工业社会中的社会工作
    - 社会工作介入工作世界的不同方式
    - 工业社会工作的历史
  - 工业社会工作的理论
    - 工业社会工作的哲学基础
    - 工业社会工作的实务理论
  - 工业社会工作的内容、方法与实务模式
    - 工业社会工作的对象
    - 工业社会工作服务的内容
    - 工业社会工作的方法
    - 工业社会工作的实务模式

【考点难点归纳(厚积薄发)】

考点：工业社会工作的对象(见表18-1)　★★★

表18-1　工业社会工作的对象

要点	具体内容	
对员工及其家庭的服务	以个人为对象的工业社会工作服务	①协调劳动关系、维护员工权益，保护并促进员工的工作福利； ②协助员工适应工作内容与职务环境，规划个人职业生涯发展； ③发展职业福利，倡导企业集体福利，为发展员工福利提供协助； ④疏导员工情绪，为员工及其家庭提供辅导和支持
	社会工作者关注的重点	社会工作者关注的重点是帮助员工平衡工作与家庭、个人需要与组织目标、心理健康与工作压力等方面的关系，帮助员工增加个人权能，使员工通过工作获得收入和职业成就，提升其抗御生活压力和职业风险的能力，疏导由于工作压力、人际关系不适和生涯受挫等带来的不良情绪，激发其潜能和工作效率，更好地达成其职业生涯目标

续表

要点		具体内容
对员工及其家庭的服务	社会工作者对员工服务的角色	工业社会工作者对员工服务的角色包括咨询辅导、关系协调、赋权增能和资源链接等治疗和发展的作用
对组织的服务	工业社会工作对组织的服务	①为企业的人力资源发展提供服务; ②为塑造企业文化提供服务; ③协调劳动关系,提高劳动生产力,促成企业组织目标实现; ④倡导企业公民行为,推动并发展企业社会责任
	社会工作者关注的重点	工业社会工作关注的焦点是在保证工作组织提高劳动生产力、实现利润目标的同时,帮助它发展员工福利,改善工作条件和管理方式,关注员工作为"组织人"和"社会人"对工作和生活多方面的需要,营造和谐劳动关系所需要的组织环境和文化氛围,为提升组织效能、培育和发展企业承担社会责任的能力,并且最终为提升组织的管理水平和盈利能力发挥作用
	工业社会工作对组织的服务角色	工业社会工作对组织的服务角色主要有关系协调人、咨询者、培训者、福利方案策划和落实的推动者、问题评估和分析师、政策倡导者等

18.2 课后习题详解

1. 试述工业社会工作的含义。

答:工业社会工作是指通过运用特有方法与技巧,实践相关政策和理念,为工业体系中的个人、工作组织、家庭、社区和各种社会群体提供与工作/职业—家庭/社区有关的直接或间接服务的过程,从而增进人们的工作与生活福祉,促进工业社会关系和谐的方法。

2. 试述工业社会工作服务的内容。

答:工业社会工作服务的内容主要包括:

(1)员工福利服务

员工福利是劳动者作为企业组织一员的身份而得到的奖励或优待,大多是由企业提供的非金钱报酬,例如各式保险、带薪休假、退休保障、旅游休养等。

(2)职业生涯服务

工业社会工作者为员工提供职业生涯辅导,助其完成自我职业生涯设计,以促进员工职业生涯的发展。

(3)员工情绪管理

工业社会工作者要善于识别并及时疏导员工的不良情绪,以缓和其不良情绪,改善其心情。

(4)员工闲暇服务

员工通过对休闲时间的合理利用,可以得到愉悦和休息,发展丰富多样的兴趣,取得智力、体力和心理上的全面健康。

(5)劳动关系协调

工业社会工作者建立劳动关系协调机制，发挥社会工作的专业优势解决劳动关系冲突。

(6)企业社会责任

工业社会工作者通过社会工作专业服务帮助工业企业中的困难目标群体解决问题，提升其生活品质，从而实现社会正义。

3. 试述社会工作者在员工协助方案中的角色。

答：(1)员工协助是一种帮助组织成员克服其在工作环境中面临的个人、家庭生活困难和职业生涯困境而建立起来的工业社会综合服务模式，目的在于改善和提高员工的工作适应性并发展他们的工作福利。员工协助方案包括以下三个相互连接的内容：

①个人辅导方案

个人辅导方案是一种关于员工个人工作适应与生活适应的服务。个人辅导的范围包括：

a. 为与员工相关的管理者和行政人员提供教育培训，使他们能配合社会工作者开展工作，解决有麻烦的员工的问题。

b. 针对员工和与他关系密切的人进行个案或团体辅导，使他们能够通过自我努力改善自己的状态。

②生涯发展方案

生涯发展方案是针对个人生涯过程的困扰，提供评估、咨询及相关的教育培训，协助个人做出生涯决策与规划，帮助他克服摆脱生涯困境，实现生涯发展的职业生涯服务。其通过两方面来实现：

a. 社会工作者要提供相应的信息和相关的资料来帮助员工了解组织，了解工作职务，帮助他明确生涯目标，制定生涯计划；对他的能力、技术、知识和需要接受的训练等进行分析评鉴，提出建议。

b. 对组织来说，要通过生涯管理对员工给予不同的训练或培训。给他们提供机会，对他们提出要求。

③健康福利方案

健康福利方案是组织和社会工作者为员工个人及其家庭提供有关工作福利与生活福祉方面的建议和规划，帮助其整合相关福利资源，促成其健康和谐的生涯发展。健康福利方案的目标有两个：

a. 协助个人与组织共同承担健康责任，增进个人生活幸福。

b. 促进公司生产力提升，保障人力资源的有效使用。

(2)员工协助的实务方法如下：

①解决问题的策略

解决问题的策略是指当员工或其家庭陷入某种问题情境时，需要运用问题管理技术来分析问题产生的主观和客观原因，并将其过程化为若干阶段性问题，帮助员工获得必要的信息和资源来进行生涯决策，并按照一定的结构性过程采取行动，使问题逐一得到解决。

②行为改变技术

行为改变技术是运用行为科学的学习理论来帮助员工达到他们所期望的行为改变，使他们摆脱问题困境。它的基本假设是：个人学习到某种行为或改变某种行为与他在特定环境中受到的刺激有直接关系，建立特定的环境刺激有助于增强个体的正向行为的作用。

③危机处理原则

危机处理原则是指当人们的生活或工作受某些外部因素的干扰或影响，无法正常进行的时候，需要通过社会工作者的协助来获得有关危机产生的原因信息，帮助他摆脱危机。

④家庭辅导方法

家庭辅导方法是指当员工因为来自家庭的压力或困扰无法正常工作时，员工协助方案应该向其家庭成员开放，为治疗其与家庭关系的异常表现，恢复其家庭与工作关系的正向功能提供协助。其具体步骤如下：

a. 明确指出家庭成员具体的不协调行为；

b. 找出各种替代行为并选择一种可调适的行为；

c. 引导家庭成员接受这种行为并按照这种行为模式的要求来改变不协调行为。

社会工作在员工协助方案中的角色主要包括：咨询者、教育者、协调者、支持者、方案设计者。

4. 试述社会工作者在企业社会责任服务中的角色。

答：工业社会工作者在企业内部和企业外部都可以扮演社会责任服务的角色。具体表现为：

(1)在企业内部，社会工作者作为企业社会责任服务角色主要有：支持者、教育者、推动者、协调者、倡导者、方案设计者、管理者和评估者等。

(2)在企业外部，社会工作者在企业社会责任服务的角色表现为：

①工业社会工作者作为企业社会责任服务的提供者，是公民意识和公民责任的倡导者，通过公民教育来改变和提升企业社会责任实施的社会环境和公众意识。

②作为企业社会责任的推动者，工业社会工作者要发挥其专业优势，组织社会力量为企业履行其社会责任提供服务，并对各种违背社会责任的行为进行劝阻和批评。

③在政策法规和制度措施的制定和完善过程中发挥专业参与的作用，呼吁政府及各种社会组织关注企业社会责任的发展，制定科学有效的政策法规，使企业社会责任的落实既符合公众利益和社会规范，又要保护其合理的利益，为其提供可持续发展的空间。

总之，企业社会责任服务是一个复杂的社会过程和利益分配过程，扮演好各种角色来推进企业社会责任的发展，既是工业社会工作的专业使命，又是它在实务过程中必须解决的问题。通过介入企业社会责任服务这一实务领域，工业社会工作将会得到进一步的发展。

5. 试述中国发展工业社会工作的现实意义。

答：中国目前正处于农业社会向工业社会、计划经济向市场经济加速转型期，发展工业社会工作的现实意义有：

(1)随着社会主义市场经济的逐步建立和工业化规模的不断扩大，国家和社会越来越需要工业社会工作发挥自身的功能。不仅如此，随着物质生活的舒适、安康，人们不再为生活的温饱而烦恼，更加注重精神生活的愉悦和满足。现代生活的一个副产品就是人们不得不承受沉重的工作压力，复杂的人际关系使人感到万分疲惫，感情危机和家庭纠纷也常使人困扰，这必然会影响人们正常的工作和生活。要解决这些问题，不能再像以前那样找单位、找领导了，这时人们就可以求助于社会工作者。

(2)随着改革的进一步深入，失业问题、贫困问题也较突出，政府虽然在宏观政策上可以帮助员工改善自己的处境，但是对于如何具体改变他们的处境却心有余而力不足。工业社会工作者应该抓住时机，发挥自己的专业所长，帮助他们走出困境。

(3)中国工业化、城市化步伐加快，工业人口的增多使得工业社会工作者的服务对象增多。目前，城镇人口不断增加，而乡镇企业的迅猛发展，更使企业在职职工的人数剧增。职工福利、职工福利保障、职工权益保障，应当成为社会工作的一个重要领域。

(4)随着企业的结构改组、减员增效等改革的不断推进，一些技术水平低、能力较差的员工不可避免地会被淘汰，出现了下岗、失业等现象。这些下岗工人、失业者不仅在生活上出现困难，在心理上受到极大的创伤，而且再次就业也非常困难。这些问题仅靠政府的力量很难得到解决。这时发展工业社会工作，工业社会工作者的存在就会分担其中的一些责任，他们通过各种途径主动帮助这些弱势群体解决所面临的困难，从而走出困境。

18.3　考研真题与典型题详解

一、概念题

工业社会工作

答：参见本章课后习题详解第1题答案。

二、简答题

1. 谈谈发展工业社会工作的必要性。

答：关于发展工业社会工作的必要性，具体分析如下：

(1)面临激烈的国际竞争，员工和企业将面临更大的压力和未曾遭遇的问题，非员工和企业自身所能解决，需要依赖专业的知识和技术。这就为专业化的工业社会工作进入工业领域提供了良好的契机。

(2)社会转型中所引发的结构性问题反映在工业界会导致员工失业等以及员工的利益诉求等问题，已非单纯的企业界人士所能解决，需要工业社会工作的介入。

(3)劳资间的问题、劳动条件问题、工作环境的适应、健康保健问题、家庭与婚姻问题、失业、职业安全卫生、休闲娱乐问题、相关法律问题等困扰着企业员工，使其工作积极性大大受挫。

(4)职场的激烈竞争和优胜劣汰的风险使劳工强烈要求职业保障、失业救助、新兴技术的职业培训、再次就业的指导等。解决诸如此类的问题是工业社会工作的重点。

(5)员工在工作中遭遇的各种困难需要工业社会工作者的帮助。紧张、单调、乏味的工作方式使得员工的工作满意度降低，个人的自主性、创造性受到压抑，员工的工作成就感难以得到满足；员工之间缺少必要的沟通与交流，不满和压抑情绪难以疏解。工业社会工作者“助人自助”的工作理念以及拥有专业的社工技术和方法，能够帮助员工解决工作中的困扰。

(6)尤其对于中国而言，目前正处于农业社会向工业社会、计划经济向市场经济加速转型期，难免会出现以下问题：

①中国工业化、城市化步伐加快，工业人口的增多使得工业社会工作者的服务对象增多。目前，城镇人口不断增加，而乡镇企业的迅猛发展，更使企业在职职工的人数剧增。职工福利、职工福利保障、职工权益保障，应当成为社会工作的一个重要领域。

②随着企业的结构改组、减员增效等改革的不断推进，一些技术水平低、能力较差的员工不可避免地会被淘汰，出现了下岗、失业等现象。这些下岗工人、失业者不仅在生活上出现困难，在心理上受到极大的创伤，而且再次就业也非常困难。

这些问题仅靠政府的力量很难得到解决。这时，工业社会工作者的存在就会分担其中的一些责任，他们通过各种途径主动帮助这些弱势群体解决所面临的困难，从而走出困境。

2. 工业社会工作的基本职责何在?

答：工业社会工作的职责即工作理念，表现为：

(1)相信生产力的提高是广大员工和社会大众的愿望；

(2)劳工的生活问题会影响到企业的经济利益；

(3)除非劳工在工作中的表现不好，否则不应过问劳工的私人问题；

(4)劳工所遇到的种种问题都会在工作中表现出来；

(5)相信社会工作的介入能改变环境，进而帮助员工解决所遇到的问题，创造良好的工作生活环境；

(6)在工业环境中，社会工作者可以配合基层管理人员的工作，帮助他们处理有问题困扰的员工。

3. 谈谈你对如何发展我国工业社会工作的认识。

答：可以从以下几个方面着手发展我国的工业社会工作：

(1)鼓励工厂、企业设立专职的工业社会工作者岗位。应该使企业主认识到，工业社会工作的开展不仅可以帮助员工解决各种困扰，使员工不因个人与家庭问题影响正常的工作和生活，而且能够帮助企业组织了解劳工法令并遵守国家的劳工政策，协调企业中的劳资关系；帮助员工使其不因个人或家庭问题影响企业的生产率；减少企业人力资本的浪费，使企业人尽其才，从而提高企业的生产力。

(2)大力推行工业社会工作教育。社会工作者只有深入学习工业社会工作的相关课程，如员工问题、劳资关系、社会政策、工业社会学、工业心理学、企业管理、管理心理学、人事管理等课程，全面了解企业活动的实质、企业的责任、员工的地位以及公司的决策，才能更好地发挥工业社会工作的功能，使工业社会工作的价值被员工、企业主以及社会各界所肯定和认同。

(3)国家和政府应该从政策上对社会工作给予强有力的支持。

三、论述题

试述工业社会工作的哲学基础。

答：工业社会工作的哲学基础主要包括：

(1)人道主义理论与人权理念

在人道主义思想基础上，工业社会工作把人权观念引入工业福利服务过程中，并将其具体化为员工个人和群体应有的休息权、工作权、工作环境安全，以及生理、心理和社会各方面需要得到满足的基本权利。

(2)社会正义理念

工业社会工作为员工及其家庭提供福利服务，促使企业在劳动者基本利益或基本需要方面建立并落实公平的制度，以保障工业进步的成果惠及每一个工业关系中的个体。

(3)全人发展理念

在全人发展理念的指导下，工业社会工作必须关心照顾员工多方面的需要，引导其关心自己周围的人和社区，关心自身利益以外的他人利益、集体利益，使其人格健全、精神健康。

第十九章　农村社会工作

19.1　复习笔记

【知识框架(庖丁解牛)】

- 农村社会工作
  - 农村社会工作的含义与特点
    - 农村社会工作的含义
    - 农村社会工作的任务与特点
    - 农村社会工作发展简况
  - 农村社会工作的价值观、理论和方法
    - 农村社会工作价值观
    - 农村社会工作的理论
    - 农村社会工作的实务模式和方法
  - 中国的农村社会工作
    - 中国农村社会工作发展简史
    - 中国农村社会工作的领域和任务
    - 中国农村社会工作发展策略

【考点难点归纳(厚积薄发)】

考点一：进入农村社区的方法(见表19-1)　★★★★

表19-1　进入农村社区的方法

方法	具体内容
行政途径进入	指的是农村社会工作者以指导者、组织者等身份进入农村社区。 ①优点：a. 工作人员的身份很明确，村民对工作人员的认同很容易形成；b. 工作人员以农村社区组织的专业身份介入，在许多有关农村社区组织发展的工作中可以得到村民的认可和积极参与；c. 开展社区组织的建设和发育，名正言顺。 ②缺点：a. 村民很容易对工作人员产生依赖，不易达到村民能力建设的目标；b. 工作人员和村民的不对等关系，容易减弱村民的自信心

续表

方法	具体内容
农村社区问题介入	农村社区问题如农村社区留守儿童、老人照顾、家庭暴力、农村青少年犯罪等问题，农村社会工作者以解决这些问题为切入点，进入农村社区。 ①优点：a. 工作人员以直接解决农村社区问题为工作目标，工作人员的身份是专家，村民也希望通过工作人员的服务，解决社区问题，其身份认同得到肯定；b. 工作人员通过解决这些社区问题，为农村社会工作者继续在此农村社区开展工作提供了可能；c. 能提升村民对社会工作的认同。 ②缺点：a. 工作人员不能完全解决这些社区问题，可能会影响村民对农村社会工作的认可度；b. 很大程度上，农村社区问题的解决，需要多方面的资源，如果不能寻求到解决这些问题所需要的资源，就不能在当地继续工作
农村服务项目介入	农村服务项目的开展容易赢得直接服务人群的认可，但要获得服务直接受益群体之外居民的认可，则存在一定困难。农村服务项目具有很强的周期性，一定程度上会影响农村社会工作者开展长期服务

考点二：建立专业关系的方法(见表 19-2)　★★★

表 19-2　建立专业关系的方法

方法	具体内容
田间地头工作	农村社会工作者与服务对象在共同劳动中开始建立关系，这样可以引发服务对象对农村社会工作者的好感，有利于双方信任关系的建立
上门家访	与农村社区家庭建立关系，可以先从与家庭某个成员建立联系开始，比如通过课业辅导与家庭中的孩子建立关系，再通过孩子与家庭中的其他成员建立关系
召开村民代表会议	召开村民代表会议，一方面是为了讨论、计划、决定开展农村社会工作服务项目；另一方面，通过多次召开村民代表会议，农村社会工作者与服务对象探索有效的沟通方式和矛盾处理的规范
绘制社区图	绘制社区图的方法包括以下三个方面： ①邀请农村社区中有一定威信、身份的人参与绘制； ②邀请绘制成员一起调查社区情况； ③邀请其他村民参与最后的绘制过程

19. 2　课后习题详解

1. 什么是农村社会工作？并谈谈开展农村社会工作服务的重要性。

答：(1)农村社会工作的含义

农村社会工作又称乡村社会工作，是指社会工作者以社会工作专业价值观为理念，以社会工作专业价值为理念，以社会工作专业方法为手段，以农村社区为服务场域，根据个人及家庭、群体和社区的基本需要和社会问题，与农村社区居民、乡村干部及其他专业人员一起，通过激发个人内在动力和塑造社区凝聚力、提供专业技术、提升集体合作应对社会变迁的能力，通过社会福利政策实践和乡村治理实践，提升居民福祉，化解不平衡不充分发展的矛盾，促进农村社区可持续发展的活动和过程。

(2)开展农村社会工作服务的重要性

①农业、农民和农村在现代化和社会转型过程中面临着前所未有的挑战。我国的农村发展更成为必须认真对待的战略问题。农村社会工作是解决农村问题的一种方法。

②生活困难是落后农村居民的普遍特征。村民家庭成员患病、遭遇突发灾害、农业投资失败等原因都会使其陷入贫困状态，直接影响其生活质量。农村社会工作者通过整合资源、传递信息，协助服务对象积累资本，促使其有能力走出贫困。

③农产品销售的好坏将直接影响农民的经济收入。农村社会工作者能帮助农民选择适销对路的品种，并采取适合当地的经济合作组织形式，通过组织化增强农业生产的市场竞争力。

④农村社会工作服务农村特困人群，开展农村社会工作服务，能为他们争取体制内的资源，如大病救助和其他救助金，为他们提供基本的生活保障。能满足其心理、社会方面的需要，从而提升其社会福利水平。

⑤农村作为大量人口生活的区域和社区，应该得到相应的发展。农村社会工作者可以解决其困难、协调其关系、增强其能力，与其他方面的专业人士协同合作促进农村社区的发展和建设。

⑥农村社会工作的发展，是解决当代中国贫困问题的现实需求和重要途径。当前，贫困群体主要集中在农村地区，留守群体也以农村为主要集中地区。

⑦农村社会工作的介入和有效运转，能为解决我国农村在市场经济主导下产生的各种社会问题提供良好的办法，促进农村社会的稳定与有序发展，完成构建社会主义和谐社会的宏伟目标。从完善政府农村工作方法的角度看，社会工作的引进和推广是传统农村工作方法的有力补充。

2. 试述农村社会工作价值观的内容。

答：农村社会工作价值观的内容主要包括：

(1)以人为本

①平等

在不发达的农村地区，不平等现象受年龄、性别、教育、宗教信仰、种族等因素的限制较为普遍地存在着，因此农村社会工作者不仅要相信平等理念，更要践行平等价值。具体表现为农村社会工作者应在服务中努力消除阻碍平等关系建立的负面因素并建构对等的服务关系；坚持多元视角，而非二元对立的单一视角；坚持优势视角，摒弃病态视角。

②尊重

每一种生活方式、风俗习惯、宗教仪式均有一定的社会功能，每一种文化均有其价值，因此农村社会工作者在实践中要尊重服务对象的文化，主要体现在对当地农村社区生活方式、文化习俗、宗教仪式等的尊重。

③参与

参与是社会民主正义的基础，参与权是社会正义、社会民主建设的保障，因此农村社会工作者要鼓励农村居民参与社区建设和公共事务，提升其参与能力，从而不断推进民主和社会正义。

④增权

农村社会工作者针对服务对象的无力感、无权感、被压迫感，可以从增权视角出发，与村民共同协商、决策并行动，从而重建村民的自信心，使其有能力获得和行使自己的权力，增强其应对困境的能力。

(2)团结合作

社会工作要促成所服务社区的团结合作。农村社会工作致力于改善农村社区居民的生活质量，包括物质、社会关系等诸多方面。因此必须协同农村社区应对过分市场化导致的碎片化、工具化，重建以团结合作为核心价值的人与人、人与生活、人与生产的共融关系。

(3)公平正义

实现社会公平正义是社会工作者的追求。虽然城乡之间由于历史、制度等原因长期处于不平等状态，但农村社会工作者要坚守公平正义，让农村社区居民最大可能地享受自由选择，促进权力、财富、机会的公平分配，最大限度地实现公平正义。

(4)可持续发展

可持续发展包括生活与自然环境的和谐、人与社会关系的和谐、生产与自然环境的和谐。当前我国农村发展中存在不可持续问题，因此农村社会工作者必须践行可持续发展这一较高道德层面的观念，不仅自身言行要彰显这一价值，同时也要以此影响周边人士。

3. 农村社会工作者如何助力乡村治理创新?

答: 农村社会工作是社会工作者以社会工作专业价值为理念，以社会工作方法为手段，以农村社区为服务场域，根据农村个人及家庭、群体和社区的基本需要和社会问题，通过社会福利政策实践和乡村治理实践，提升居民福祉，化解不平衡不充分发展的矛盾，促进农村社区可持续发展的活动和过程。农村社会工作者要与乡村治理的其他专业人才合作，要与行政社会工作合作，整合政策资源、社会福利资源、社会救助资源，开展农村社区经济、文化、生态和发展方面的服务。

(1)介入乡村治理结构。社会工作者运用专业知识和方法，协助优化和完善乡村治理体系，推动村民自治机制的规范化、民主化，同时加强对农村基层干部及村民的社会工作理念培训，提升其参与社区治理的能力与素质。

(2)搭建多元服务平台。从社会工作角度出发，构建包括教育、医疗、养老、社会保障等多领域的一体化服务网络，整合资源以满足农村居民多元化需求，并通过个案管理、小组工作、社区活动等方式促进公共事务的公平公正处理。

(3)化解矛盾与冲突调解。社工在乡村中扮演着重要的协调者角色，针对农村土地纠纷、家庭矛盾、邻里关系等问题进行专业干预，运用沟通技巧和冲突解决策略，建立有效的矛盾纠纷调处机制，维护乡村和谐稳定。

(4)关注弱势群体权益保障。着重关注留守儿童、留守老人、残疾人以及低收入农户等特殊群体的需求，提供有针对性的专业服务，助力他们融入社区生活并享有公平的发展机会，确保他们在乡村治理创新中不被忽视。

(5)倡导可持续发展与生态文明建设。积极参与乡村振兴战略实施，引导农民树立生态环保意识，推动绿色农业、循环经济等项目的落地与发展，将社会工作理念融入乡村环境治理和生态保护工作中，实现人与自然和谐共生，助力美丽乡村建设。

4. 在乡村振兴战略实施过程中，社会工作者可以承担哪些角色?

答：在乡村振兴战略实施过程中，社会工作者可以承担服务提供者、资源链接者、教育者、咨询者和协调者等角色。

(1)服务提供者。社工可以协助宣传和解读国家及地方层面的乡村振兴政策，确保政策落地生根。同时，他们可以通过政府购买服务等方式，为乡村居民提供包括但不限于教育、医疗、养老、心理咨询等领域的专业社会服务，满足农村群众多元化的公共服务需求。

(2)资源链接者。社工与政府部门、企事业单位、非营利组织以及其他社会服务机构建立合作关系，整合各方资源，包括资金、技术、人力等，为农村社区引入项目和发展机会。同时为农村居民提供就业信息、教育资助、医疗救助、养老保障等方面的信息和服务资源链接，促进城乡资源共享和均衡发展。

(3)教育者角色。社会工作者运用专业知识与技能，对农村居民进行能力提升培训。这包括但不限于现代农业技术的推广、职业技能教育、生活技能培训、健康知识普及等，通过教育培训提高农民适应现代乡村发展要求的能力。此外，社工还可以组织各类讲座、工作坊等活动，引导村民树立正确的价值观和社会责任感，培育新型农民和农村创业创新人才，促进乡村振兴的人才队伍建设。

(4)咨询者角色。社会工作者可以帮助农民理解和应用国家及地方各级政府出台的乡村振兴政策法规，确保相关政策能够惠及广大农民群众。对于涉及农村经济、社会治理、公共服务等方面的问题，社工可以为农户或农村社区提供专业咨询建议，协助他们制定符合本地实际情况的发展计划，解决他们在转型和发展过程中的困惑和难题。

(5)协调者角色。在农村土地使用、资源分配、集体经济发展、基础设施建设等矛盾突出领域中，运用专业的冲突调解技巧和方法，化解不同利益群体间的纠纷，维护乡村和谐稳定。他们还可以协调多方资源，如政府、企业、非政府组织等，搭建合作平台，整合项目资金和技术支持，推动形成多元主体参与的乡村振兴格局。

19.3　考研真题与典型题详解

一、概念题

1. 农村社会工作(中央民族大学 2024 年研)

答：参见本章课后习题详解第 1 题答案。

2. 地区发展模式应用(华南师范大学 2020 年研)

答：地区发展模式应用是指在农村社会工作实务中，依靠农村社区居民的自身能力，链接并整合农村社区资源，在行动过程中不断提高农村社区居民组织、策划、协调、参与等能力，最终解决农村社区面临的问题。

二、简答题

如何发展中国农村社会工作?

答：中国农村社会工作的发展有以下几个策略：

(1)加大政府部门购买农村社会工作服务的力度；

(2)加快农村社会福利领域中农村社会工作岗位开发；

(3)推动农村社会工作的继续教育工作；

(4)完善农村社会工作者考核激励机制；

(5)切实建设好乡镇社会工作服务站。

三、论述题

试述我国农村社会工作的任务和特点。

相关试题：简述农村社会工作的任务与特点。(简答题，湘潭大学 2023 年研)

答：(1)我国农村社会工作的任务

①农村减贫工作

a. 政府主导的减贫工作。部分政府主导的减贫活动属于行政社会工作，具有本土社会工作的特点。社会工作者要以自己的专业优势，积极参与政府主导的减贫行动。

b. 资产为本的减贫工作。针对单一强调经济指标的减贫理论之不足，农村社会工作者可以借助资产理论，在农村社区推动资产为本的反贫困工作，即对贫困地区和贫困人口所拥有的社区文化资产、社区生态资产、社区社会资产、社区经济资产、社区人力资产等有形和无形的资产进行挖掘，奠定减贫脱贫的资产基础。

②乡村振兴战略下的乡村治理服务

a. 开展整合性服务治理。农村社会工作者要与乡村治理的其他专业人才合作，要与行政社会工作合作，整合政策资源、社会福利资源、社会救助资源，开展农村社区经济、文化、生态和发展方面的服务。

b. 开展链传动服务治理。根据机械学链传动原理，针对农村社区居民就业、住房、卫生健康、照顾等基本社会需要的服务可被视为服务链。农村社会工作者通过扮演教育者、咨询者等角色，连接和启动满足服务对象多重需要的链条，从而满足服务对象的基本社会需要和发展需要。

c. 开展综融性服务治理。农村社会工作者要具备对复杂具体情境进行干预的能力，综融性社会工作实务要充分考虑到实践情境的复杂性。农村社会工作者开展综融性服务，主要的路径有：全人视角，即服务开展综合考虑服务对象生理、心理和社会的多层次需要；全域视角，即服务开展综合干预微观、中观、宏观环境。

③农村特困人群服务

农村特困人群主要包括农村孤寡老人、困境儿童、残障人士、长期病患者等。农村社会工作者运用专业知识和方法为他们提供的服务主要包括：社会救助服务、对脆弱人群提供社区康复与照顾服务、发展互助网络。

④农村留守群体服务

农村留守群体主要是指农村留守儿童、留守老人和留守妇女，农村社会工作者要充分认识他们的基本权益保障需要和生活中面临的具体困难，有针对性地提供专业服务。

（2）我国农村社会工作的特点

①以农村居民和社区为工作对象

农村社会工作以农村中处于困境的居民、家庭和社区为服务对象，且通常面对的是比较落后的农村、比较困难的家庭。

②工作关系的专业性

农村社会工作者应与农村社区居民建立平等、尊重、信任的专业关系，帮助困境人士发展其能力，尤其是应对危机化解困难的能力。

③分析问题视角的综合性

农村社会问题的产生受多方面影响，因此农村社会工作者必须从系统整体的角度，去分析和解决农村社区整体面临的问题和农村社区个人面临的问题，例如解决农村贫困问题，就必须综合分析其微观、中观、宏观原因，才能找到更加契合的反贫困路径。

④多方合作

处于困境的农村家庭和社区常常有复杂的成因，要解决农村家庭和社区的比较顽固的问题，社会工作者必须与当地政府和村民协同努力，与其他专业人士密切合作。因此农村社会工作者常常需要在一地一村驻扎，工作较长时间。

第二十章　反贫困与社会工作

20.1　复习笔记

【知识框架(庖丁解牛)】

- 反贫困与社会工作
  - 贫困问题概述
    - 什么是贫困
    - 贫困的全球背景与中国的贫困问题现状
  - 反贫困的国际经验回顾
    - 反贫困的主要武器
    - 西方社会福利政策的转向——资产建设理论与社会投资理论
    - 反贫困领域中的社会工作
  - 中国的反贫困与社会工作
    - 对基本需要的保障——社会救助
    - 农村扶贫政策的演变与开发性扶贫
    - 社会工作在反贫困领域的介入

【考点难点归纳(厚积薄发)】

考点：城市贫困的表现(见表20-1)　★★★

表20-1　城市贫困的表现

要点	主要内容
地域分布	集中于中西部欠发达地区、传统产业为主的老工业城市及中小城市
群体分布	主要由以下七类人员组成： ①企业不景气而拿不到工资或所拿工资严重不足的职工及家庭人员； ②下岗、失业及待业人员； ③部分退休职工； ④长期从事低收入工作的居民； ⑤社会救济及优抚对象； ⑥因物价上涨导致相对收入下降而低于贫困线的居民； ⑦流入城市的待业农民工

20.2　课后习题详解

1. 什么是贫困？试述中国贫困问题的发展变化。

答：(1)贫困的含义

贫困是全世界各个国家和地区长期存在的问题，各国学者从不同角度理解和定义贫困。

贫困通常被划分为绝对贫困和相对贫困。绝对贫困是指如果一个家庭的总收入不足以取得维持仅仅是物质生活所必备的需要，那么该家庭就是处于贫困状态。因此绝对贫困又称生存贫困，是指收入难以维持最低限度的生活水准的状况。

相对贫困是指一个人或家庭的收入比社会平均收入水平少到一定程度时所维持的那种生活状况，它不是根据某一固定标准，而是根据低收入者与社会其他成员收入的差距来定义贫困的。

(2)中国的贫困问题的发展变化

中国的贫困问题在城市和农村地区经历了不同的发展变化过程。

①农村贫困问题的发展变化

a. 改革开放初期：中国农村普遍存在着严重的贫困现象。当时，大量农村人口生活水平低下，贫困人口基数庞大。改革开放之初的农村家庭联产承包责任制改革极大地调动了农民生产积极性，开始初步缓解农村贫困，使贫困人口从 1978 年的 2.5 亿大幅度降至 1985 年的 1.25 亿。

b. 1994 年~2000 年：政府实施了“八七扶贫攻坚计划”，该计划的名称来源于其目标是在 1994 年至 2000 年的 7 年内，集中全国的人力、物力和财力资源，动员全社会力量，对当时存在的 8000 万农村贫困人口进行大规模的扶贫开发工作，旨在基本解决这些人口的温饱问题。

c. 21 世纪初：到 2003 年年底，绝对贫困人口数为 2900 万，贫困发生率从 1978 年的 30% 下降到了 3% 左右，农村贫困人口的温饱问题基本解决。2001 年《中国农村扶贫开发纲要(2001 年~2010 年)》实施后，政府有关部门经过测算提出了人均纯收入 865 元的扶持标准，对应贫困人口是 9422.8 万人。2011 年，农村贫困线调整为人均纯收入 2300 元，对应的贫困人口为 1.22 亿人。这一部分贫困人口集中分布在自然条件相对恶劣的地区，因此缓解贫困及发展农村的任务十分艰巨。

d. 2013 年，政府开始实施精准扶贫政策，通过建档立卡确定贫困人口，开展贫困户识别工作，2015 年建档立卡人数为 5575 万人。这一阶段实施“五个一批”工程，通过产业发展、易地搬迁、生态补偿、教育保障和社会保障兜底等多种手段全方位推进脱贫攻坚战。

e. 2020 年：通过脱贫攻坚，到 2020 年年底，现行标准下 9899 万农村贫困人口全部脱贫，中国实现了新时代脱贫攻坚目标任务。

②城市农村贫困问题的发展变化

a. 改革开放初期至20世纪90年代：改革开放早期，随着农村剩余劳动力大量涌入城市务工，城市贫困现象逐渐显现。这部分人群在城市的就业不稳定、收入低且社会保障不健全，构成了城市新贫困群体。

b. 2000年后至“十一五”期间：随着中国经济的快速发展和城市化进程加速，城市内部经济分化加剧，相对贫困问题日益突出，包括低收入工人、失业人员、退休职工等在内的城市居民开始面临生活困难。中国政府逐步建立和完善城市低保制度，扩大社会保障覆盖面，并通过各种措施提高城市贫困人口的生活保障水平。

c. “十二五”规划及之后：城市贫困问题更加复杂化，除了传统意义上的绝对贫困外，出现了大量因病致贫、因学致贫以及高房价带来的住房贫困等问题。国家加大了对城市弱势群体的社会救助力度，如推进棚户区改造、公租房建设等措施改善低收入家庭居住条件；同时完善医疗保险体系，减少因病返贫的风险。

d. 精准扶贫政策影响下的城市扶贫：虽然精准扶贫政策主要针对农村地区，但城市贫困问题也受到关注。各级政府在实施整体反贫困战略时，也将城市中的贫困问题纳入考虑范围，如通过职业技能培训、创业扶持等方式帮助城市贫困人口提升自我发展能力。“十三五”期间，我国进一步加强城市社会救助体系建设，力求实现全面小康的目标，确保城市贫困问题得到有效缓解。

e. 2020年前后：我国完成脱贫攻坚任务，其中虽以解决农村贫困为主，但城市贫困问题同样得到重视，尤其是新冠疫情等因素冲击下，强化了城市临时性困难群体的帮扶工作。针对城市相对贫困，政府不断探索和完善长效机制，比如优化社保制度、促进就业公平、平衡区域发展等多方面举措，以期降低城市贫困率并改善城市贫困状况。

2. 从国际经验来看，反贫困的主要武器是什么？社会工作在反贫困中的作用如何？运用了哪些方法？西方国家反贫困福利政策有哪些新的发展取向？

答：(1)反贫困的主要武器

①福利制度

a. 福利制度作为西方发达国家的一张社会安全网，为贫困者及贫困家庭提供基本的生活保障。

b. 福利制度确保了穷人能够维持最基本的生活水准。

c. 福利制度无法为穷人提供摆脱困境、永不落入贫困的机会，这也是其明显的局限性。

d. 福利制度费用越来越高，导致政府的财政包袱沉重，从而陷入“骑虎难下”的窘境。

②直接面对穷人的缓贫计划

直接面对穷人的缓贫计划是为了消灭贫困。反贫计划在规模上、作用上和时间的可持续性上均无法与福利制度相比。发展中国家的缓贫计划主要体现在以下几个方面：

a. 增加穷人收入机会的特别计划；

b. 以解决穷人某个社会特征为目的的社会计划。

(2)反贫困领域中的社会工作

①个案辅导与团体工作

社会服务部门为贫困者提供直接的个人服务，包括个案辅导和团体工作。

②贫困社区的社区发展工作

贫民区的社区发展工作可追溯到 19 世纪末的慈善组织会社与睦邻运动。联合国成立后，在全世界范围内推行了社区发展运动，即以乡村社区为单位，开展全面的地方建设运动。之后，社区发展计划也致力于解决城市化带来的一系列社会问题。

③参与设计并实施缓贫计划

a. 项目规划

社会工作者了解案主问题与需要，甄别贫困家庭，确定扶持对象，参考村民意见设计方案。

b. 贫困者的能力建设

社会工作者要鼓励与激发贫困者的自信心，帮助其成为主动的参与者。

c. 培训

第一，培训活动的对象主要有规划人员、项目官员、执行人员、社会工作者、贫困人员等。社会工作者所承担的主要是针对贫困人员的培训。

第二，提前评估培训需求，选择合适的培训内容与形式。培训的具体方法可采用授课、小组讨论、角色扮演、实地考察等多种形式。

(3)西方国家反贫困福利政策的新取向

20 世纪 80 年代以来，在西方发达国家的反贫困领域出现了新的理论，反映了反贫困的某种转向。

①资产建设理论

资产建设并非简单地直接增加穷人的收入与消费，而是指政府有组织地引导和帮助穷人进行资产积累与投资。

②社会投资理论

a. 社会投资理论的要义

社会投资理论强调经济政策与社会政策的融合，社会福利政策从以再分配与消费为取向转变为以生产和投资为取向。

b. 社会投资理论的主要论点

第一，将成本—效益方法应用于社会福利政策，提升社会福利的成本效益；

第二，在社会福利政策中加强人力资本的投入；

第三，加强对低收入社区的投入，通过强化社区合作关系发展社会资本；

第四，鼓励资产积累，鼓励低收入者建立个人发展账户；

第五，促进积极的生产就业；

第六，消除经济参与的障碍；

第七，创造良好的社会发展环境以利于福利对象的社会参与。

3. 试述参与式发展与资产为本的社区发展的核心思想及其对中国落后地区社区发展的启示。

答：(1)参与式发展的核心思想

①将目标群体视为主体，即受助群体作为发展的主体，应当参与发展项目的决策规划、管理实施、监测评估的全过程。

②赋权，即对发展项目全过程权力的再分配，注重受助群体在发展项目中的发言权和决策权。通过提升能力，鼓励他们积极参与到影响自身生活和发展方向的决策中来。

③信息共享，即看重当地人的智慧，施助方和受助方在实践中共同学习、共同受益。

④利益分享，即参与者参与分享发展的成果，确保参与者能够公平地享有发展所带来的成果，感受自身努力带来的实质改变。

⑤自我组织及自立，即受助者建设并参与组织，在组织中实现参与、民主、合作，深化参与度，增强自主解决问题的能力。

(2)资产为本的社区发展的核心思想

①以社区资产为核心基础，致力于发掘、强化并充分利用社区内部的资产资源，注重建设和加强社区的资产价值，以社区资产为出发点来激活社区发展的内在动力。

②以内部为焦点，重视社区自身资产实力而非其不足，重视社区内部的所有资源和关键力量，包括但不限于物质资源、人力资源、社会资本等多元化的财富积累。

③将人际关系网络作为驱动力量，不断建立和重建社区居民、协会和机构之间的关系，通过积极建立和完善居民之间、社区协会之间以及各类机构之间的合作关系与联动机制，持续培育和发展紧密且富有活力的社区网络体系。

④以社区优势为核心，积极发展而非消极应对，充分调动社区内各项资源，挖掘并发挥社区的独特优势，有效应对挑战，实现从被动应对到主动创新的转变，推动社区可持续发展。

(3)对中国落后地区社区发展的启示

①贫困者主体性的确立与参与式发展

在摆脱贫困、谋求发展的过程中，贫困者是发展主体，不能把扶贫仅仅当作政府的主观努力，也不能采取行政嵌入式的组织方式强制性地“开发”贫困地区。摆脱贫困要求贫困者和政府通力合作。在农村参与式发展与整村推进工作中，要特别践行参与式理念，在问题认定、村级规划、项目实施中确保贫困群体的参与，提升其主体意识及主观能动性。

②贫困者的能力建设、社区增能与贫困地区可持续发展

确立贫困者的主体性，需要把人的发展，即贫困者的能力建设作为重要的发展目标。只有贫困者自身的内在潜能被开发，能力得到实质增长，其所在社区的可持续发展才有可能。

③资产为本的社区发展及基层社区组织的建设与培育

社会工作介入贫困社区的不少项目采取资产为本的社区发展视角，不看社区的匮乏与问题，而是看它的资产与优势，从利用社区现有资产出发，实现社区的可持续生计及发展。

④加强社会组织在扶贫中的作用

在中国的扶贫工作中，政府部门工作人员承担着大部分工作，这要求他们下到最基层，了解农民需求、发现社区问题、发动组织农民，而这恰恰暴露出政府体制在消除贫困方面的局限性。国际经验表明，非政府组织在扶贫中具有不可替代的优势，中国一些社会组织在农村扶贫中就发挥了重要作用，因此在扶贫工作中，应充分调动社会组织等多元力量的参与。

4. 试述中国实施扶贫开发和精准扶贫的主要经验。

答：(1)以县为单位的区域性扶贫开发

以县为单位的区域性扶贫开发是中国实施精准扶贫、实现脱贫攻坚目标的重要手段之一。1986年，我国成立了第一个正式的反贫困机构——国务院贫困地区经济开发领导小组，专职负责开发性扶贫工作。在从上到下建立起的完整的工作体系基础上，国家以人均收入低于贫困线的县为单位，实施以区域经济发展带动缓贫为目标的扶贫开发。

(2)资金投入与扶贫开发的主要内容

①扶贫资金的来源主要有两项：财政资金与扶贫贷款；

②财政拨款和以工代赈资金主要用于水电路等基础设施建设和文教卫生公益事业发展；

③信贷资金以项目立项的方式主要用于生产性项目，特别是种植业、养殖业和劳动密集型产业的发展；

④扶贫贴息贷款主要用于贫困地区经济发展项目；

⑤以工代赈计划是以支持贫困地区基础设施建设为核心的扶贫计划，它要求救济对象

通过参加必要的社会公共工程建设而获得赈济或资金；

⑥易地移民是一种通过人口迁移的方式摆脱贫困的方式，即对居住在生存条件恶劣地区的贫困人口实施易地扶贫搬迁，包括安置住房建设、后续产业发展及社区公共服务配套设施建设等。

(3)社会动员

扶贫开发工作在组织实施中采取了广泛的社会动员，1986年开始，从中央层级到地方各级部门，以及社会各界陆续派出工作团、工作组，分片联系贫困地区，帮助开发当地经济，协助当地开展经济建设与发展。在政府动员社会力量参与扶贫行动的同时，民间组织也积极响应号召，开展了许多声势浩大的反贫困行动，形成了上下联动、多方协作的扶贫格局。

(4)扶贫开发的问题与反思

①目标瞄准机制

以县为单位的扶贫瞄准机制造成扶贫资金的稀释和遗漏。有的县用扶贫资金发展与县域经济增长和财政收入增长关联大的项目，而这些项目与扶贫目标并非完全一致，不能吸收更多的贫困者就业并从中受益，从而造成扶贫成果无法真正抵达贫困者。后来的精准扶贫便在这一问题上有所改进，通过更加精准地识别贫困人口、定位扶贫资源以及设计适应性更强的扶贫项目，从而提升了扶贫效果。

②扶贫的参与主体

农村脱贫的主体是贫困者，没有贫困者自觉、自主的参与，就不能真正实现脱贫。只有当贫困者充分认识到自身的主体地位，积极参与到各项扶贫举措之中，通过提升技能、发展产业、改善生计等方式实现自身能力的增长，才能真正实现从根源上摆脱贫困。

③地区发展的推动方式

无论是扶贫动议的产生、政策的制定、制度的建立、资源的筹集还是具体的组织实施，这些过程在很大程度上都依赖于行政力量推动。如何将其转化成贫困地区的一种自下而上的发展动力与能力，并最终实现自上而下与自下而上的结合，这一点从社会工作专业介入的角度看值得反思。

5. 试析社会工作在中国反贫困中发挥的作用及其发展方向。

答：中国在全国范围内开展了大规模的反贫困行动，社会工作在中国反贫困领域扮演了重要角色。社会工作在中国反贫困中的发展方向包括以下几个方面：

(1)政策倡导层面

社会工作者工作在社区第一线，最了解基层实际及政策落实中的问题，了解基层工作者实际操作中的困难，了解低保受益者的实际需求，因此，应基于实践经验和专业知识，为政策制定提供实证依据和建议，推动反贫困政策不断完善和创新，促使更多有利于贫困人口的社会制度得以建立和完善。

(2)管理与执行层面

最低生活保障制度实施过程涉及申请、受理、审核、审批、公示等诸多环节，其中，对救助家庭经济财产状况的调查和审核无疑是确保该制度准确有效实施的核心环节，这一过程要求工作人员具备高度的专业素养，以公正、客观的标准来核实申请者的实际生活困难程度。

社会工作者作为专业人员，在此方面扮演着不可或缺的角色。他们不仅需要开展家户探访工作，深入了解申请人及其家庭的真实生活状况，还需运用专业的社会工作方法和技术，进行细致入微的调查审核。

(3)服务提供层面

社会工作者运用专业方法对贫困人口进行深入调研和需求评估，并根据贫困者的实际需求，提供多种服务，主要包括以下内容：

①帮助贫困者解决生活困难，协调各方资源为其解决实际生活中的难题；

②对贫困者进行生活与就业技能的训练和提升；

③帮助建立贫困者的自信心与良好的心理状态；

④协助开拓非正规就业渠道，帮助有劳动能力的贫困者重建其生产方式与生活方式，提高收入水平进而实现可持续生计。

20.3　考研真题与典型题详解

一、概念题

1. 相对贫困(北大2020年研)

答：参见本章课后习题详解第1题答案。

2. 社会排斥(华科2020年研)

答：社会排斥是指某些个人、家庭或社会群体因缺乏参与一些社会普遍认同的社会活动的机会，而被边缘化或隔离的系统性过程。斯尔维在对西欧和美国有关社会排斥的文献进行分析和总结之后，概括出了关于社会排斥的著名的三个范式：①团结范式，强调社会排斥是一种个人和社会之间的社会纽带的中断；②专业化范式，强调社会排斥是社会分化、劳动分工以及领域的分割等专门化的结果；③垄断范式，强调社会排斥是社会上形成了垄断群体的结果。

3. 相对剥夺

答：相对剥夺是指当人们将自身处境与某种标准或参照群体相比较而发现自己处于劣势时所产生的受剥夺感。可影响个人或群体的态度和行为，包括压抑、自卑、奋进，甚至引发集体暴力行动或革命。相对剥夺是一种感觉，这感觉是我们有权享有但并不拥有。例如，某人看着邻居家买了一辆新车，他认为他也能有这辆车。但实际他并不拥有。

二、简答题

1. 简述衡量贫困的指标体系。

答：衡量贫困的指标体系主要包括：

(1)恩格尔系数

恩格尔系数是指在家庭的全部收入中饮食费用所占的比例。联合国应用恩格尔系数判断贫富水平的标准为：系数大于60%为绝对贫困；50%～60%为勉强度日；40%～50%为小康水平；20%～40%为富裕；小于20%为极富裕。

(2)人均国民生产总值

国民生产总值(GNP)用来衡量各国的经济发展水平，也用来衡量低收入国家和高收入国家之间的差距。如联合国资料中所列最不发达国家即发展中国家中一些最贫困的国家，其划分标准之一就是人均国民生产总值。

(3)实际生活质量指数

实际生活质量指数或称有形生活质量指数(PQLI)是一个衡量各个国家人民实际生活状况(包括贫困状况)的综合指标。它由三个基本指标组成：①一国的人均预期寿命；②婴儿死亡率；③识字率。

(4)人文发展指数

1990年，联合国开发计划署创立了人文发展指数(HDI)，主要包括预期寿命、教育程度和人均国内生产总值三大指标，以此衡量各个国家的国民发展水平。

2. 社会工作在贫困治理中有何作用?

答：社会工作在贫困治理中的作用主要表现在以下几个方面：

(1)社会工作为反贫困提供了专业价值观

①社会工作是一种专业化的服务活动，这种专业化的服务活动是建立在系统的理论知识基础上的；社会工作是一种助人活动，这种助人活动是建立在利他主义等价值基础上的。

②助人自助是社会工作的核心价值观。助人自助是指社会工作者在助人的工作中，协助案主摆脱困境与发展自我的能力，使其在离开社会工作者的帮助后也能够解决或避免发生类似其之前遇到的问题。

③社会工作者的任务就在于帮助案主在困境和无助中了解自己的真实处境，引导他们用一种客观、正确、健康的观点来看待自己的处境。

(2)社会工作为反贫困提供了“优势视角”

社会工作者认为，每个人都是有潜能的，受助者之所以身陷困难，是因为其潜能没有充分发挥，其能力没有得到提升。因此，帮助受助对象最重要的是赋权——发挥潜能、提升能力，最终实现助人自助，这是“优势视角”。社会工作不但致力于解决人们遇到的各种困难，而且致力于促进人的发展。

(3)社会工作为贫困治理提供了专业的方法与技术

社会工作者不仅重视助人自助的理念，在实际工作中还可运用专业的技术和手段。如在方法上运用社会工作中的小组工作、个案工作、社区工作的方法，运用个案辅导、团体技巧、社区资源调动、咨询、培训等多种介入方式和技巧，了解贫困者的困境，评估他们的需求，培育、挖掘和提升贫困者的能力，协助他们走出困境，增强他们融入社会的能力。

三、论述题

1. 简述城市贫困的原因。(中国社科院 2011 年研)

答：在中国农村扶贫开发取得巨大成就的同时，随着城市社会经济体制改革的深化，城市社会结构又发生了重大变化，出现了新的贫困问题。目前，城市贫困与反贫困已经成为学术研究和公众讨论的热点之一，并正在进入政府的议事日程。

(1)在改革开放之前，通过单位体制，国家逐步实现了城市社会的重组，绝大多数社会成员被组织到各种各样的单位中去，单位承担了满足其成员各种保障需求的任务，一方面要给在职职工提供工资和各种福利待遇，包括各类津贴、补助、子女入托等；另一方面还要给退休人员提供退休金，给所有职工提供公费医疗等。这样，整个城市社会的显性贫困人口规模不大，主要是那些游离于单位体系之外的人员，这些人的生活通过民政部门的社会救济给予保障。改革开放之后的很长一个时期，中国政府也主要致力于农村的扶贫开发，并没有把城市贫困看做是一个严重的问题。

(2)20 世纪 80 年代中期以来，随着城市改革的不断深化，单位之间与单位内部都在出现分化，单位体制受到严重冲击。与此同时，随着非公经济的迅速发展，在单位体制之外还出现了大量缺乏保障的人群。特别是在 90 年代，政府明确了建立社会主义市场经济体制的改革方向，国有、集体企业的改革也必须顺应这一方向。在市场经济大潮冲击下，许多企业效益下滑，甚至破产，已经无力承担对其员工的保障任务。一些国有、集体企业不仅不能保障职工的医疗和养老，甚至连工资也难以全额支付。到 90 年代中期，随着“减员增效”政策的实施，大批职工失业、下岗，失去稳定的生活保障，甚至陷于生活困境。以这些人为主体的城市贫困人群通常被称为“城市新贫困层”，它的出现和扩大使得中国城市贫困问题凸现出来。

(3)当前中国的城市贫困问题具有明显的转型期特征。一方面，由于经济体制转轨和经济结构转型，市场对于劳动力的需求发生很大变化，导致相当一部分人处于实际的失业状态，一些新增劳动力就业也发生困难，从而通过就业保障基本生活的机会减少；另一方面，由于各种社会保障体制尚处于不断改革和完善的过程中，难以有效地为居民提供生活安全保障，甚至加重居民的负担。与此同时，由于个人和单位的关系发生变化，而将个人与社会重新协调起来的新的社会组织形式还没有确立，很多居民失去了社会组织的庇护和支持，无助感增强。因此，目前城市贫困居民的生活状况确实堪忧，城市贫困已经成为妨碍社会稳定和经济发展的重要因素之一。

(4)随着全球化进程的加速和国内经济社会体制改革的继续深化，中国城市贫困人口还有可能增加，贫困人口的基本生活状况还有可能继续恶化，城市贫困问题有可能演变为一个长期性的社会问题。因此，目前应当系统地考虑开展城市反贫困工作，加快改革、调整和完善各种社会政策的进程，加大城市反贫困的力度，促进就业，保障居民的基本生活。

2. 试分析当代中国的主要社会问题。

相关试题：

(1)论述我国主要社会问题的类型。(中南财大2023年研)

(2)谈谈对贫困的理解，结合我国谈谈贫困问题和应对方法。(南京大学2021年研)

(3)简述社会问题的类型。(简答题，人大2018年研)

答：当代中国的主要社会问题有：

(1)环境问题

中国环境状况的持续恶化，已经造成多方面的消极后果，并成为制约我国现代化建设的最主要因素之一。从中国的情况看，目前所面临的一些具体环境问题有：大气污染、水污染、噪声污染、风沙、生活垃圾污染、绿化不足、森林破坏、公共场所污染、农药污染、荒漠化、工业垃圾污染、海域污染、野生动植物减少、耕地减少和质量下降等。

(2)人口问题

①人口数量庞大

从数量方面看，中国的人口问题主要表现为人口基数庞大、育龄人群比重高以及在此基础上人口数量的快速增长。庞大的人口基数使我国人均资源占有量居世界落后行列，而人口数量的快速增长，则给我国人民的就业、教育、住房、交通、医疗、社会福利等方面造成很大压力，成为许多其他社会问题的根源。

②人口老龄化问题

人口老龄化反映的是人口年龄结构的一种动态变迁过程。当总人口中60岁或65岁以上的老年人所占比例升高，而其他年龄组人口比例相应降低时，这一过程就称为人口老龄化。人口老龄化影响着人们的社会生活和社会发展，将带来一系列的问题。例如，人口老龄化将可能带来家庭结构、社会关系、价值观念以及社会生产和消费结构的变化。

(3)贫困问题

贫困问题实际上是一个世界性的问题。由于中国属于发展中国家，经济尚不够发达，因而贫困问题是比较突出的社会问题之一。

①现状

从城市的情况看，城市贫困人口大体包括以下四类人员：

a. “三无”人员，即传统上由民政部门一直给予社会救济的人员；

b. 贫困的“失业”人员，即在领取失业救济金期间家庭人均收入低于当地最低生活保障线的居民；

c. 贫困的在职职工、下岗人员和退休人员，即此类人员在领取工资、基本生活费和退休金(或养老保险金)的同时，家庭人均收入仍然低于当地最低生活保障线；

d. 由残疾、疾病或其他原因造成生活困难的居民。

②反贫困措施

a. 在农村地区，中国改革开放以来的农村反贫困措施大致可以区分为四个阶段，即1978~1985年的体制改革推动扶贫阶段；1986~1993年的有计划、有组织、大规模的开发式扶贫阶段；1994~2000年的扶贫攻坚阶段；2001年以来的继续扶贫阶段。由于我国政府不断加大农村扶贫开发的力度，我国农村绝对贫困人口迅速减少，到2000年，大约只剩下3000万人，占农村总人口的比例为3%左右，中国政府确定的到20世纪末解决农村贫困人口温饱问题的战略目标已基本实现。

b. 在农村扶贫开发中还存在一些比较突出的困难和问题。例如，现行的扶贫标准太低，基本上只是维持生存的最低费用标准。

c. 与农村地区不同，当前中国的城市贫困问题具有明显的转型期特征，对城市贫困户的确定由于所谓灰色收入、虚拟收入等现象的存在遇到了很大的困难，因此，在发放最低生活保障金和采取其他一些反贫困措施的时候，难免存在许多问题。另外，由于转型时期通过就业保障基本生活的机会减少以及新的社会组织形式还没有确立，目前城市贫困居民的生活状况非常令人忧虑，城市贫困已经成为妨碍社会稳定和经济发展的重要因素之一。

d. 目前应当系统地考虑开展城市反贫困工作，加快改革、调整和完善就业、医疗、教育、住房、养老等社会政策的进程，加大城市反贫困工作的力度。

(4)犯罪问题

新中国成立以来，我国犯罪现象先后出现了四个高峰期。第一次高峰期出现于建国初期，第二次高峰期出现在 1961 年，第三次高峰期出现于 1981 年，第四次高峰期出现于 1989 年。目前我国正处在第四个高峰期的发展阶段，犯罪率居高不下，且有进一步上升之势。

我国四次犯罪高峰中，前两次高峰期的出现，与当时的政治环境有关；后两次高峰期的出现，则几乎与改革开放是同步出现的。我国不得不面对的严峻事实是：人们在享受改革开放带来的种种物质利益的同时，又受到犯罪率上升带来的种种困扰。

第二十一章　矫正社会工作

21.1　复习笔记

【知识框架(庖丁解牛)】

- 矫正社会工作
  - 矫正社会工作的含义与起源
    - 什么是矫正
    - 什么是矫正社会工作
    - 矫正社会工作的起源与发展
  - 矫正社会工作的理论与实务
    - 矫正社会工作的理论基础和价值理念
    - 矫正社会工作的介入途径
    - 矫正社会工作的机构和人员
  - 中国矫正社会工作的实践
    - 社区矫正中的社会工作专业服务
    - 未成年人司法保护中的社会工作专业服务
    - 社区戒毒社区康复中的社会工作专业服务

【考点难点归纳(厚积薄发)】

考点：矫正社会工作人员的类型(见表21-1)　★★★★★

表21-1　矫正社会工作人员的类型

类型	具体内容
矫正社会工作专职人员	矫正社会工作专职人员是指从政府部门、法院或专门机构领取薪金、专门从事罪犯或违法人员矫正工作的社会工作者。随着矫正社会工作越来越发育形成一个专门化的职业，对其专职人员的资格认定也越来越严格。 ①在美国，全美法律观察及执行委员会的报告中指出，只有具备足够的技术训练与经验者，才有资格被遴选为观护人。 ②中国香港法例规定，感化主任须由持有大学学位的专业社会工作者方可担任，上岗前还须经过严格的有关法律知识方面的专门培训。 ③中国台湾的观护人的任用资格是获法律、教育、社会或心理等学科大专以上学历者，或是参加观护人高等考试并及格者

续表

类型	具体内容
矫正社会工作志愿人员	“志愿人员”是指不以矫正社会工作为专门职业，不从政府或相关机构领取薪酬，利用空余的时间兼职从事矫正社会工作的人员。矫正社会工作志愿人员的遴选条件包括：①要有信誉；②要有热忱；③要有时间；④要健康

21.2 课后习题详解

1. 什么是矫正社会工作？它与矫正工作有何联系和区别？

答：(1)矫正社会工作的概念

矫正社会工作是指专业人员或志愿者，在专业价值观的指引下，运用社会工作的理论、方法和技术，为罪犯(或具有犯罪危险性的违法人员)及其家人，在审判、监禁处遇、社区处遇或刑释期间，提供思想教育、心理辅导、行为纠正、信息咨询、就业培训、生活照顾以及社会环境改善等服务，使罪犯(或具有犯罪危险性的违法人员)消除犯罪心理结构，修正行为模式，适应社会生活的过程。

(2)矫正社会工作与矫正工作的联系和区别

矫正在司法领域有较广泛的适用范围和较高的使用频率。从实践的层面讲，矫正工作是指国家行刑机关为预防罪犯再次犯罪而进行的活动。

①联系

a. 从功能看，两者都是为了防止罪犯再次犯罪而进行的活动；

b. 矫正社会工作是矫正工作的一种具体的实施方式，矫正社会工作是矫正工作与社会工作的结合。

②区别

a. 性质不同，矫正工作是一种刑事执法活动，而矫正社会工作则是一种助人活动。

b. 从事工作的主体不同，矫正工作的从事主体是司法人员，而矫正社会工作的从事主体则是社会工作者(司法社工)。

c. 矫正工作没有具体的价值方法的指导，而矫正社会工作运用专业社会工作价值的引导，在其工作中体现了专业社会工作接纳、尊重、个别化等价值理念，运用了个案、小组等专业的社会工作方法。

d. 矫正工作是针对犯罪者一个人进行的，矫正社会工作的服务对象不仅仅有犯罪者还包括其家属、家庭等。

2. 矫正社会工作的理论基础和价值理念主要有哪些？

答：(1)矫正社会工作的理论基础

①人道主义是矫正社会工作的哲学基础

人道主义，源于欧洲文艺复兴时期的一种思想。提倡关怀人，尊重人，以人为中心的世界观，主张人格平等，互相尊重。法国资产阶级革命时期，把它具体化为“自由”“平等”“博爱”。人道主义思想反映在刑罚观上，反对封建主义的残酷野蛮的刑罚制度，主张改善徒刑的监禁条件，给犯人以人道的待遇和自新的机会。

②新社会防卫论为矫正社会工作的发展提供新的理论依据

新社会防卫论的基本内容可以归纳为以下五个方面：

a. 同犯罪做斗争的目的是保护社会和社会成员，而不是对个人的惩罚；

b. 通过使个人和社会分离和隔绝的方法，或者通过对个人适用矫正措施和教育措施的方法，把犯罪者变成守法的公民；

c. 刑罚的“人道化”应成为一种发展趋势，其内容要以恢复犯罪者的自信心和责任感为前提；

d. 刑事政策的着眼点是对犯罪的个人预防，而不是犯罪的一般预防；

e. 主张刑事司法体系应是一个注重罪犯品格研究的人道化的过程。

(2)矫正社会工作的价值理念

参见本章考研真题与典型题详解简答题第1题答案。

3. 矫正社会工作通过哪些途径为受助者提供服务？

答：矫正社会工作的介入途径主要包括：

(1)司法审判前提供的服务

①针对犯罪嫌疑人的社会工作介入

社会工作介入司法过程，自司法判决前的案件审理阶段就已经开始。这时社会工作者的主要服务对象是已被拘押或保释的、尚未被判定有罪的犯罪嫌疑人。职责为写出一份有关犯罪嫌疑人背景的审前调查报告。

②针对犯罪嫌疑人亲友的社会工作介入

a. 为因犯罪事件发生而面临困难的犯罪嫌疑人的家人链接相关资源。

b. 为因犯罪事件发生而失去依靠的儿童少年安排生活照料服务。

c. 为因犯罪事件发生而产生心理困扰的家庭成员提供辅导服务。

(2)监狱处遇中提供的服务

社会工作者为在监狱服刑人员提供的服务主要是调动罪犯自身的潜能以及社会资源，引导其向积极的方向转化，以达到改过自新、回归社会的目的。具体工作内容包括个案辅导、团体治疗、联系社会、职业辅导和评估报告。

(3)社会处遇中提供的服务

①社会服刑人员的观护

服务对象为缓刑、假释和监外执行人员。

②院舍训练的组织管理

院舍服务是社会工作领域中一种重要的服务模式。目的是帮助受助者掌握正常生活的技能从而顺利回归社会。矫正社会工作领域中的院舍训练，一般是为违法犯罪人员尤其是违法犯罪青少年而设置的，包括中途家庭、寄养家庭、教养院、感化院等。

③社会服务计划的执行

社会服务计划的矫正功能在于通过无偿的社区服务使服刑人员的心理结构和行为方式发生正向的变化。

(4)对刑满释放人员提供的服务

矫正社会工作者对刑释人员提供的服务又称更生保护。该社会福利措施起源于美国费城，面向刑满释放等人员，其方法主要有：提供就业就学辅导、提供生活辅导、提供物质援助等。

(5)对违法青少年提供的服务

①院舍辅导

院舍是经司法或社会福利行政机关认可的，专为违法青少年设立的感化矫正机构，通过文化学习、工艺训练、社群活动训练、个案及小组辅导、社会服务参与等，使入院违法青少年改过自新。

②街头辅导

社会工作者有组织、有计划地在街道、车站、公园、网吧、台球厅等场所及时发现并辅导有违法和不良行为的青少年，防止他们进一步滑向犯罪深渊。

4. 简述中国矫正社会工作的发展历程。

答：(1)中国内地矫正社会工作的现状

相对于欧美国家而言，“社区矫正”在中国大陆起步相对较晚。虽然，中国的刑法、刑事诉讼法和其他相关法律法规都有明确的规定，即对被处管制、缓刑、假释、剥夺政治权利和暂予监外执行等五种罪犯适用社区刑罚，但在实际运作中，作为一种刑法理念和刑罚制度的“社区矫正”始终没有在中国发育成熟。21世纪初，在“以人为本”的科学发展观指导下，“社区矫正”被提上了中国刑事司法观念和制度改革的议事日程。

①2002年8月上海市在普陀区曹杨街道、徐汇区斜土街道、闸北区宝山街道正式启动社区矫正试点工作。

②2003年6月北京市东城区、房山区和密云县的47个街道、乡镇大范围开展罪犯社区矫正试点工作。

③2004 年社区矫正工作的试点规模和范围已经扩大到全国辖区的一半以上。

④2009 年 10 月 21 日，在全国召开的社区矫正工作会议上，明确提出要在全国范围内全面试行社区矫正工作。

⑤2011 年 2 月 25 日，《中华人民共和国刑法修正案（八）》中提到对判处管制、缓刑以及假释的罪犯依法实行社区矫正，为改革和完善我国刑罚执行制度奠定了重要基础。

⑥2012 年 3 月 1 日，《社区矫正实施办法》正式施行。与此同时，《社区矫正法》也已经进入立法程序，预示着中国正逐步构建起完整的社区矫正法律法规体系，致力于实现刑事司法的人道化和社会化改革目标。

（2）中国内地矫正社会工作面临的问题

社区矫正工作推行过程中，由于刑事司法领域中原有思想观念和工作思路的惯性，加之试点阶段缺乏经验，致使目前的社区矫正工作仍存在许多问题，具体表现为：

①社区矫正工作的社会认可程度有待提高

从刑事立法和司法实践的现实看，我国目前还处于以报应为目的、以监禁为主体的刑罚制度阶段，司法界的很多人对于提高社区矫正措施的适用范围和比例，存在种种疑虑；社会人士对社会矫正也存在种种认识上的偏差；社区居民更表现出对社区矫正的心理排斥，普遍存在着抵触情绪。由于存在以上种种思想认识上的障碍，限制了我国社区矫正措施的有效推广和广泛应用。

②社区矫正工作的主体机构及职责分工有待明晰

在我国的刑罚执行体制上，存在着由司法和公安机关分别行使刑罚执行权的二分格局：司法行政机关行使监禁刑罚的执行权；公安机关行使非监禁刑罚的执行权。这种二元分割的行刑格局有许多弊端：

a. 资源分配不均衡，由于部门间衔接不畅，有可能造成行刑资源浪费；

b. 不利于对刑罚执行工作的归口管理和法律监督；

c. 对犯罪人的改造缺乏延续性，容易发生脱节。

③社区矫正工作形式措施简单划一的状况有待改进

我国社区矫正试点工作规定的矫正范畴的刑种和行刑方式有管制、缓刑、假释、监外执行和剥夺政治权利等五种，但是《刑法》和《刑事诉讼法》对于这五种类型的受矫人员采用什么样的社区矫正形式没有一个明确具体的规定。在这样的立法和制度框架下，社区矫正工作的形式与措施十分简单划一，除了一系列通用的监督管理的措施外，没有具有针对性的多样化的措施手段可资利用。

④社区矫正工作人员队伍的专业化水平有待提高

我国内地的社区矫正试点工作推行进度快、范围大，需要有大批人员进入这一新的领域。但是由于以往的相关人才培养脱节，几乎没有符合条件的人可以聘用，所以通过从狱警中抽调、从社会上招聘等途径来解决人员不足的问题，上岗前也只是匆匆培训两三个月，基本是边干边学，靠的是自己以往的知识积累和工作经验，谈不上用社区矫正工作的理论、知识和方法、技巧。目前来看，我国社区矫正工作人员的专业素养提升是亟待解决的问题。

(3)应对措施

①从社区治理理论的视角构建社区矫正制度体系

治理理论是20世纪80年代以后在西方学术界十分流行的理论，它与传统的统治理念不同，是制定公共政策和进行公共事业管理的一种新的指导理论。社区矫正作为一项公共政策和公共事业，应该体现社区治理理论的基本精神：

a. 社区矫正的行为主体构成应该突破“政府独大”的局面，打破“政府包办”的局面，形成一种由多元化、多样性的行为主体共同参与的新的格局。

b. 社区矫正作为一个长期的过程，除了完成特定的、具体的矫正目标外，更看重社区预防犯罪功能的发挥，强调通过社区环境对犯罪行为产生持续而深远的影响。

c. 社区矫正工作不单纯是将罪犯放在社区中进行矫正，更重要的是要依靠社区资源进行矫正。因此，社区矫正组织尤其是民间组织的发育完善、社区成员参与社区矫正事务积极性和能力的增长等应该更加受到重视。

②确立社会工作专业在社区矫正中的地位和作用

社区矫正作为有别于监禁性矫正的处遇方式，不单纯是对罪犯进行变换场所的监管，更是对导致其犯罪的思想观念、心理结构和行为方式的矫正，因此专业的社会工作理念及其方法，是其成功的关键。

要确立社会工作专业在社区矫正工作中的地位和作用，司法行政管理部门需要从以下几个方面做出实质性的改革和提升：a. 加大人员编制投入，引进更多具备社会工作专业知识背景的人才；b. 优化工作条件，提供适合社会工作专业实践的软硬件支持；c. 增加经费投入，确保社区矫正项目有足够的财力保障；d. 鼓励和支持社会工作相关专业的大学生积极参与到社区矫正工作中来，以增强该领域的专业性和可持续发展动力。

(4)中国社区矫正工作的主要内容

①社区矫正工作对象的界定

包括：a. 被判处管制的罪犯；b. 被宣告缓刑者；c. 被暂予监外执行的罪犯；d. 被裁定假释的人员；e. 被剥夺政治权利，并在社会上服刑的人员。

对于符合上述条件的情况，罪行轻微、主观恶性不大的未成年犯、老病残犯，以及罪行较轻的初犯、过失犯等，实施社区矫正措施进行改造教育。

②社区矫正的任务

a. 依法加强对社区服刑人员的管理和监督。

b. 加强对社区服刑人员的思想教育、法治教育、社会公德教育，使其消除违法犯罪心理结构、修正行为模式、适应社会生活，纠正不良行为模式。

c. 提供思想教育、心理辅导、行为纠正、信息咨询、就业培训、生活照顾以及社会环境改善等多方面的服务和支持。

③国家各机关、部门及社会力量在社区矫正中的职责分工

a. 司法行政机关负责指导管理、组织实施社区矫正工作。

b. 人民法院依法作出判决、裁定或者决定。

c. 人民检察院对社区矫正各执法环节依法实行法律监督。

d. 公安机关及时依法处理违反治安管理规定和重新犯罪的社区矫正人员。

e. 县级司法行政机关社区矫正机构进行监督管理和教育帮助。司法所承担社区矫正日常工作。

f. 社会工作者和志愿者参与社区矫正工作，提供专业服务和辅助支持。

g. 有关部门、村(居)民委员会、社区、学校、家庭成员等多元主体协助社区矫正机构进行社区矫正。

21.3　考研真题与典型题详解

一、概念题

社区矫正(中南民族大学 2024 年研；北大 2020 年研；兰州大学 2020 年研)

答：社区矫正是指将符合社区矫正条件的罪犯置于社区内，由专门的国家机关在相关社会组织以及社会志愿者的协助下，在判决、裁定或决定确定的期限内，矫正其犯罪心理和行为恶习，并促进其顺利回归社会，实现再社会化的过程。

二、简答题

1. 矫正社会工作的价值理念。(武汉大学 2012 年研)

相关试题：

(1)矫正社会工作(概念题，南京师范大学 2024 年研；中南大学 2023 年研；人大 2015 年研)

(2)矫治社会工作(概念题，沈阳师范大学 2014 年研)

答：社会工作的价值伦理是社会工作者思想和行为的指引和规范。在矫正社会工作领域中，基本的价值理念主要包括：

(1)接纳。接纳不等于认同，它是指社会工作者对服务对象的价值观与个人背景特征等

的一种包容，也是社会工作者对社会大众统一的服务态度，是建立专业助人关系的重要前提。对服务对象而言，他们每个人都有权利获得专业社会工作者提供的专业服务。

(2)可塑性。社会工作相信人具有可塑性。社会工作者运用专业的方法和技巧，帮助受助对象恢复其社会功能、重新成为正常社会成员。

(3)个别化。每个人都应当有权利和机会发展个性，社会工作者应当尊重服务对象的个体差异，不应使用统一的服务方法回应他们的独特需要，要充分考虑到服务对象在性别、年龄、职业、社会地位、政治信仰、宗教以及精神或生理残疾状况等方面存在的价值差异及其与社会主流价值之间可能存在的冲突，尊重个性化需求，充分挖掘个人潜能。

2. 简述矫正对象的特点。(武汉大学2010年研)

答：矫正社会工作是社会工作专业中一个较为特殊的领域，其特殊性表现在它的服务对象具有其他领域服务对象所不具有的需要和问题。

(1)矫正对象的需要

①基本生存条件的保障需要。矫正对象面临困难重重的生活压力，为其提供基本生存的条件，既是基本人权的体现，也是对其实施矫正计划措施的前提。

②教育、就业权益的保障需要。矫正社会工作的目标是帮助矫正对象能够通过自身能力来维持其基本生存条件。故此，教育、就业权益的保障就显得尤为重要。社会工作者要通过帮助其接受较好的教育来实现其有效就业。同时帮助其实现自新、自强、自立的目标。

③再社会化的服务需要。矫正社会工作的又一目标是通过矫正计划措施的实施，促进矫正对象恢复和重建其严重缺失的社会功能，成为社会正常的成员。

(2)矫正对象的问题

①加害社会与加害他人的行为使其较难取得社会民众的同情；

②社会功能缺失的严重程度增加其功能恢复与重建的难度；

③受刑者的身份使其处于社会资源网络的边缘地位。

3. 简述矫正社会工作的介入途径和微观方法。

答：(1)矫正社会工作的介入途径

矫正社会工作的介入途径主要有两种，即机构介入和社区介入。

①机构介入

通过矫正机构为受助对象提供服务的介入方式就是机构介入。根据机构的类型，机构大体上分为政府机构和非政府机构，政府机构包括监狱、戒毒所、感化院、工读学校、劳动教养所等；非政府机构包括由社会开办的教养院、感化院、中途家庭、寄养家庭等。机构介入包括：a. 通过监狱为服刑犯人提供的矫正服务；b. 通过社会教养机构为相关人员提供的矫正服务；c. 通过特殊的教养机构提供的矫正服务。

②社区介入

包括：a. 建立专业关系；b. 收集、分析资料；c. 分析和诊断矫正对象的问题；d. 建立社区矫正计划；e. 社区矫正的介入；f. 社区矫正的评估与跟进。

(2)矫正社会工作的微观方法

矫正社会工作的微观方法主要有个案工作方法、小组工作方法等，可以根据需要加以灵活运用：

①个案方法。它是针对犯罪人个人进行矫正的方法。通过诊断工作，矫正社会工作者了解案主的个性特征、犯罪的原因和犯罪的心理结构，了解他的问题所在，在诊断的基础上，制定有针对性的矫正工作方案，然后按照矫正工作的方案开展个案矫正工作；

②小组工作方法。矫正社会工作者通过建立由新老犯人共同参加的各种小组，由老犯人介绍自己的改造过程和经验，帮助新入狱的犯人尽快适应监狱的生活，树立改造的信心和决心，克服改造过程中遇到的问题。

4. 简述社区矫正中的社会工作介入。

答：(1)社会工作介入社区矫正的必要性

社区矫正的工作任务是一项需要团队协作才能完成的社会系统工程。其中，社会工作具有不可替代的优势。

(2)社会工作与社区矫正的统一性问题

①理念的统一性

促进矫正对象回归社会才是社区矫正的根本目标。该理念与社会工作帮助弱势群体解决问题、恢复社会功能的目标和“助人自助”的价值理念具有高度的统一性。

②功能的统一性

a. 社会工作以人为本的工作理念，可以弥补社区矫正中刑罚执行刚性化的问题。

b. 社会工作主动性的工作模式可以弥补社区矫正中刑罚执行虚化的问题。

c. 社会工作以人的平等、尊严、价值、需要为理念的工作模式，可以弥补社区矫正刑罚执行中缺少社会关怀的问题。

③过程的统一性

矫正工作者收集并分析资料，诊断问题与需要，制定并实施介入干预计划，评估效果等过程环节，与社会工作的专业过程相互嵌入、相互补充。

(3)社会工作者的专业角色

①服务提供者的角色，即为有需要者直接提供心理咨询、物质援助、劳务服务等方面的帮助；

②支持者的角色，即鼓励、支持受助者自强自立、克服困难、自我发展；倡导者的角

色，即倡导受助者采取新的行动以走出困境；

③管理者的角色，即通过对过程的有效控制，以对与助人相关的诸多资源、信息进行协调、安排和管理；

④资源获取者的角色，即连接、整合政府部门、福利机构及广大社区的资源(包括人力、物力、财力)，以满足受助者所需；

⑤政策影响人的角色，即通过调研、反馈资讯、参与制定等途径，促成政策、制度的改变与完善，以改善受助者的社会环境。

(4)社会工作的功能和作用发挥

①在个人与家庭的微观层面上，社会工作可以帮助受助者面对问题、克服困难、恢复功能、回归社会。

②在社区与社会的宏观层面，社会工作具有解决社会问题、稳定社会秩序、构建社会和谐的功能。

社会工作的上述功能作用，与社区矫正的目标完全吻合。

三、论述题

社区矫正的特点和功能是什么?

相关试题：结合实际，谈谈你对我国开展社区矫正社会工作的看法。(华南理工大学2018 年研)

答：(1)社区矫正的特点

①社区矫正具有惩罚性

社区矫正是在确认个人实施犯罪后，由审判机关和其他一些国家机关判处和采取的刑事制裁措施，体现了刑法的否定性和谴责性。基本内容有：a. 社区矫正对象要服从监督和管理；b. 社区矫正对象的人身自由和行动受到一定的限制；c. 社区矫正对象不能行使一些权利，必须履行一些法定的义务；d. 社区矫正对象要承受违反监督管理规则、违反义务所带来的惩罚性后果等。

②社区矫正具有非监禁性

非监禁性是指社区矫正不需要将社区矫正的对象收押到监狱等刑罚执行机构中执行刑罚。这是社区矫正与其他矫正方式相比最重要的特点之一。

③社区矫正具有社区参与性

社区矫正的基本理念之一是帮助矫正对象建立与社会的正常联系，促使其与社区重新融合。为了实现这一目标，社区矫正的一个重要特点就表现在“社区参与性”上。社区矫正强调矫正对象的活动和社区生活密切结合，矫正对象的矫正活动在社区中完成，积极参加所在社区的活动，接受社区的监督和帮助。

(2)社区矫正的主要功能

①社区矫正有利于弥补监禁矫正的缺陷。

社区矫正克服了监禁矫正中断矫正对象的社会化过程，使矫正对象的发展与社会发展相脱节这一缺陷，具体表现在以下五个方面：a. 社区矫正工作的开展以社区为平台。这使矫正对象从进入矫正系统开始就生活在社区中，他们与家庭、社会的联结不会受到根本的影响。b. 在社区矫正系统中，矫正对象大多比较珍惜能够在社区进行矫正的机会，具有平安度过矫正期的思想观念，这对于控制矫正对象的犯罪行为，防止他们犯罪行为的继续具有积极作用。c. 在社区矫正工作的开展过程中，通过矫正工作者进行的一系列矫正项目，不仅可以矫正矫正对象的思想观念，而且可以改变矫正对象的行为方式，使之实现与社会的正常联结，从而达到使矫正对象顺利回归社会的目的。d. 社区矫正还避免了监禁矫正中普遍存在的犯人之间交叉感染的问题。e. 社区矫正有利于降低矫正成本。

②社区矫正有利于矫正对象顺利回归社会。

社区矫正的目标在于帮助矫正对象与社区之间建立或者重新建立坚固的纽带，使矫正对象与社区融合或重新融合，其作用在于可以保持家庭的纽带，可以帮助矫正对象获得工作机会和教育机会，能在更大意义上保证矫正对象可以在社会的正常运作中获得相应的社会位置。

③社区矫正有利于维护社会的稳定。

社会矫正对于社会的稳定具有很大的促进的作用，主要表现为：a. 社区矫正以“防”为指导思想，通过改变矫正对象的思想观念和行为方式，促进了矫正对象顺利回归社会，减少了犯罪，从而促进了社会稳定。b. 社区矫正把矫正对象放在社区中开展矫正工作，避免了矫正对象社会化过程的中断，也避免了矫正对象形成适应监狱的生活方式，从而使矫正对象不存在重新适应社会生活的过程，这对减少犯罪具有积极意义。c. 社区矫正以人道主义为理论基础，减少了犯罪人员仇视社会的心理。

第二十二章　民政工作与社会工作

22.1　复习笔记

【知识框架(庖丁解牛)】

- 民政工作与社会工作
  - 中国社会福利制度与民政工作
    - 民政工作的含义
    - 中国社会福利的思想脉络
    - 中国社会福利制度与民政社会福利实践
  - 中国社会工作的“民政模式”
    - 中国社会工作发展中民政部门的角色和功能
    - 民政工作中的社会工作实践
  - 民政工作中的社会工作实务
    - 民政部门的组织结构及其与社会工作的关系
    - 民政部门社会工作的主要内容
    - 民政工作与社会工作的发展

【考点难点归纳(厚积薄发)】

考点一：中国社会工作发展中民政部门的角色和功能　★

(1)推动社会工作的恢复发展。

(2)推动社会工作的组织建设。

(3)推动社会工作的基层实践。

(4)推动社会工作职业制度建立。

考点二：民政部门的组织结构及其与社会工作的关系(见表22-1)　★★

表22-1　民政部门的组织结构及其与社会工作的关系

要点	具体内容
与社会工作有直接联系的民政职能机构	包括：①儿童福利司；②养老服务司；③社会救助司；④社会事务司；⑤基层政权建设和社区治理司；⑥社会组织管理局；⑦慈善事业促进和社会工作司
与社会福利、社会工作间接相关的民政职能机构	①办公厅(国际合作司)； ②政策法规司； ③规划财务司

22.2 课后习题详解

1. 试述中国古代的社会福利思想和中国社会福利体制的内容。

答：在古汉语中虽然没有“福利”和“社会福利”的词汇，但社会福利思想在中国古已有之。追溯历史，我国古代就有丰富的关于社会福利的说法。

(1)中国古代的社会福利体思想

①儒家的“民本”“仁政”和“大同”思想

a. “民本”“仁政”思想

儒家经典《尚书》有“德惟善政，政在养民”，《礼记》有“以保息养万民”之说。这是“民本”和“仁政”思想。

b. “大同”思想

《礼记》中：“大道之行也，天下为公。……故人不独亲其亲，不独子其子。使老有所终，壮有所用，幼有所长，矜寡孤独废疾者，皆有所养。”孟子说：“恻隐之心，仁之端也”，“出入相友，守望相助，疾病相扶持，则百姓亲睦”。这是著名的“大同”思想。

②墨家的“兼爱”思想

墨子主张“兼相爱、交相利”，墨家“兼爱”思想的重点即民间的互助互济，是最具“社会性”的福利思想。

③道家的“无为”思想

道家主张“无为而治”。在社会福利方面，道家实际上主张政府不要干预。宁愿以天地为宗，听其自然。

(2)中国社会福利体制的内容

中国社会福利服务的四个支撑点为：政府、企业、社区和社会组织。与社会福利和社会工作相联系，民政工作在上述四个方面的职能是：

①政府。制定系列政策，设立社会工作岗位，提供社会工作进入社会服务的平台与渠道。

②社区。城镇和农村基层社区逐渐成为实施社会工作专业服务的重要平台。

③社会组织。社会团体、基金会和民办非企业单位等社会组织提供专业服务。

④企业。企业福利服务则与“企业社会责任”挂钩，也包括发展社会企业。

我国的社会福利制度转变为多元化、整合性的趋势，社会工作既可以进入体制内的民政社会福利事业单位，又可以在社区和社会组织中发挥作用。

2. 简述中国民政工作中的社会工作的理论基础。

答：中国民政工作中的社会工作理论基础包括以下几个方面：

(1)人道主义

人道主义起源于欧洲15世纪的文艺复兴运动，它的最初形态是“人文主义”。其实质就是反对神学，提倡人学；反对神权，提倡人权；反对神性，提倡人性；反对愚昧，提倡理性；反对迷信，提倡科学；反对神道，提倡人道。在当时的历史条件下，提倡人道主义显然是有进步意义的。建立在马克思主义理论基础上的人道主义更强调社会的整体观，核心为突出集体主义，强调平衡人道主义的两个特点：

①既强调社会对个人的尊重和满足，又强调个人对社会的责任和贡献；

②既强调法律和政治上的平等，又强调经济和社会的平等。

(2)需要理论和分配、再分配理论

马克思认为，人的需要是人类发展的物质基础。人的需要体系或需要结构包括四个方面：

①自然需要，主要指衣食住行等基本需要；

②社会需要，主要包括社会生产引发出来的需要和有支付能力的需要等；

③一般需要或经济需求，是指对货币的需求；

④精神需要，包括人发展自己才能以及对文化成果享用的需要。

为了防止两极分化，需要进行再分配。再分配的形式主要有：社会保障、累进税和财政转移支付、慈善捐助、社会服务等。

(3)社会福利社会化

社会福利社会化是20世纪90年代民政工作为实现自身改革提出的、与社会福利改革和社会工作发展有关的重要改革方向和策略。提出这个命题的背景是社会上日益增长的福利需求与满足这些需求的供给能力不足之间的矛盾。改革开放以来，中国出现了人口结构老龄化、家庭规模小型化等大量新的社会问题，人们在生活水平提高的同时生活压力也在加大，对于教育、医疗、养老、社区服务等社会福利的质量和数量要求也日益提升，原有的福利制度及其实施能力面临严峻挑战。民政部门希望动员社会力量发展社会福利，旨在通过政策引导、法律法规建设、市场机制引入以及社会组织培育等多种手段，将社会福利的提供责任分散到政府、企业、非营利组织、社区及个人等多个层面，实现社会福利资源的有效配置和可持续发展。

3. 怎样理解社会工作的“民政模式”及其意义？

答：(1)社会工作的“民政模式”

改革开放以来，民政工作不断进行改革，逐渐发展出一种较为特殊的社会工作运作模式，可以称之为社会工作的“民政模式”。这种模式包括以下几个特点：

①关注困弱群体需要

民政部积极响应国家政策，推广适度普惠的社会福利理念，逐步扩大了国家负责的儿童服务对象，建立了初步的困境儿童关爱体系，具体措施包括：促进了未成年人保护制度的贯彻落实，建立全国性的孤儿补贴制度，将艾滋病病毒感染儿童纳入基本生活保障范围，等等。这些举措旨在全面、系统地构建困境儿童的保障网络，以最大限度减少儿童因家庭贫困、疾病等因素造成的不利影响，保障他们的基本权益和健康成长。

②关注制度调整与政策倡导

民政部门对社会问题较为敏感。民政部门通过多元化信息渠道——系统内逐级上报、汇总的情况，从其他系统转过来的资料，自身组织的调查研究以及群众的来信、来访等，获得来自基层的信息，然后将这些信息分析整理并经过进一步调查研究，提出针对性强、符合实际需要的对策。

(2)“民政模式”的意义

20 世纪 90 年代以来，民政部门在中国社会工作的发展中承担的角色有着特殊意义。中国社会工作的发展从以行政推动为主转变为以政府、社会工作专业力量、社会组织互动发展为主。在这个转变过程中，中国社会工作有一个从政府到“半政府”再到“非政府”的变化过程。这个过程可能需要一些时间，因此，社会工作的“民政模式”仍将发挥其特殊作用。

①政府主导下的多方联动机制：随着社会发展，“民政模式”逐渐过渡到政府、社会工作专业力量和社会组织共同参与的社会福利和服务提供体系。在这个过程中，民政部门承担起搭建平台、协调各方资源的角色，促进了多元主体的互动与发展。

②制度创新与实践探索：“民政模式”的演进反映了中国社会工作从单纯依靠政府投入和管理向鼓励和支持社会组织、社工专业人才自主发展的转变。这一过程中，民政部门不断探索和完善相关制度，如注册登记制度、购买服务机制等，以适应社会需求的变化。

③过渡期的重要桥梁：在社会工作由“政府主导”转向“社会共治”的过程中，“民政模式”作为一个重要的中介角色，既保持了政府对社会福利事务的有效监管，又推动了非政府组织和社会工作者独立运作能力的发展，为实现社会工作的可持续发展奠定了基础。

④促进公平正义与社会稳定：“民政模式”强调通过有效整合各类社会资源，解决贫困、养老、儿童保护、社区治理等领域的问题，从而在保障民生、维护弱势群体权益、促进社会公正、维护社会稳定等方面发挥了重要作用。

22.3　考研真题与典型题详解

一、概念题

中国式的社会福利

答：中国式的社会福利可从四个方面来理解：①社会福利主要是社会福利服务，或称社会服务。②社会福利是为立法或政策范围内的所有公民普遍提供的。③社会福利在保障其服务对象一定生活水平的基础上，尽可能地提高生活质量。④社会福利偏重于福利设施和福利服务，资金保障则主要由社会保险、社会救助及其他形式的社会保障制度来完成。

二、简答题

我国的民政工作中运用的社会工作方法和技巧有哪些?(河北大学2011年研)

答: 我国民政工作中运用的社会工作方法与技巧包括以下几方面的内容:

(1)社会政策的方法

社会政策以各种规划和政策手段去调整人际关系，缓解社会矛盾，维护社会稳定。社会政策是社会福利的指导原则，也是社会工作的基本方针。民政部门最主要的职能就是制定和实施社会政策。在制定社会政策的过程中，强调群众参与，尤其是社会政策对象的参与，这样可以扩大社会政策的民主基础。

(2)社区工作的方法与模式

①社区照顾服务，属于传统的社会工作，即帮助社会弱者。

②社区发展服务面向广大社区成员，努力摆脱传统“剩余型”福利思想束缚走向“发展型”福利。

(3)小组工作的方法与模式

在民政所属的社会福利机构的日常工作中，小组工作被广泛使用。譬如干休所、老年福利院、街道社区服务中心在老年人中组织开展各种文艺、体育活动等。

(4)个案工作的方法与模式

民政部门采用个案工作方法，以个别帮助的方式，对于在生活上遭遇困难或失控失调的个人或家庭提供精神支持或物质帮助等社会福利服务，以增强其社会适应能力。

三、论述题

1. 试述中国社会福利的思想脉络。

答: (1)古代中国的福利思想与实践

参见本章课后习题详解第1题答案。

(2)近代中国的福利思想与实践

①清末民初，中国的福利思想受到西方“剩余型”福利思想的影响，这种思想与儒家传统相结合，形成了一种独特的福利思想。

②孙中山的“三民主义”是对中国传统福利思想的超越，但孙中山的思想在当时并没有得到贯彻。

③民国时期，社会福利制度主要集中在济贫、救孤等方面。20世纪40年代，国民政府

还发展了社会行政和社会工作。

④中国共产党从成立之初就将劳动人民的福利放在重要地位。1922～1948年间，中国共产党领导召开的历次全国劳动大会上，都将社会福利作为重要政策提出，并在当时的根据地、解放区贯彻落实。

(3)现代中国的福利思想和实践

①新中国成立之初，主管福利救济的政府机关是内政部，组织灾民、难民“生产自救”。

②中国进入社会主义建设时期后，中国的社会福利制度分成“职业福利”和“社会福利”两大块，中国的社会福利呈城乡“二元结构”特征，城市人口靠就业保障，农村的社会保障很少，主要是家庭和社区的自我保障。

③改革开放之初，民政部门认识到，光靠国家投资兴办福利事业单位是远远满足不了日益增长的社会福利需求的，这就导致了20世纪80年代中期以来社会福利的改革热潮。

2. 试述民政工作与社会工作的发展。

答：(1)民政工作的发展前景

第十三次全国民政工作会议指出：民政部门要认真履行职责，积极协调合作，广泛动员社会力量，做好三项工作：

①推进民政部门职能转变

a. 把教育培训、科技研发、标准研制前期工作、信息化建设等具体事务转移给事业单位或社会组织。

b. 把指导志愿者注册登记及活动，实施各种类型的等级评定、资质评定、工作评估等委托给社会组织。

c. 把基本公共服务外的养老服务、社区便民服务，运营各种类型的民政服务机构、慈善超市和捐助管理站等交给社会组织或市场主体，实现行政职能和社会力量的有效结合与良性互动。

②创新民政工作体制

a. 完善和落实基层群众自治制度，创新以社区为平台的基层社会管理服务体制；

b. 建立健全行政区划调整评估论证机制，继续推进社会组织登记管理体制改革；

c. 健全社会救助体系，全面推行低收入家庭经济状况核对机制；

d. 建立适度普惠的社会福利制度，完成优抚安置制度顶层设计；

e. 推进建立公益慈善组织公开透明机制；

f. 逐步普及专业社会工作服务，解决制约民政工作发展的体制机制问题。

③扩大民政事业的社会参与

a. 协调制定和施行政府购买社会服务、资金补助等制度；

b. 制定和落实社会力量提供社会服务的优惠政策;

c. 推进民政服务机构公办民营、民办公助,鼓励社会力量通过独资、参股、合作、租赁、并购等方式参与社会服务;

d. 推行公平竞争、择优选用,广泛集聚社会资源,形成多元并存、有序竞争、共同发展的社会服务供给格局。

(2)民政系统推动社会工作发展的着重点

第十三次全国民政工作会议中提到要逐步普及专业社会工作服务。民政部门的任务主要是:

①完善专业社会工作政策制度;

②提升专业社会工作服务水平;

③推动各地民政部门建立健全社会工作专业人才队伍行政管理机构。

第二十三章　社会工作教育

23.1　复习笔记

【知识框架(庖丁解牛)】

- 社会工作的发展
  - 社会工作教育的发展与性质
    - 社会工作教育的发展
    - 社会工作教育的特性
    - 社会工作专业中的教育与训练
    - 学院教育与继续教育
  - 社会工作的目标与课程
    - 专业目标和专业教育目标
    - 社会工作教育目标的内容
    - 社会工作教育目标与课程
    - 社会工作课程的层次结构与评估
  - 社会工作专业化与社会工作教育
    - 专业与专业化
    - 不同范式下的专业
    - 社会工作教育对社会工作专业发展的意义
    - 专业权威与服务对象及专业人员的利益
    - 社会工作学科体系的专业化与工作体系的制度化
  - 社会工作本土化与中国社会工作教育
    - 共同的趋势：全球化
    - 共同的挑战：本土化
    - 中国社会工作教育的发展

【考点难点归纳(厚积薄发)】

考点一：社会工作专业教育目标的内容(见表23-1)　★★★★

表23-1　社会工作专业教育目标的内容

要点	具体内容
基本文化素质和专业价值观的培养	社会工作的工作对象是人，这就要求社会工作人员要有较高的个人素质和文化修养。因此，社会工作专业教育目标的一个重要组成部分就是提高受教育者的文化素质，使专业的价值观内化为每个受教育者的价值观

续表

要点	具体内容
基本知识与基本技能的传授	传授知识与训练技能是社会工作专业教育目标的主体部分。专业目标的实现是以专业知识和专业技能为前提和手段的。约翰逊提出社会工作者应该掌握四个层面的知识： ①广泛的人文学科和社会科学基础； ②有关个人、个人间互动以及他们发挥社会功能的社会环境条件的知识基础； ③关于助人互动的性质、助人过程以及针对不同情境和系统的介入方法的理论； ④针对特殊情境中特殊工作对象的专门知识

考点二：社会工作专业课程的评估 ★★★

一个课程是否有效和成功，有两个途径进行检验，如表23-2所示。

表23-2　检验课程有效和成功的两个途径

要点	具体内容
实践的途径	对其所培养的学生在社会工作实践中的实际表现进行评估
课程发展过程中的具体表现	①实现教学目标的程度。教学目标是对教学过程所应达到的要求的具体规定。在完成了一个具体的教学周期后，对实现教学目标的程度进行评估就可以确定课程的教学效果，发现课程中的问题，及时进行调整。 ②成本—效益分析。每培养一个合格的社会工作专业毕业生所需要的投入越低，也就意味着成本越低，相对效益就越高。 ③满足社会对专业人才需求的程度。从理论上讲，一定社会条件下社会对专业人才的需求是确定的。相对于这种确定的社会需求，专业教育能够在多大程度上满足社会的需求也是评估专业教育的一个重要指标

23.2　课后习题详解

1. 怎样理解社会工作教育是社会工作专业体系的重要组成部分？

答：社会工作教育是社会工作专业体系的重要组成部分，可以从以下几个方面进行理解：

(1)社会工作教育具有自己的特性。

①社会工作教育是职业训练；

②社会工作教育是一种价值观的训练；

③社会工作教育过程是对实践经验和方法总结的过程；

④以实践为目标的社会工作专业理论的诠释；

⑤专业教育是促进学生专业成长的过程。

(2)社会工作教育是社会工作专业制度体系的一个重要组成部分。

20世纪早期，社会工作教育开始在大学里取得立足之地。标志着社会工作走向专业化发展阶段，社会工作教育成为推动社会工作专业化的重要机制。社会工作专业与社会工作教育的发展是相辅相成的。

(3)社会工作教育的发展反映了社会对社会工作专业的需求，也反映了社会工作专业对专业教育的需求。

2. 社会工作专业目标和社会工作教育目标是怎样统一的?

答: (1)社会工作专业目标

社会工作专业目标是通过助人活动使人与社会摆脱所面临的困境而获得发展。

(2)社会工作教育的目标

社会工作教育的目标可以分为两个层次:

①为社会输送合格的专业社会工作者，这是社会工作专业教育的直接目标;

②推动社会工作专业理论的发展和专业技能技巧的创新。

(3)社会工作专业目标和社会工作专业教育目标的统一

社会工作专业目标和社会工作专业教育目标在与社会发展目标的适应中相统一。二者都必须建立起根据社会环境的发展变化进行自我调整的机制，以确保其社会功能的正常发挥。

3. 在社会工作专业过程中，如何处理服务对象利益与专业人员利益的关系?

答: 应按照以下方式处理服务对象利益与专业人员利益的关系:

(1)社会工作专业的目标是帮助服务对象，保护服务对象的利益。但是，专业人员的利益也是在同一个过程中得以实现的。社会工作就要同时面对服务对象的利益和专业人员的利益。二者既有一致的一面，也具有冲突的可能。

(2)社会工作专业人员的利益在保护案主利益的过程中得以实现。这是社会附加在社会工作专业过程中的物质回报和精神回报。但是，当社会工作专业人员将社会的回报作为追求的目标时，专业人员追求自身利益可能牺牲案主的利益。所以，案主的利益和社会工作专业人员的利益只有在专业目标之下统一，才能保证专业的正常发展。社会工作专业的发展应该摈弃专业主义。

4. 社会工作专业化过程中如何处理普遍性与特殊性的关系?

答: 国际化和本土化成了现代社会工作专业发展所必须面对的问题。社会工作发展过程中面临的普遍性和特殊性关系的问题就是社会工作本土化的问题。处理普遍性与特殊性的关系应注意:

(1)本土理论对于其所属社会有着天然的适应性，而且是深入社会问题核心的唯一途径。本土理论的来源包括历史文化传统和现实社会基础。社会工作专业化过程中应关注特殊性，即本土实践和本土理论。

(2)理论具有普遍性，对于解释现象具有重大作用。要想提高社会工作专业化水平，必须深入学习科学理论，即关注普遍性。

(3)彻底解决本国的社会问题，必须在引进、吸收国外先进社会工作理论的同时，发展适合于本土社会工作的理论、价值与方法。

5. 应该怎样确定中国社会工作专业发展的道路?

答：在近百年的发展历程中，社会工作专业形成了自己的理论体系，社会工作专业教育也形成了一定的规范，并已经得到国际社会工作界的认可。中国社会工作专业作为后来者，既要在一定程度上遵循国际规范，又要走自己的发展道路。

(1)向国际靠拢又必须适应中国现实的要求

社会工作作为一个专业有其普遍性的专业理论基础。中国没必要，也不可能完全脱离国际社会工作专业的发展，独创一个完全不同的专业。所以，借助世界各国社会工作专业发展的成果，是中国社会工作专业发展的一个十分有利的捷径。

(2)接受国际通则走自己的发展道路

在中国社会工作专业教育的发展过程中，必须首先接受国际通则，规范我国的社会工作专业教育。社会工作专业教育的国际通则并不是由哪一个国家制定的，它在各国社会工作专业教育的发展过程中形成，又为世界各国所共同认可。所以，它也反映了社会工作专业教育发展的客观规律，是发展社会工作专业教育所必须遵守的。但是，中国有着自己的文化传统、有自己的社会现实基础，因而也就有中国社会独特的社会问题。所以，中国社会工作专业的发展又必须走自己的发展道路，培养适合中国社会及中国社会工作专业发展需要的社会工作专业人才。

23.3 考研真题与典型题详解

一、概念题

1. 社会工作本土化(天津师大2023年研；青岛大学2016年研；哈尔滨工程大学2016年研；湘潭大学2016年研；社科院2015年研；河北大学2011年研)

相关试题：

(1)本土化(人大2012年研)

(2)社会工作本土方法论(社科院2011年研)

答：社会工作本土化是指产生于西方国家文化传统之下的社会工作模式进入非西方文化传统国家，同其相互影响并适应本土社会的需要而发挥功能的过程。

2. 本土性社会工作（福州大学2024年研；南京师范大学2020年研；山东大学2016年研）

答：本土性社会工作是指生长于本土的，与其所属的经济、政治和社会制度以及文化传统相适应的有效的、制度化的助人模式。本土理论的来源应包括两个部分：①历史文化传统；②现实社会基础。

二、简答题

1. 简述社会工作专业教育的特性。（南航2012年研；西南大学2010年研）

相关试题：试论社会工作教育与社会工作实践的关系。（论述题，首都经贸大学2011年研）

答：参见本章课后习题详解第1题答案。

2. 怎样看待我国社会工作本土化的任务？

相关试题：

(1) 什么是本土社会工作？试以某经典案例或者本人的社会工作实践为例，分析社会工作应如何本土化与专业化？（论述题，华中农大2018年研）

(2) 论述我国社会工作专业化、本土化与职业化路径。（论述题，安徽师范大学2017年研）

(3) 什么是社会工作的本土化？你认为在中国应该如何实现社会工作的本土化？（论述题，山东大学2015年研）

答：(1) 建立有中国特色的社会工作模式的必要性

①社会进步的目标追求和市场经济体制的建立要求发展社会工作及专业教育；

②我国的国情又决定了必须建立有中国特色的社会工作模式。

(2) 在历史遗产和现实条件之上建立和发展我国的社会工作事业和专业教育

发挥优势、弥补不足，建立和发展我国的社会工作模式，其基本方向是发扬民族优良传统，发挥行政的积极作用，开展社会工作专业培训，应该使实际承担社会工作职责的政府工作人员较多地掌握现代社会工作的理论和方法，去推动社会工作的发展，同时培养其他类型的社会工作专业人才。

(3) 吸取国际经验与锐意创新

①吸取国际经验

a. 国际社会工作经验是十分宝贵的，是应该认真借鉴的，特别是社会工作的方法与技巧更是如此。但借鉴并不等于照搬，甚至也不等于嫁接，而应该是吸收和消化。这就要求人们在认识现实需要的基础上，以批判的态度鉴别、吸收国际经验，特别是社会工作教育的经验。

b. 在自己的土地上开拓自己的事业，完全排斥外部经验和不加分析地吸收这些经验都是危险的。有自己的基础也有自己的经验，同时这些经验对现实及前景而言又远远不足。在继承和学习中开拓，是建立有中国特色的社会工作模式的必由之路。

②锐意创新

a. 必须建立新的社会工作模式，它既不同于集中计划体制下的工作模式，也不同于西方资本主义国家的工作模式；

b. 要在悠久文化传统的基础上，在社会主义制度下建立与市场经济体制相适应的社会工作模式，这无疑是一种创新。在创新过程中，除了处理好与传统的关系外，还必须处理好与国际经验的关系。

三、论述题

1. 简要分析社会工作本土化和国际化的关系以及中国社会工作本土化和国际化的路径。(社科院2011年研)

相关试题：怎样理解社会工作专业的国际化与本土化？(华中农大2013、2011年研)

答：(1)内涵阐释

①社会工作本土化的含义，参见本章复习笔记考点三相关内容。

②社会工作的国际化是指全球范围内普遍通行的社会工作模式，这种模式基本上受西方社会工作的影响，西方社会工作不断在全球推广其理念、模式。社会工作的国际化也可以是在总结本土成熟社会工作模式的基础上，将其与传统或现代西方社会工作相结合，进而走向全球的过程。

(2)关系分析

①社会工作国际化的必要性

专业社会工作由西方发展而来，其在解决社会问题、维持社会秩序等多层面发挥着积极作用。社会工作国际化的实质是学科化，没有学科化就没有社会工作的范式，也就没有社会工作的前提。对于一个学科来说，是否具有理论体系是衡量一个专业是否成立且获得社会承认的重要标志。社会工作的发展是一项国际事业，这不仅体现在各国社会工作者对共同的研究问题具有相应的学科共识，也体现在其所采取的工作方法和理论视野具有共同的学术渊源。

当今的世界正处于国际化的大趋势之中。国际化是由于交通、通讯以及信息业的发展，使世界各国在许多方面要面对同样的发展目标和同样的问题。社会工作作为一个应用社会科学，同样不可避免地要面对国际化的社会发展趋势。在国际化的问题上，社会工作专业要面对两个问题：专业本身的国际化以及专业所面对的社会问题的国际化。

②社会工作国际化与本土化的争论

对于许多国家来说，社会工作专业是舶来品。要使社会工作专业在不同的国家里实现其应有的社会功能，就必须完成一个本土化的过程，因为不同国家之间在历史、文化乃至现实基础上有着巨大的差异，其挑战主要表现为传统文化与现实基础的差异对社会工作专业的挑战以及社会工作专业本土化与本土性社会工作。

这些争论既源于各国社会环境和社会工作发展阶段的差异，也反映了介入问题的论争中各方利益的不同。社会工作国际化与本土化的实质在于学科化与有效性的矛盾。中国社会工作的模式或理念大多从西方学习而来，在运用这些工作模式的过程中面临着文化背景、价值观念的差异及服务对象的不同所带来的各种问题。

③社会工作本土化的重要性

"本土化"是发展中国家在实践经验的基础上总结出来的一个概念，它更多地强调同西方文化具有异质性的、非白人种族中心和发展中国家与地区在文化实践、社会治理和制度选择等方面的独特经验，它注重文化归属性和文化自我意识的觉醒。

本土化的重要性在于，发端于西方的一整套社会工作体系不一定能完全与本土实际相符，这也是社会工作需要进行本土化的直接原因。

(3)关系处理

①学习国际化的社会工作知识

国际化的意义在于学习一整套的学科体系，这是社会工作在本土扎根的基础。我国社会工作仍处于发展初期，与西方内生发展模式不同，我国社会工作的发展主要受到政府政策的倡导，在此情况下，较为缺乏社会工作发展的深厚根基，特别是在学科化与专业化上。因此，学习较为成熟的西方社会工作知识是不可或缺的。

②探索适合本土的社会工作模式，推动社会工作本土化

社会工作在我国的发展并不是毫无根基，在学习西方社会工作的同时，还要处理外来社会工作与本土行政社会工作之间的复杂关系，本土社会工作需在学习借鉴的基础上深入推进本土社会工作的专业化。

2. 我国社会工作的未来发展如何整合"本土化与创新"？

答：我国社会工作未来发展整合"本土化与创新"应从以下几面着手：

(1)中国社会工作的基本价值或社会工作赖以进行的指导思想

社会工作的基本价值建立在自由、平等、博爱和人权的主张之上，个人主义和人本主义成为西方社会工作的潜台词。中国长期崇尚社会主义和集体主义，重视社会和集体利益。在中国社会工作的专业特征不断加强、西方社会工作的工作方法和实务模式越来越多地被借鉴的情况下，怎样处理上述两种价值观的冲突是一个重要问题。如果不能在这方面取得进展，就表明中国的社会工作还不成熟，至少是理论的不成熟。

(2)政府、群众团体、基层社区相结合的社会工作体系的建构原则及模式

在市场经济条件下，社会团体和社区的行为能力将会增强，但纯粹市场化的社会服务提供机制又有许多弊病。中国在从计划经济体系向市场经济体制转变中，社会福利和社会服务事业要走到何种程度，如何更有效地实现政府、社会团体与社区互助系统的良好结合，这既是一项实践任务，也是一个需要理性思考的问题。

(3)在重要社会工作领域寻求突破，应该在较成功和有特色的领域进行挖掘和总结

城市社区服务和农村扶贫可视为两个重要切入点。这两个项目都吸纳了政府、群众团体和社区的广泛参与，从而在服务提供渠道方面有代表性。这两类服务普遍开展于中国城乡，成为规模宏大、具有广泛社会性的项目。这两类服务都取得了相当可观的成绩，具备进行研究的基础和条件。因此，对从内容到服务提供上都有中国特色的社会项目应下大力气研究，力求有所突破。

(4)发掘传统社会工作的价值

一般认为，社会工作的理论和方法都产生于西方。实际上，中国对社会工作也有贡献，20 世纪 30 年代的华北平民教育运动和乡村建设运动即为突出例证。当社区工作在西方尚未被广泛关注时，晏阳初等知识分子倡导并推进的乡村建设和发展运动已有目的、有计划、有措施地开展起来，后因种种原因虽被终止而不得其果，但毕竟留下了有益经验，更不用说这种运动后来被移往国外并得到国际认可。社会工作的历史表明，社会工作是不断完善的专业和职业。领悟西方专业社会工作的发展规律，把握中国传统助人手段的本土特色，是中国社会工作理论和实务界的共同责任。

3. 试论述我国社会工作的发展需要解决的问题。

答：我国社会工作的发展需要解决的问题包括：

(1)加快发展经济，增加社会福利投入

社会工作以经济发展为后盾，没有资金作保证，社会工作就很难发展。政府对国民负有社会福利的责任，其他社会组织同样负有社会福利的责任，应取之于民用之于民。

(2)政府与社会的责任共担

实际的社会工作主要由政府及其密切关联的群众团体承担，压缩了专业社会工作的空间。经济体制和行政体制改革以来，政府(单位)开始把福利和服务等转移到社会，为专业社会工作发展提供了契机。但是，群众团体仍没有完全改变其政府附属的性质。要想实现中国社会工作的专业化，群众团体必须转变职能，服务社会。

(3)提高社会工作人员的专业素质

现有实际社会工作者具有了高度的服务意识，适用和熟练的工作技巧，再加上强有力的社会动员能力，就能很好适应中国社会的需求和提供有效服务。但是，必须提高其知识

水平和服务技巧，进行大规模在职培训。

(4)大力发展社会工作教育

西方社会工作专业化的经验表明，社会工作专业的形成与社会工作教育是密不可分的。要实现社会工作专业化，必须完善社会工作教育。

(5)促进社会工作实践与理论研究的结合

长期以来，无论是民政工作还是群众团体工作都缺乏理论的梳理。重实践，轻理论，从而带有非规范性，这不利于经验传播和提高。所以，实际工作者可在提高理论素养的基础上对经验进行总结，理论工作者也可通过参与社会工作实践而总结出系统的、有理论深度的经验。

(6)实干加宣传

社会工作的发展及专业化要靠实干和宣传。社会工作不能停留在书斋之中，而要走向社会，切实为人民群众排忧解难，让人民群众亲身感受，也让政府引起重视。与此同时，宣传也极其重要。大力宣传社会工作，让群众知道“有困难找社工”。只有如此，社会工作才能有广泛群众基础，并为政府提倡和支持，进而迈入专业化新阶段。

第二十四章　社会工作实习与督导

24.1　复习笔记

【知识框架(庖丁解牛)】

- 社会工作实习与督导
  - 社会工作实习的含义与目标
    - 社会工作实习的含义
    - 社会工作实习的目标
  - 社会工作实习的模式与过程
    - 社会工作实习的模式
    - 社会工作实习的过程
  - 社会工作实习督导
    - 什么是社会工作实习督导
    - 督导的功能
    - 督导员的素质与条件
    - 社会工作督导的模式
  - 中国社会工作实习督导的发展
    - 社会工作实习时间、教学内容、经费的制度化安排问题
    - 发展和探索社会工作实习教学和督导模式
    - 加强对社会工作实习教学与督导的研究，加强院校合作

【考点难点归纳(厚积薄发)】

考点一：社会工作实习的内涵与特性(见表24-1)　★★★

表24-1　社会工作实习的内涵与特性

要点	具体内容
社会工作实习是一个持续的学习过程	社会工作服务提供过程通常要经过四个阶段，即评估、计划、介入和总结
社会工作实习是一种临床实习	“临床”实习是指将学生安排到机构中去，作为机构的工作者去履行一个专业社会工作者应有的角色行为，在实际工作过程中学习并掌握各种助人工作的技术与能力

续表

要点	具体内容
社会工作实习是一个有目的、有计划的教学过程	社会工作实习的目标是为了培养能够胜任服务工作的实务工作者。因此，实习的内容要有详细的计划与教学方案。计划包括：实习的目标、实习前的准备、实习方式、时间安排、实习机构的选择、实习内容、实习督导与评估等
实习教育不同于志愿服务	志愿服务不能代替或等同于社工实习，因为志愿服务是以服务为导向、以任务为中心，服务内容单一，基本没有以学习为导向的训练和督导

考点二：确定实习的时间安排（见表 24-2）★★★

表 24-2　确定实习的时间安排

要点	具体内容
同步式实习	同步式实习是指实习时间与教学时间一致，实习与课程的学习同时进行。这种实习时间的安排可以使学生边上课边实习，一个星期中有部分时间在学校上课，部分时间在机构中实习。同步式实习的优缺点有： ①这种不脱离课堂学习的实习使学生随时将在实习中遇到的问题带回学校，及时获得老师的指导，减少挫折感。 ②学生在机构中的实习工作是不连续的。同步式实习常使机构在安排学生工作时感到困难，学生也会有学习时断时续的感觉
集中式实习	集中式实习是指实习时间与其他课程学习的时间分开，单独集中一段时间进行。这种实习时间安排可以使学生集中时间在实习上，实习有连续性，增加学习兴趣，提高实习效能；机构也便于安排学生的实习

24.2　课后习题详解

1. 社会工作实习在社会工作专业训练中的地位是怎样的？

答：社会工作实习在社会工作专业训练中的地位体现为：

(1)社会工作实习是社会工作教育与训练中的重要的一环

社会工作是一门应用性的学科，是实务性、操作性取向的专业。社会工作专业教育与训练中的一个重要环节就是提供机会，使学生亲身实践课堂上所学习的专业知识与理论原则，使学生能将在课堂上所学的“知识”转化为实际工作中的“行动”，把它“做”出来，即要进行社会工作实习。

(2)社会工作实习是整个社会工作教育中的有机组成部分

社会工作实习在专业训练中占有十分重要的地位，是实现专业养成的重要途径与手段。它有其特定的内涵与特性：

①社会工作实习是一个持续的学习过程；

②社会工作实习是一种临床实习；

③社会工作实习是一个有目的、有计划的教学过程；

④实习教育不同于志愿服务。

(3)社会工作实习是培养具有专业素质的社会工作者的重要一环

社会工作者在实习中，可以用所学理论指导实践，培养专业素质，提高工作能力。

2. 社会工作实习的目标是什么?

答: 社会工作实习的目标包括:

(1)整合所学理论与实务，增长专业知识和实务工作能力；

(2)发展专业自主能力；

(3)增进专业自我；

(4)培养专业意识与专业价值观；

(5)培养反思、批判精神，促进专业成长。

3. 比较不同社会工作实习督导模式的优劣。

答: 不同社会工作实习督导模式的优劣势如下:

(1)成长与发展模式

①优势: 采取个别化教学可以照顾到每个实习生的特性，使实习生得到有针对性的适合自己的成长；注重实习生的自我及自我意识的发展。

②劣势: 督导只是起到一个催化剂的作用，如果实习生的觉悟没有达到期待的高度，可能并不会提高实习生的专业水平和成长。

(2)学徒模式

①优势: 与督导关系良好；督导采用全面的、综合的督导方式，解决实习生实习过程中遇到的各种各样的问题；督导采用讨论的方式，能够启发实习生。

②劣势: 督导采取手把手教授的方式，可能会导致实习生产生依赖的情绪，不利于实习生的自我思考和自我解决能力的提高。

(3)结构化实习—督导模式

①优势: 具有详细的计划能够更好地指引实习的进行；教学手段与方法比较多元化。

②劣势: 注重学生已有经验，对于零经验的实习生可能会觉得无从下手。

(4)管理模式

①优势: 重视学生任务的完成；强调在实践中学习。

②劣势: 过分强调任务的完成，可能会导致学生只在乎任务而忽略了学习本身；以机构的政策作为实习好坏的评价标准比较单一。

24.3 考研真题与典型题详解

一、概念题

1. 专业自我(社科院 2020 年研；兰州大学 2017 年研)

答：专业自我是指社会工作者在与案主工作时所表现的自我态度、情绪和专业价值观。为了提供高质量的服务，社会工作者必须有意识地使用“自我”，控制自己不适当的感受、态度与偏好，从而保持客观性并表现出良好的专业角色素养。

2. 社会工作督导(石河子大学 2024 年研；北师 2023 年研；青岛大学 2017 年研；南京理工 2011 年研)

答：社会工作督导是专业训练的一种方法，是指由机构内资深的社会工作者，对机构内新进入的工作人员、一线初级工作人员、实习学生及志愿者，通过一种定期和持续的督导程序，传授专业服务的知识与技术，以增进其专业技巧，进而促进他们成长并确保服务质量的活动。社会工作督导的类型包括师徒式督导、训练式督导、管理式督导和咨询式督导。社会工作督导具有三大功能，即行政的功能、教育的功能和支持的功能。

二、简答题

1. 简述社会工作督导的功能。(华南师范大学 2020 年研)

答：社会工作督导的功能包括：

(1)督导的行政性功能

要求督导者在被督导者的招募与选择、被督导者的引导与安置、工作计划与分配、工作监督、回顾与评估、工作授权与协调等方面担负指导责任。

(2)督导的教育性功能

教育性功能是督导最重要的功能。督导教育功能的发挥，取决于教与学的互动。做到这一点，要求督导员做好以下工作：

①了解被督导者的学习需要，并将这种需要与学与教的风格联系起来。

②与被督导者制订一个学习计划，包括怎样学、怎样教，与学生分享价值观，讨论被督导者所喜爱的理论和实务的方法。

③与被督导者共同制订督导计划及督导时间，包括多长时间，什么时候进行督导等。

(3)督导的支持性功能

要求督导者向被督导者提供心理和情感上的支持，促使被督导者感到自我的重要性与价值感，让被督导者能轻松面对工作。

2. 简述教育性督导的内容。(沈阳师范 2014 年研)

答: 社会工作督导的教育性功能要求督导者不仅要提供被督导者完成工作所需的知识，还要协助社会工作者由“知”转为“做”，督导者通过个别督导或团体会谈，发挥知识、能力、学习与自我觉醒反馈的效能。教育性督导的内容具体包括:

(1)教导有关服务对象群的特殊知识。例如，当被督导者不太熟悉老年人服务时，督导者要告诉他老年人面临老化时期价值态度的转换，要发展更乐观的态度，将那些鄙视、厌恶、绝望等负面印象转化成能表达老年人的优点和自我价值的陈述。

(2)教导社会服务机构的知识。面对社会服务机构的多样化，督导者必须教导一些机构如何组织和行政运作，本机构与其他机构的关系，机构政策如何建立和改变，机构与所处社区的关系等方面的知识。

(3)教导有关社会问题的知识。不同的社会服务机构关注不同的社会问题。督导者要告诉被督导者这些问题的原因，国家、社会和社区对特殊社会问题的干预政策，这些特殊问题对人们生活的影响，机构服务与社会问题间的关系等方面的知识。

(4)教导有关工作过程的知识。督导者必须教导助人的有关技术，包括社会工作者必须做的事是什么。如果要协助个人、团体、社区有效处理社会问题，社会工作者应该如何行动。督导者也必须教导和解释为什么机构会采用这种特殊的介入方法。

(5)教导有关社会工作者本身的知识。督导者要通过教导，让被督导者能够“自我觉醒”，让他自主地思考一些事情，并借此确保被督导者对专业问题的反思不会影响到服务对象——社会工作者之间的协助关系。

(6)提供专业性建议和咨询。督导者的专业权力与个人魅力对被督导者会产生影响。当督导者扮演被督导者的顾问角色时，督导者就会发挥专家和合法的权力功能，在征求被督导者同意的基础上，他要提供相应的指导和忠告。

3. 社会工作督导的主要模式有哪些?(中山大学 2012 年研)

相关试题:社会工作督导的主要模式。(华中师范大学 2016 年研)

答: 参见本章课后习题详解第 3 题答案。

第二十五章　社会工作研究

25.1　复习笔记

【知识框架(庖丁解牛)】

- 社会工作研究
  - 社会工作研究的含义与功能
    - 什么是社会工作研究
    - 社会工作研究的必要性
    - 社会工作研究的功能
  - 社会工作研究的方法论与伦理
    - 社会工作研究的方法论
    - 社会工作研究中的价值与伦理问题
  - 社会工作研究的程序
    - 研究问题的选择
    - 文献回顾与初步探索
    - 提出研究假设
    - 研究设计
    - 资料的收集与整理
    - 解释与报告
  - 社会工作研究方法
    - 定量研究与定性研究
    - 社会调查法
    - 个案研究法
    - 实验法
    - 行动研究法
    - 社会工作实践研究

【考点难点归纳(厚积薄发)】

考点一：社会工作研究的层次(见表25-1)　★★

表25-1　社会工作研究的层次

要点	具体内容
理论研究	理论研究的目的是发展人类行为与社会运行的理论，应用研究则以解决社会问题、改进社会服务为己任

续表

要点	具体内容
应用研究	在应用研究中，又可分为一般性应用研究和对策研究，后者以制定或修订社会政策、解决社会问题为目的。社会工作研究属于应用研究，这是由社会工作的学科性质决定的

考点二：定性研究与定量研究的比较(见表25-2) ★★★★

表25-2 定性研究与定量研究的比较

定性研究	定量研究
①承认主观性； ②运用归纳逻辑； ③提出假设； ④资料边收集边处理； ⑤研究者是执行者	①追求客观性； ②运用演绎逻辑； ③检验假设； ④资料先收集后处理； ⑤依赖标准化的工具来衡量

25.2 课后习题详解

1. 试述社会工作研究的含义及功能。

答：(1)社会工作研究的含义

社会工作研究是指为了发展社会工作而进行的研究。它是社会工作的一项间接服务方法。通过对社会工作的计划、组织、实施等的系统探索与科学分析，寻求社会工作的一般规律和实用技术，提高社会工作者的专业知识、技能及其服务水平，使社会工作实践更具有科学性和成效。

(2)社会工作研究的功能

①了解社会需要，设计社会服务；

②了解服务对象，推进社会服务；

③了解服务进展，不断改进服务；

④发现新的问题，倡导政策调整；

⑤总结实践经验，促进理论发展。

2. 试述社会工作研究的价值和伦理。

答：(1)社会工作研究中的价值中立

社会工作研究追求科学性和对社会现象的客观认识。社会工作研究者要避免价值偏好对研究过程的影响，才有利于达到对社会现象的科学认识。这一客观性原则被社会学家韦伯表述为价值无涉或价值中立。尽管韦伯也认为价值相关是研究者在研究过程中不可避免的，但社会工作研究者在研究中还是应尽量保持客观态度，用科学的方法收集资料、分析现象、说明问题，时刻保持一种科学的自觉，尽量减少因价值偏好所造成的对研究对象认识的偏离。由价值偏好形成的认识偏离会损伤认识的全面性，不利于指导社会工作实践。

(2)社会工作研究中的伦理

伦理指反映社会如何看待正误行为的社会准则。在研究中伦理通常围绕两个相关问题：其一，谁应该从研究者的行为中获益或受损；其二，谁的权利应该先于其他人。社会工作研究的伦理议题需考察确保研究资料收集对象受保护的方式，同时也研讨研究者对其他人如研究资助者、其他研究者、同事和普通公众所应承担的伦理义务。

①对研究参与者的伦理

a. 社会工作研究需要研究对象自愿参与并知情同意。自愿参与是指研究对象要自愿地而不是被迫地向调查研究人员提供资料。由于研究者有时也是社会工作者，研究对象是服务对象或受助者，可能存在着“不平等”的权力关系，所以可能出现被迫参与研究的现象。知情同意是指研究者应该将本次调查研究的目的、调查资料的使用等情况向研究对象说明白，并且获得他们同意。

b. 对研究参与者无伤害。社会工作研究不应伤害研究参与者，研究对象参与该项研究时，不应遭受不必要的伤害，这也是社会科学研究的一般原则。

c. 对研究参与者的保密。保密是指未经研究对象许可，不可在与调查无关的场合，或在展示调查资料的过程中向无关人员透漏研究对象不愿公开的个人资料和信息。

②研究者的其他伦理责任

社会工作道德规范条例和专业文献都指出，研究者不仅对参与者，而且对研究资助者、其他研究者、同事和普通公众都负有道德义务。

a. 研究者应尽量抵制政治和经济等外来压力，以免影响研究的结果及其散播，即使是为其提供研究经费的机构，也决不允许这些机构歪曲或压制研究结果。

b. 研究者应注重与其研究同行间的争论和对质，保持开放心态接受对其研究的重新解释甚至反面观点，为其研究方法和结果负责，并欢迎所有合理的批评。同时应当公开承认其他人对其研究的支持和贡献，分享合作成果。

c. 研究者应认识到研究结果可能影响其他人的工作和生活，当研究资料的使用超出其原来的背景，而使其他人尴尬或让公众对其有错误印象时，应试图阻止他人对其研究资料的使用。

d. 研究者应坚持全部而完整地发布其研究成果。

3. 试述社会工作研究的基本程序。

答：社会工作研究的基本程序主要包括：

(1)研究题目的选择

①社会工作实践提出的问题；

②考虑研究兴趣、客观条件及对选题的影响。

(2)文献回顾与初步探索

①文献研究的方法包括以下三个方面：

a. 浏览专业期刊；

b. 通过已发表的专业文献的注释和参考书目搜集信息；

c. 到图书馆查阅资料。

②初步探索是在选定研究问题后对所要研究的现象做初步了解。

(3)提出研究假设

假设一般具有理论性，即能说明两个或几个变量之间的关系。提出研究假设后，研究工作就围绕着证明(证实或伪证)它展开。

(4)研究设计

①编制调查提纲；

②确定具体的资料收集方法；

③资源筹划与联络。

(5)资料的收集与整理

可以采用问卷法、访谈法、座谈法、文献法、观察法、行动研究法等收集资料。并对调查所获资料进行必要的整理。

(6)解释与报告

对数字资料与文字资料进行必要的解释，并撰写研究报告。

4. 试述社会工作研究的访谈法和个案研究法的内容。

答：(1)访谈法

①访谈法是指通过有目的地谈话收集研究资料的定性研究方法，有结构性和非结构性之分。结构性访谈是按照事先制定的较详细的提纲或调查表进行访谈，获得的资料便于整理和分析，因所提问题较为实际而适用于了解调查对象的情况。非结构性访谈是依据粗略提纲或只就某一主题笼统提问，一般适用于对调查对象的了解较少，或所要了解的问题相当复杂。

②社会工作者在调查时可能需要对某一问题做深入了解，即通过与研究对象的持续互动进入其生活深处，了解其所遇到的问题、想法以及做出反应的深层原因和细节，这就要求进行深度访谈。

③如果访谈是针对某一问题面对具有相似生活经历或者知情的多人进行的，这种访谈就是专题小组法，或称焦点小组，类似于座谈会，一般由2~3人主持举行。由于焦点小组

中参加者较多，他们之间可以互相讨论、启发、纠正，所以可能会获得丰富的资料。

④访谈应注意：a. 访谈应围绕研究问题和研究所需资料开展，不可离题太远；b. 调查者应采取中立态度提出问题，避免作引导性提问；c. 尽量使用调查对象易懂的语言，避免歧义；d. 记录访谈资料要征得调查对象同意，否则事后要尽快追记；e. 当涉及到私人的或敏感的行为或感受的讨论时，可能引起调查对象的反感和抵触，因此要慎重处理敏感话题。

(2)个案研究法

①个案研究法是指对单个人、家庭、团体等社会单元进行个别、系统观察的研究方法。旨在通过全面深入地解剖某一个案来推断同类社会现象。

②个案研究一般采用参与观察和深度访谈法。参与观察是指研究者融入被研究者的生活，观察其活动以获取相关资料，深入理解从而达到对被研究者的全面认识。深度访谈(也包括口述史)是指通过目的性谈话了解被研究者的生活史，以及他对生活的感受和态度、他的价值观念和期望、人生的快乐与困难等等。由于个案研究所收集的资料既包括被研究者对预选问题的答复，也包括研究者对研究对象的观察，因此研究者必须具有较强的接受力，能观察和诠释各种不同的语言和非语言的交流方式。

③个案研究可以采用结构式形式，也可以采用非结构式形式进行。非结构式形式不以事先设计好的问题和程序为约束，放得较开，收集到的资料可能更丰富。

④个案研究使研究者有可能深入考察那些用定量方法无法做到的事物，例如人们对某些现象的感受和经历是怎样的，因此可以了解被研究对象的价值观念，揭示其生活及行为方式背后隐藏的“文化密码”。但个案研究产生确定性知识的能力十分有限，研究者无法把个案研究的结论从研究对象推广到其他没有参与研究的人。因为研究对象的数量较少且不具有代表性，所以从典型的案例分析中无法得出真正的结论，其研究结果的外在效度非常低。

5. 试述行动研究的内容及其理论基础。

答：(1)行动研究的内容

行动研究是20世纪70年代以来逐步发展起来并在教育学、心理学、社会工作等致力于实务研究的专业中日益得到广泛运用的研究方法。它是指行动参与者在教育或社会情境中，共同参与从事的局内人以共同的实践活动为载体的自我反省式研究。它主张在一定活动场域中的所有行动者(包括传统的“研究者”)以及他们之间的互动都是研究对象的组成部分，他们(包括传统的“被研究者”)都可以成为研究者，研究是在他们的互动过程、共同实践活动中进行的，强调行动与研究相结合。

①行动研究的类型

卡尔和克米斯指出有三类行动研究，即：技术性的行动研究、实践性的行动研究和无束缚性的行动研究。三者在行动目标、推进者扮演的角色、推进者与参与者的关系方面有所不同。

a. 技术性的行动研究

以提高实践活动的效率为目标，同时它也力图促进专业的发展。“局外的”专家扮演着推进者角色，但也促成作为“研究者”的推进者同作为被研究对象的实践活动参与者的合作。参与者在研究中带有明显的被动性。

b. 实践性的行动研究

追求提高实践活动效率和发展专业的目标，同时将理解带入研究过程。研究的推进者启发和鼓励共同行动者的参与并进行自我反省。参与者将共同操作、推进实践研究过程，而那些“专家”经常扮演着“过程咨询者”的角色。

c. 无束缚性的行动研究

其目标是提高实践活动的效率与专业发展。出于方法论上的考虑，研究的推进者摒弃传统的、先定式的命令约束，代之以与参与者共担责任和完全的合作作为改善实践的手段。推进者除了对实践过程更细致地观察分析外，在其他环节上与参与者是平等的。

②行动研究的程序

a. 计划。行动参与者一起去找寻前一实践活动中存在的有待进一步改进的问题，分析问题出现的成因，并共同设计解决问题的计划和策略。

b. 行动。实施这一策略，并在共同活动中检验该策略。

c. 观察。详细观察实践活动，特别是实施改进策略的细节，并采用适当的方法与技术对行动进行评估。

d. 反省。对评估的结果、整个行动和研究过程进行反思，得出改进策略正确与否的初步结论，分析其产生的原因，或发现新问题。

③行动研究的原则(勒温八原则)

a. 行动研究结合研究与行动。

b. 行动者与研究者协同参与到研究中。

c. 行动研究必须构建理论知识。

d. 行动研究的初衷是致力于社会变迁和社会正义。

e. 行动研究必须具有高度的反身性(反思自身行动背后的价值观、与参与者的权力关系、自身行动给参与者带来的影响等)。

f. 行动研究要探索各种各样的实用性知识。

g. 行动研究必须促进参与者的学习。

h. 行动研究必须将对知识的探究放在更宽广的历史、政治和意识形态脉络下。

(2)行动研究的理论基础

①批判性行动研究：批判主义

批判性行动研究又称解放的行动研究，其目的是知识获得的解放，人文社会科学的批判理论和后现代主义为行动研究的基本原理提供了理论支持。主张行动研究是共享的和民主的；认为行动研究具有一定的社会敏感度，并且是在一定的社会背景下展开的；帮助研究者反省调查实践过程中那些日常的、习以为常的方式。

②实践性行动研究：实用主义

实践性行动研究主要强调“怎么做”，即用什么方法完成行动研究，“哲学”倾向则比较不明显。从某种程度来讲，实用性研究假设研究者是自主的，能够判断将从事的调查的本质，并认为研究者会选择自己的研究问题，决定采用哪些数据收集的方法，分析和解释数据，并根据调查结果制定行动计划。

25.3　考研真题与典型题详解

一、概念题

1. 实证主义方法论(中财 2009 年研)

答：实证主义方法论是相对于人文主义方法论而言的。实证主义方法论认为，社会研究应该向自然科学研究看齐，应该对社会世界中的现象及其相互联系进行类似于自然科学那样的探讨。要通过非常具体、非常客观的观察，通过经验概括得出结论。同时，这种研究过程还应该是可以重复的。在研究方式上，定量研究是实证主义方法论的最典型特征。长期以来实证主义方法论一直占据着社会研究方法论的主流地位。

2. 等距抽样(华东师大 2019 年研)

答：系统抽样又称等距抽样或机械抽样。它是把总体的单位进行编号排序后，再计算出某种间隔，然后按这一固定的间隔抽取个体的号码来组成样本的方法。它和简单抽样一样，需要有完整的抽样框，样本的抽取也是直接从总体中抽取个体，而无其他中间环节。系统抽样的具体步骤是：①给总体中的每一个个体按顺序编号，即制定出抽样框；②计算出抽样间距；③在最前面的 K 个个体中，采用简单随机抽样的方法抽取一个个体，记下这个个体的编号(假设所抽取的这个个体的编号为 A)，它称做随机的起点；④在抽样框中，自 A 开始，每隔 K 个个体抽取一个个体，即所抽取个体的编号分别为 A，A + K，A + 2K，…，A + (n - 1)K；⑤将这 n 个个体合起来，就构成了该总体的一个样本。

3. 个案研究(河北大学2022年研)

答: 个案研究是一种典型的定性研究，是指选择某一社会现象(个案)为研究单位，收集与之有关的一切资料，详细描述它的发展过程，分析内、外因素的关系，并同其他同类个案相比较得出结论的研究方法。个案研究一般采用参与观察和深度访谈法。个案研究的目的主要是为了深刻揭示蕴涵在研究对象中丰富的个体特性和详细的事件发展过程，通过深入的观察或访谈来获得详细、具体和生动的研究资料。

4. 参与观察(山东大学2023年研；华东师大2019年研；四川大学2019年研)

答: 参与观察是指研究者深入到所研究对象的生活背景中，在实际参与研究对象日常社会生活的过程中所进行的观察。它是一种非结构性的观察。按参与的程度和方式的不同，可以把观察者的角色分为四种：①完全的观察者；②作为参与者的观察者；③作为观察者的参与者；④完全的参与者。

5. 小组访谈法(人大2005年研)

答: 小组访谈法又称集体访谈或座谈会，是指将若干个访谈对象集中起来，同时进行访谈的方法。集体访谈的最大特点是，访谈中不仅存在着访谈员与被访者之间的社会互动，同时还存在着不同的被访者相互之间的社会互动。集体访谈所收集的资料将受到这两种社会互动的影响。因此，要成功地组织好集体访谈，要开好座谈会，访谈员就不仅要掌握好与被访者之间的互动，而且要组织和引导好被访者之间的互动。这就要求访谈员有更熟练的访谈技巧及组织会议的能力，正确地面对多个被访者。

二、简答题

1. 如何认识定性研究与定量研究的关系?(河北大学2012年研)

答: 定量研究和定性研究是社会学研究方法的基本划分，这种划分既是实证主义和人文主义两种方法论取向的集中体现，也是不同类型的研究方式的基本技术要求，从而也是具体研究技术的基本特征的概括性表达。从某种意义上讲，定量研究和定性研究代表着不同方法体系的基本技术特征。定量研究和定性研究的差异在社会学研究方法中是一种系统性的差异：

(1)从方法论上讲

①定量研究主要是实证主义方法论取向的集中体现，更多地采用科学主义的研究范式；

②定性研究则是人文主义取向在研究方法中的表达，力图对社会生活的自然情景加以整体的理解和解释。

(2)从研究的思路来讲

①定量研究常常是对已有理论的检验，研究一开始便具有明确的理论指导特征。以理

论为基础决定了定量研究的逻辑的演绎性特征，研究过程往往按从理论到命题、到概念、到操作变量直至具体测量的顺序进行。

②定性研究与理论的建构相关联，并不强调在研究开始便具有某种明确的理论，而是在研究过程中逐渐发现和形成理论，因此定性研究中运用的逻辑方式常常是归纳性的，即从实地研究中所获得的经验材料中归纳出具有理论特性的命题和阐释框架。

(3)从具体的研究特征来讲

①定量研究侧重于对社会事物的精确测量和计算，强调从统计数据来分析变量之间的因果关联。因此，在研究过程中常常采用标准化、系统化和操作化的手段，资料收集多采用结构式访谈、问卷调查、量表测量以及准确的实验等，由此获得量化的数据，便于用统计学方法进行分析。

②定性研究则注重于对行为主体的意义以及行为过程的描述和阐释，强调行为背景因素对社会生活的影响，尤其是个人经验与生活经历、社会制度背景、历史条件和环境等因素。其研究手段多具有灵活性，针对不同的情景采用不同的研究手段。资料收集方式大多靠实地研究、深入访谈来获得文字性的描述。

(4)定性和定量研究的这些系统性的差异，也正是其各自在社会学研究中的优势

①定性研究可以获得深入理解社会生活的丰富而细致的资料，但是难以推及整体的社会运行状况。

②定量研究在结果上具有概括性和精确性特征，但是对社会生活的理解缺乏深度。

结合这两种研究方式的优点和长处，相互补充和相互借鉴，是研究具体的社会运行过程所亟待解决的重要课题。

2. 完整的社会研究包括哪些环节？(首经贸2013年研)

答：完整的社会研究包括以下几个环节：

(1)选择问题阶段

从程序上看，选择研究问题是一项社会研究活动的起点，是整个研究工作的第一步。研究问题一旦确定，整个研究活动的目标和方向也就随之确定。选题阶段的主要任务包括两个方面：一是选取研究主题，即从现实社会中存在的大量的现象、问题和领域中，根据研究者的兴趣、需要与动机确定一个研究主题；二是形成研究问题，即进一步明确研究的范围，集中研究的焦点，将最初比较含糊、比较笼统、比较宽泛的研究领域或研究现象具体化、精确化，将其转化为既有价值又有新意，同时还切实可行的研究问题。

(2)研究设计阶段

涉及研究的思路、策略、方式、方法以及具体技术工具等各个方面。从研究目的、研究的用途、研究方式、分析单位，直到具体的研究方案。

(3)研究的实施阶段

就是具体贯彻研究设计中所确定的思路和策略，按照研究设计中所确定的方式、方法和技术进行资料的收集工作。这个阶段的主要特点是：研究者往往要深入实地，要接触被研究者；或者要设计出实验环境，实施实验刺激和测量；或者要收集大量的文献资料。

(4)资料分析阶段

这一阶段的主要任务是，对研究所收集到的原始资料进行系统的审核、整理、归类、统计和分析。既有对原始数据资料的清理、转换和录入计算机等工作，也有对原始文字资料、图片资料、音像资料等等的整理、分类和加工工作；既有对数据资料进行的各种定量分析，也有对定性资料进行的综合、归纳和解读分析。

(5)得出结果阶段

这一阶段的任务主要是：撰写研究报告，评估研究质量，交流研究成果。撰写研究报告也可以说是对整个社会研究工作进行全面的总结。从研究的目的、方式，到资料的收集、分析的方法，再到研究得出的结论、研究成果的质量，都要在研究报告中进行总结和反映。

3. 问卷设计中，对问题的表达和提问的方式有哪些常用的规则？为什么要尽量简单？

相关试题：简述问卷设计中问题的语言及提问方式的常用规则。(青岛大学2017年研)

答：语言是问卷设计的基本材料，要设计出含义清楚、简明易懂的问题，必须注意问题的语言。问题措辞的基本原则是简短、明确、通俗、易懂。

(1)在问卷设计中，对问题的语言表达和提问方式有下列常用的规则：

①问题的语言要尽量简单。要尽可能使用简单明了、通俗易懂的语言，而不要使用一些复杂的、抽象的概念以及专业术语。

②问题的陈述要尽可能简短。问题的陈述越长，就越容易产生含糊不清的地方，回答者的理解就越有可能不一致；而问题越短小，产生这种含糊不清的可能性就越小。

③问题要避免带有双重(或多重)含义。双重(或多重)含义是指在一个问题中，同时询问了两件(或几件)事情，或者说，在一句话中同时问了两个(或几个)问题。

④问题不能带有倾向性。即问题的提法和语言不能使被调查者感到应该填什么，或者感到调查者希望他填什么。也就是说，问题的提法不能对回答者产生某种暗示或诱导，应保持中立的提问方式，使用中性的语言。

⑤不要用否定形式提问。

⑥不要问回答者不知道的问题。

⑦不要直接询问敏感性问题。对敏感性问题最好采取某种间接询问的形式，并且语言要特别委婉。

(2)在问卷设计中，问题的语言要尽量简单，其原因在于：

社会调查的对象大多都是普通公民，简单明了、通俗易懂的语言方便他们理解，并且使调查人员能够更好地与他们进行交流。如果使用复杂的、抽象的概念以及专业术语，不但使调查对象不能够理解，更会使他们产生厌烦心理，从而使调查无法进行。

4. 简述抽样的步骤。（青岛大学 2019 年研）

答：不同的抽样方法具有不同的操作要求，但它们通常都要经历以下几个步骤：

(1)界定总体

界定总体是在具体抽样前，首先对从中抽取样本的总体范围与界限做明确的界定。

①由抽样的目的决定。抽样虽然只对总体中的一部分个体实施，但其目的却是为了描述和认识总体的状况与特征，是为了发现总体中存在的规律性，因此必须事先明确总体的范围。

②界定总体也是达到良好的抽样效果的前提条件。如果不清楚明确地界定总体的范围与界限，那么，即使采用严格的抽样方法，也可能抽出对总体严重缺乏代表性的样本来。

(2)制定抽样框

这一步骤的任务是依据已经明确界定的总体范围，收集总体中全部抽样单位的名单，并通过对名单进行统一编号来建立起供抽样使用的抽样框。需要注意的是，当抽样是分几个阶段、在几个不同的抽样层次上进行时，则要分别建立起几个不同的抽样框。

(3)决定抽样方案

在具体实施抽样之前，要依据研究的目的要求、依据各种抽样方法的特点，以及其他有关因素来决定具体采用哪种抽样方法。除了抽样方法的确定以外，还要根据要求确定样本的规模以及主要目标量的精确程度。

(4)实际抽取样本

实际抽取样本的工作是在上述几个步骤的基础上，严格按照所选定的抽样方法，从抽样框中抽取一个个的抽样单位，构成样本。

(5)评估样本质量

①样本评估是指对样本的质量、代表性、偏差等进行初步的检验和衡量，其目的是防止由于样本的偏差过大而导致的失误。

②评估样本质量的最根本的依据是研究者的抽样设计和抽样实施过程的质量。此外，人们在实践中也常常采用比较的方法。其做法是：将可得到的反映总体中某些重要特征及其分布的资料与样本中的同类指标的资料进行对比。若二者之间的差别很小，则可在一定程度上认为样本的质量较高，代表性较大；反之，若二者之间的差别十分明显，那么样本的质量和代表性就一定不会很高。

5. 研究报告撰写应注意哪些原则?(沈阳师范2014年研)

答:研究报告是整个研究的整体成果汇报,撰写研究报告应注意的原则包括:

(1)撰写研究报告要与所采用的研究方法及方法论呼应。如果采用定量研究方法,那么整个报告的结构必须依照定量研究的范式展开;如果采用定性研究方法,那么整个报告的结构则要依照定性研究的范式展开;如果采用了定性研究和定量研究相结合的方法,那么研究报告的展示格式要体现二者结合的特性。

(2)报告撰写还应注意如下原则:①标题与内容呼应;②资料的逻辑性和完整性,资料使用要体现逻辑先后,结构要合理、完整;③观点与资料配合,使论证有理有据;④注意定量资料和定性资料的结合,使论证资料有面有点,相互佐证、补充和深化;⑤朴实流畅,体现学术研究或实务研究的朴素文风。

6. 简述文献调查法的优点。(武汉大学2011年研)

相关试题:

(1)简述文献研究法的优点。(安徽师范大学2017年研)

(2)简述文献研究的优缺点。(华中农大2018年研)

答:文献调查法的优点包括:

(1)无反应性

在整个研究过程中,研究对象不会受到研究者的影响而发生变化,虽然这种方法在收集资料过程中有可能受到研究者主观偏见的影响,但收集资料方法本身却不会使正在收集的资料发生变化。

(2)费用低,省钱省时

因为它既不需要大批的调查员,也不需要特定的设备和仪器,研究者独自一人就可以进行,只要相应的文献资料可以查阅和收集到。

(3)可以研究那些无法接触的研究对象

比如,如果要研究某一历史时期中的人们或事件,而这些人们早已离开人世,这些事件也早已成为历史。此时,要采用其他的社会研究方法,比如调查、实验、参与观察等,显然都不可能。而文献研究却可以协助人们达到这一目的,只要能找到足够的与这些人们或事件有关的文献材料。

(4)适于作纵贯分析

由于调查、实验、观察等方法所研究的都是现时的情景,因而往往难以用来进行纵贯研究或趋势研究。文献研究在这方面则有着它特别的优势。随着时间的流逝,各个不同历史时期的社会现象和社会生活,或多或少总会以各种不同的文献形式记录和描述下来。

(5)保险系数相对比较大

假如研究者进行一项调查，或进行一项实验时，由于设计不周密或准备不充分，导致结果不理想。那么，如果他重做一遍，则要花费双倍的时间和经费。而如果一项实地研究做坏了，要重做一遍也许根本就不可能。因为你所研究的事件和环境已经改变，或者已不复存在了。但在文献研究中，弥补过失比其他研究要容易得多。你只需对你所用的资料重新进行编码或进行统计处理，而不用一切都从头开始。

三、论述题

1. 结合社会研究中具体案例，谈谈你对“价值中立”原则的理解。（首经贸2013年研）

答：(1)韦伯所说的“价值中立”是指社会科学工作者在对社会现象的观察、探索和解释过程中，只陈述事实，而摈弃价值判断和个人的好恶，采取一种“不偏不倚”的态度，因而在社会科学研究中只管真假，而与对错、好恶无关。

(2)“价值中立”原则是社会科学领域需要遵从或者提倡的原则。社会科学是指对事实的思维整理。简单地说，就是注重事实与逻辑、力求客观的科学精神或者科学方法。社会科学的边界是事实，在事实领域可以保持价值中立原则，只要对事实进行说明和整理即可，而不需要越界诉诸于情感进行价值判断。打个比方，当你面对一块石头时，说“这是一块石头”是社会科学干的事情，仅仅是一种事实判断；而当你说“这是一块好石头”时，这就进入社会政策领域的边界，是一种价值判断。

(3)在社会研究中，比如对于中国人民的收入情况进行调查，可能通过问卷调查的方式进行调查，那么收集资料，进行整理的过程就仅仅是对于社会事实的陈述，比如得出结论人均收入、各个省份的人均收入等，这些都是对于事实的陈述，但是不评价这个收入是高还是低。

2. 试述社会工作研究的主要方法。

答：社会研究方法很多，对社会工作研究都有一定程度的适用性。

(1)定量研究与质性研究

①定量研究

定量研究范式认为，在人们的主观世界之外，存在一个客观且唯一的真相，研究者必须采用精确而严格的实验程序控制经验事实的情景，从而获得对事物因果关系的了解。因此，定量研究强调在研究设计、数据收集、结果的处理与解释上必须具备严格的形式，具体表现在：

a. 强调对事物进行量化的测量与分析；

b. 强调对研究对象进行人为干预，创设实验条件；

c. 主要采取假设验证的研究方式。

②质性研究

作为解释主义方法论的产物，质性研究是研究者将本人作为研究工具，在自然情境下采用多种资料收集方法对社会现象进行整体性探究，使用归纳法分析资料并形成理论，通过与研究对象的互动对其行为和意义建构而获得解释性理解的一种活动。

质性研究反对将科学凌驾于所有知识之上，指出研究应当是开放和多元的，因此其方法体系也更为多元化，包括参与/非参与观察、无结构/半结构访谈、案例分析、行动研究、历史研究、人种志研究法等多种形式。

(2)社会调查法

社会调查法又称调查研究法，是指以客观的态度、科学的方法、合作的步骤，在确定的时空范围内，对某种社会情况或问题进行系统的实地考察与资料收集，并做出分析研究，以了解、掌握及改进该情况或问题。

社会调查法在实际运用过程中主要采用两种方法收集资料，即问卷法和访问法。

(3)个案研究法

个案研究是针对某一个单独个体、团体或社会，进行表意式解释，即解释该案例具有某些独特、隔离、特殊的或明确的因素。个案研究的对象主要涉及个人、家庭、群体、机构、社区等。个案研究法的特点主要是：

①它以定性研究或质性研究为主，对涉及情感、态度、观念、心理感受等问题进行研究时，采用这一方法比较合适；

②收集资料详尽、深入，不仅能够了解个案的历史资料，而且能对其现实状况及其环境有全面的掌握；

③运用自由，对研究对象的了解可以随时随地进行且方式灵活多样。

(4)实验研究法

实验研究法又称实验设计法，它是按照一定的程序，通过人为控制和改变某种(某些)条件，对研究对象的状况进行观察、记录，发现其变化并分析变化发生原因的一种研究方法。

根据标准的不同，实验研究法分为不同的类型。根据实验设计的不同，分为标准实验和非标准实验；根据实验研究场所的不同，分为实验室实验和实地实验，以及根据社会科学的特殊研究需要而创造的双盲实验，等等。

(5)行动研究法

行动研究强调研究者与被研究者共同参与实际的社会行动或实践活动，通过对行动的评价和反省，以发现达成预期的社会变迁或改革的有效手段、方法与途径。行动研究反对那种将研究者与研究对象严格区分的传统做法，强调研究者是研究对象的一部分，在与研究对象的共同行动中从事研究。

行动研究通常是由计划、行动、观察、反省等环节组成的一个连续的过程。

3．试述定量研究和定性研究的区别。两种研究没有优劣之分，你如何理解？（青岛大学2019年研）

答：作为社会学研究方法的两大主体的定性研究和定量研究，在研究方法、目的等方面各有差异，但两者在研究过程的采用中是相互依存的，定性研究为定量研究提供了框架，定量研究进一步为定性研究提供了研究的条件，两者关系密切。定性研究和定量研究在方法上各有不同。

（1）差异性

①两者的指向不同

a．定性研究是人们用来定义问题的一种常用方式，通过发掘问题，剖析事件的本质现象，从而分析人类行为和观点以及问题回答来提升人类洞察力。定性研究指向的是“为什么”，即通过分析无序信息探寻某个主题的“为什么”，而不是“怎么办”。

b．定量研究一般是问卷式的调查，也就是对所设计的问卷进行分析，从而进行量的研究。在对某种现象进行研究时，一般是用数据说话，通过对数据的横向和纵向的分析来发现问题。

②研究的方法不同

a．定性研究的研究方法主要有小组座谈会、一对一深度访谈、观察法、德尔菲法、头脑风暴法与反向头脑风暴法。

b．定量研究的研究方法主要有调查法、相关法、实验法。

③两者的材料依据不同

a．定量研究的材料依据大多数是调查而来的数据。

b．定性研究的材料依据多数来源于前人的文献资料和经验调查。

④两者验证结论的表述方式也不同

a．定性研究注重文字的表达。

b．定量研究主要依靠数据、图表等来分析。

（2）互补性

①定性分析是定量分析的基本前提，没有定性的定量是一种盲目的、毫无价值的定量；定量分析使定性更加科学、准确，它可以促使定性分析得出广泛而深入的结论。

②定量分析是依据统计数据，建立数学模型，并用数学模型计算出分析对象的各项指标及其数值的一种方法。定性分析则是主要凭分析者的直觉、经验，凭分析对象过去和现在的延续状况及最新的信息资料，对分析对象的性质、特点、发展变化规律作出判断的一

种方法。相比而言，前一种方法更加科学，但需要较高深的数学知识，而后一种方法虽然较为粗糙，但在数据资料不够充分或分析者数学基础较为薄弱时比较适用，更适合于一般的投资者与经济工作者。两种分析方法对数学知识的要求虽然有高有低，但并不能就此把定性分析与定量分析截然划分开来。

③事实上，现代定性分析方法同样要采用数学工具进行计算，而定量分析则必须建立在定性预测基础上，二者相辅相成，定性是定量的依据，定量是定性的具体化，二者结合起来灵活运用才能取得最佳效果。

④不同的分析方法各有其不同的特点与性能，但是都具有一个共同之处，即它们一般都是通过比较对照来分析问题和说明问题的。正是通过对各种指标的比较或不同时期同一指标的对照才反映出数量的多少、质量的优劣、效率的高低、消耗的大小、发展速度的快慢等等，才能为作鉴别、下判断提供确凿有据的信息。